AF877348

Bankinformatik-Studien

Herausgegeben von Professor Dr. Dieter Bartmann
Institut für Bankinformatik an der Universität Regensburg

Band 11

Titel der bisher erschienenen Bände

Band 1: B.A. KERSCHER
Telekommunikation
im Bankgeschäft
1998. ISBN 3-7908-1067-3

Band 2: M. KREUZER
Elektronische Bankvertriebswege
1998. ISBN 3-7908-1068-1

Band 3: C. STOCKMANN
Elektronische Bankfilialen
und virtuelle Banken
1998. ISBN 3-7908-1069-X

Band 4: CH. FOTSCHKI
Kooperationen an der
elektronischen Bank-Kunde-
Schnittstelle
1998. ISBN 3-7908-1085-1

Band 5: M. GREBE
Das elektronische Firmenkunden-
geschäft der Kreditinstitute mit
dem industriellen Mittelstand
1998. ISBN 3-7908-1086-X

Band 6: G. WÖRNER
Wirtschaftlichkeitsanalyse
elektronischer Bankvertriebswege
1998. ISBN 3-7908-1087-8

Band 7: CH. GEHRKE
Informationsagenten im
Data Warehousing
2000. ISBN 3-7908-1301-X

Band 8: G.R. RIEDL
Der bankbetriebliche
Zahlungsverkehr
2002. ISBN 3-7908-1452-0

Band 9: F. SEIFERT
Die Wettbewerbspotenziale
von Bankmergern
2002. ISBN 3-7908-1473-3

Band 10: PH. TAUSCHEK
Trust-Service-Infrastrukturen
2002. ISBN 3-7908-1489-X

Vanessa Niemeyer

Virtuelle Beratung

Kundenbegleitung im elektronischen Vertrieb der Finanzdienstleister

Mit 71 Abbildungen

Springer-Verlag Berlin Heidelberg GmbH

Dr. Vanessa Niemeyer
Leiterin Produktmanagement
norisbank AG
Rathenauplatz 12–18
90489 Nürnberg
vanessa.niemeyer@norisbank.de
vniemeyer@amtos.de

ISBN 978-3-7908-0019-7 ISBN 978-3-642-57425-2 (eBook)
DOI 10.1007/978-3-642-57425-2

Bibliografische Information Der Deutschen Bibliothek
Die Deutsche Bibliothek verzeichnet diese Publikation in der Deutschen Nationalbibliografie; detaillierte bibliografische Daten sind im Internet über <http://dnb.ddb.de> abrufbar.

Dieses Werk ist urheberrechtlich geschützt. Die dadurch begründeten Rechte, insbesondere die der Übersetzung, des Nachdrucks, des Vortrags, der Entnahme von Abbildungen und Tabellen, der Funksendung, der Mikroverfilmung oder der Vervielfältigung auf anderen Wegen und der Speicherung in Datenverarbeitungsanlagen, bleiben, auch bei nur auszugsweiser Verwertung, vorbehalten. Eine Vervielfältigung dieses Werkes oder von Teilen dieses Werkes ist auch im Einzelfall nur in den Grenzen der gesetzlichen Bestimmungen des Urheberrechtsgesetzes der Bundesrepublik Deutschland vom 9. September 1965 in der jeweils geltenden Fassung zulässig. Sie ist grundsätzlich vergütungspflichtig. Zuwiderhandlungen unterliegen den Strafbestimmungen des Urheberrechtsgesetzes.

© Springer-Verlag Berlin Heidelberg 2003
Ursprünglich erschienen bei Physica-Verlag Heidelberg 2003

Die Wiedergabe von Gebrauchsnamen, Handelsnamen, Warenbezeichnungen usw. in diesem Werk berechtigt auch ohne besondere Kennzeichnung nicht zu der Annahme, dass solche Namen im Sinne der Warenzeichen- und Markenschutz-Gesetzgebung als frei zu betrachten wären und daher von jedermann benutzt werden dürften.

Umschlaggestaltung: Claudia Binder, Graphikdesign, Erding
SPIN 10905494 88/3130-5 4 3 2 1 0 – Gedruckt auf säurefreiem Papier

Ein System
ist ein multilaterales, interaktives Gefüge von Wirkpotenzialen, welche wiederum Systemeigenschaften aufweisen.

Prof. Dr. Gerhard Niemeyer

meinem Vater

mit Dankbarkeit für die
wunderbare Sicht auf die Welt,
die er mir vermittelte.

meiner Mutter

mit herzlichem Dank für ihre
großartige Hilfe.

Geleitwort

Die große Herausforderung in der virtuellen Beratung besteht darin, sie auf den Kunden mit seinen Bedürfnissen und produktspezifischen Kenntnisgraden individuell zuzuschneidern. Bis dato sind hierfür weder in der wissenschaftlichen Literatur noch in der Praxis zufrieden stellende Lösungen bekannt. Lediglich ansatzweise findet man ein Angebot von Web-basierten Tools und Navigationen, die den Nutzer im Dialog unterstützen.

In diesem Buch wird ein Konzept der virtuellen Beratung entwickelt, das für den gesamten Customer Buying Cycle anwendbar ist. Maßgebend für den Erfolg sind drei Ideen. Die erste besteht darin, den gesamten Beratungs- und Betreuungsprozess aus der Kundensicht zu betrachten. Hier orientiert sich die Autorin an dem Referenzmodell eines Best-Practice-Beratungsdialogs. Die zweite Idee ist, den Kundenprozess und die bankseitige Leistungserbringung sachlogisch zu entkoppeln. Dies ist die Voraussetzung für die dritte Idee, kundenseitig eine Zielhierarchie zu definieren und begleitend dazu den Serviceprozess in logischen Einheiten zu komponieren. Mit diesem sehr originellen Ansatz werden die Weichen für eine erfolgreiche Umsetzung gestellt. Als Beleg dafür wird dem Leser ein Fachkonzept am Beratungsfall Immobilienfinanzierung präsentiert, welches zu einem Detailkonzept hin verfeinert wird.

Regensburg, im Oktober 2002

Dieter Bartmann

Inhaltsverzeichnis

1 Die Ergebnisse 1

2 Beratungsqualität - Strategischer Erfolgsfaktor im elektronischen Vertrieb von Finanzdienstleistungen 3

2.1 Implikationen der Marktentwicklung 4

2.2 Implikationen des veränderten Kundenverhaltens 7

2.3 Beratungsqualität – Schlüssel zum Erfolg 9

3 Virtuelle Beratung - Mittel und Wege 13

3.1 Automation von Beratungsprozessen 13

3.2 Internet - Bevorzugtes Medium für die virtuelle Beratung 16

3.3 Der Weg zur idealtypischen virtuellen Beratung 18

4 Determinanten der inhaltlichen Beratungsqualität 21

4.1 Die Sicht des Kunden 23

4.2 Verstehen und Begleiten des Kundenprozesses 24

4.2.1 Der Kundenprozess 24

4.2.1.1 Die Phasen des Kundenprozesses 24

4.2.1.2 Der Gesamtprozess des Kunden 27

4.2.2 Der Anbieterprozess – Unterstützung der Phasen des Kundenprozesses 29

4.2.2.1 Unterstützung der Phase Anregung 30

4.2.2.2 Unterstützung der Phase Evaluation 35

4.2.2.3 Unterstützung der Phase Kauf 39

4.2.2.4 Unterstützung der Phase After Sales 40

4.2.3 Der Anbieterprozess - Motivation weiterer Kundenprozesse 43

4.3 Verstehen und Erfüllen des Primärbedarfes 45

4.3.1 Der Bedarf des Kunden 45

4.3.1.1 Elemente des Primärbedarfs 46

4.3.1.1.1 Elementare Wünsche 47

4.3.1.1.2 Ursachen der Wunschentstehung 47

4.3.1.1.3 Zielhorizonte 48

4.3.1.2 Primärbedarfe und Sekundärbedarfe 49

4.3.2 Bedarfsgerechte Leistungserbringung – Ein generischer Ansatz 49
4.3.2.1 Bedarfsmatrix 51
4.3.2.2 Servicematrix 51
4.3.2.3 Bedarfs- und Servicematrix - Fundament der bedarfsorientierten Beratung 55

4.4 Vernetzte Leistungserstellung 56

4.4.1 Der ganzheitliche Kundenprozess 57
4.4.2 Integration bedarfsgerechter Leistungsbündel 59
4.4.3 Individualisierung bedarfsgerechter Leistungsbündel 63

5 Beratungsmodi – Realität und Simulation 67

5.1 Modi der realen Beratung 68

5.1.1 Produktzentrierte reale Beratung 69
5.1.1.1 Produktkonfiguration durch den Interessenten 69
5.1.1.2 Generierung von Konfigurationsalternativen 71
5.1.1.3 Berücksichtigung von Kundenanforderungen an Produkteigenschaften 72
5.1.2 Kundenzentrierte reale Beratung 72
5.1.2.1 Primärbedarfe als Ausgangspunkt 73
5.1.2.2 Berücksichtigung von Präferenzen 74
5.1.2.3 Berücksichtigung der Entscheidungssituation 75
5.1.3 Mischformen der realen Beratungsmodi 80

5.2 Simulation realer Beratungsmodi mit interaktiven Tools 80

5.2.1 Systematik der Tooltypen 81
5.2.2 Tooleinsatz zur Erzeugung der virtuellen Beratung 83
5.2.3 Beratungstools 84
5.2.3.1 Produktkonfigurator 85
5.2.3.2 Produkt Matching 89
5.2.3.3 Produkt Mapping 94
5.2.3.4 Needs Mapping 95
5.2.3.5 Preference Mapping 96
5.2.3.6 Frame Mapping 100
5.2.4 Support-Tools 101
5.2.4.1 Kalkulatoren 102
5.2.4.2 Information Providing 105
5.2.5 Mischformen der Tooltypen 105

6 Gestaltungsrichtlinien für ein Beratungssystem ... 109

6.1 Flexibilisierung des Einstiegspunktes ... 110

6.1.1 Ansatzpunkte der Beratungsunterstützung ... 111
6.1.2 Determinanten der Beratungsunterstützung ... 113
6.1.3 Bestimmung idealer Ansatzpunkte der Beratungsunterstützung ... 114
6.1.4 Flexibilisierung des Einstieges in der virtuellen Beratung ... 116

6.2 Kontextbezogene Tooltypenwahl ... 117

6.2.1 Komplexitätsgrad und Kommunikationsbedarf ... 118
6.2.2 Notwendigkeit des Tooltypeneinsatzes ... 120
6.2.3 Bestimmung idealer Tooltypenmischungen ... 122

6.3 Benutzerorientierte Toolausgestaltung ... 124

6.3.1 Der Dialogtyp der Toolbenutzer ... 124
6.3.2 Maßnahmen der benutzerorientierten Toolausgestaltung ... 126
6.3.2.1 Inhaltliche Hilfefunktion ... 128
6.3.2.2 Unterstützung der Datenermittlung ... 129
6.3.2.3 Benutzerführende Hilfefunktion ... 131

6.3.3 Ansatzpunkte der benutzerorientierten Toolausgestaltung ... 132

7 Fachkonzept einer bedarfsorientierten virtuellen Beratungsleistung ... 137

7.1 Bedarfsorientiertes Beratungssystem – Generisches Fachkonzept ... 138

7.1.1 Die Gesamtstruktur ... 138
7.1.2 Der Beratungsverlauf ... 141
7.1.3 Berücksichtigung von Gestaltungsrichtlinien ... 142

7.2 Bedarfsorientiertes Beratungssystem – Detailkonzept für den Kontext Immobilienerwerb ... 144

7.2.1 Elementare Wünsche – Der Ausgangspunkt ... 145
7.2.2 Modulare Komponenten der Phase Anregung ... 147
7.2.2.1 Wunschursachen - Ansatzpunkte der Anregung ... 147
7.2.2.2 Generelle und individuelle Anregung ... 149
7.2.2.3 Zielhorizont erfassen und Primärbedarf ableiten ... 154
7.2.2.4 Vom Primärbedarf zum abstrakten Leistungsbündel ... 155

7.2.3 Modulare Komponenten der Phase Evaluation ... 158
7.2.3.1 Individualisierte Vorauswahl bedarfsgerechter Leistungskategorien ... 159
7.2.3.2 Individualisierte Konkretisierung bedarfsgerechter Leistungsbündel ... 165

7.2.4 Modulare Komponente der Phase Kauf ... 166

7.2.5 Modulare Komponenten der Phase After Sales 168
7.2.5.1 Service 168
7.2.5.2 Tools zur Beobachtung der Produktentwicklung 169
7.2.5.3 Elementare Wünsche - Ausgangspunkt weiterer Kundenprozesse 170

7.3 Motivationskonzept 171

7.3.1 Passive Motivation 172
7.3.1.1 Bedarfsorientierte Strukturierung als Rahmen 172
7.3.1.2 Anregungsmechanismen 172

7.3.2 Aktive Motivation 174
7.3.2.1 Aufbereitung von Benutzerdaten als Voraussetzung 174
7.3.2.2 Aktive Platzierung von Anregungsmechanismen 175

8 Detailkonzept eines Evaluationstools zur individualisierten Konkretisierung einer Immobilienfinanzierung 177

8.1 Die Gesamtstruktur 177

8.2 Der Beratungsverlauf 181

8.2.1 Datenerfassung und -ermittlung 181
8.2.1.1 Kreditwunsch und Finanzierungsbedarf 181
8.2.1.2 Monatlicher Saldo 189

8.2.2 Realisierbarkeitsprüfung und Leistungskonkretisierung 193
8.2.2.1 Realisierbarkeitsprüfung 193
8.2.2.2 Leistungskonkretisierung 196

9 Virtuelle Beratung – Grenzen und Potenziale 199

Abbildungsverzeichnis 205

Literaturverzeichnis 209

1 Die Ergebnisse

Die Erzeugung und Sicherung der Kundenbindung avanciert angesichts der Migration des Finanzdienstleistungsmarktes zu elektronischen Vertriebswegen und auf Grund des auf Optimierung und Selektion ausgerichteten Kundenverhaltens zu einer besonderen Herausforderung für die Finanzdienstleister.

Die Implementierung einer virtuellen Beratungsleistung, welche den (potenziellen) Kunden auf elektronischen Vertriebswegen mit bedarfsgerechten Empfehlungen versorgt, rückt dabei in den Fokus der Betrachtung. Nicht nur fungiert die Bereitstellung automatisierter Beratungsqualität als Differenzierungsinstrument für den Anbieter, vielmehr stellt die virtuelle Beratung ein geeignetes Mittel dar, um der Kundenforderung nach individualisierter Leistung zu entsprechen.

Den Kunden zu gewinnen und dauerhaft zu binden kann dem Finanzdienstleister durch eine konsequente Ausrichtung seiner Leistungserbringung am gesamtheitlichen Primärbedarf sowie am zyklischen Gesamtprozess des Kunden gelingen. Die Grundprinzipien einer bedarfsorientierten Begleitung des Kundenprozesses, welche als zentrale theoretische Basis erarbeitet wurden, bilden den wesentlichen Leitfaden für die Erzeugung inhaltlicher Beratungsqualität in der realen wie virtuellen Beratung. Demnach kommt es darauf an, den Kunden von der Erfassung und Intensivierung eines Primärbedarfes über die Evaluation bedarfsgerechter Leistungsbündel zum Leistungserwerb zu begleiten und den Kontakt zum Kunden auch in der Nachkaufphase aufrecht zu erhalten und sinnvoll zu nutzen.

Mit der Erzeugung inhaltlicher Beratungsqualität gehen die Finanzdienstleister einen fundamentalen Schritt auf dem Weg zum Vertriebserfolg. Die Erzeugung einer virtuellen Beratungsleistung im elektronischen Markt verlangt es jedoch zudem, für eine Optimierung der automatisierten Dialogführung zu sorgen. Als geeignete Werkzeuge zur Generierung virtueller Beratungsdialoge wurden verschiedene Typen interaktiver Tools identifiziert, mit deren Hilfe sich Elemente idealtypischer realer Beratungsgespräche simulieren lassen. Gestaltungsrichtlinien für den Tooleinsatz als Basis einer effizienten Beratungssimulation wurden aus dem jeweiligen Beratungskontext und aus den kommunikativen Anforderungen der (potenziellen) Kunden abgeleitet.

Die erarbeiteten Grundsätze und Gestaltungsrichtlinien wurden in der *Konzeption einer virtuellen Beratungsleistung zur bedarfsorientierten Begleitung des Kundenprozesses* umgesetzt, welche dem Finanzdienstleister die Erzeugung und Sicherung von Kundenbindung auf elektronischen Vertriebswegen verspricht.

Zentraler Bestandteil der Umsetzung bildet ein *generisches Fachkonzept eines bedarfsorientierten Beratungssystems*, welches die Strukturierung des Gesamtmoduls an elementaren Bedarfsfeldern sowie die Ausrichtung der enthaltenen modularen Komponenten an den Phasen des Customer Buying Cycle beschreibt. Mit dem generischen Fachkonzept wurde ein Rahmen für die bedarfsorientierte Begleitung jeglichen Kundenprozesses auf elektronischen Vertriebswegen geschaffen. Wie das abstrakte Schema mit Leben gefüllt werden kann, wird mit einem *Detailkonzept* für den ausgewählten Kontext des Immobilienerwerbs demonstriert. Hier wird exemplarisch ein Weg dargestellt, den der Benutzer im virtuellen Beratungsverlauf von der Auswahl des Wunsches nach Immobilieneigentum bis zur individualisierten Konkretisierung eines geeigneten Finanzierungskonzeptes durchläuft.

Des Weiteren wurde die Motivation von Kundenprozessen auf elektronischen Vertriebswegen zum Gegenstand der Konzeption. Nur wenn es dem Anbieter gelingt, den Kunden permanent zum Durchlaufen weiterer Prozesse anzuregen, kann er sich langfristige Kundenbindung sichern. Als Antwort auf diese Herausforderung wurde ein *Motivationskonzept* erarbeitet, welches neben der passiven Bereitstellung vielfältiger, an elementaren Bedarfsfeldern orientierter Anregungsmechanismen eine Anregung des Kunden durch aktive bedarfsgerechte Ansprache vorsieht.

Das auf Basis grundlegender Prinzipien einer kundenzentrierten Leistungserbringung entwickelte Konzept zur bedarfsorientierten Begleitung des Kundenprozesses auf elektronischen Vertriebswegen stellt einen praktikablen Leitfaden für die Realisierung einer idealtypischen virtuellen Beratungsleistung dar.

2 Beratungsqualität - Strategischer Erfolgsfaktor im elektronischen Vertrieb von Finanzdienstleistungen

Angesichts des intensiven Preiswettbewerbs auf dem elektronischen Markt für Finanzdienstleistungen treiben die um Effizienz bemühten Anbieter die Elektronifizierung von Leistungserbringungsprozessen stetig voran. Diese Entwicklung hat zum heutigen Status quo der produktzentrierten virtuellen Beratung im Internet-Vertrieb geführt. Im Zuge ihres Strebens nach Differenzierung und Kundenbindung werden die Finanzdienstleiter versuchen, immer komplexere Beratungsprozesse zu automatisieren, in deren Mittelpunkt nicht die Produkte, sondern die Bedarfe des Kunden stehen.

Der Kunde, der dem Finanzdienstleister mit verändertem Verhalten und besonderen Anforderungen gegenübertritt, forciert die fortschreitende Automatisierung der Leistungserbringung im Finanzbereich. Mit hoher Technikaffinität treibt der Kunde die Verlagerung des Bankvertriebs auf elektronische Vertriebswege voran. Mit seinem vagabundierenden und nach Optimierung strebenden Verhalten trägt er zur Verschärfung der dort herrschenden Wettbewerbsituation bei. Insbesondere fordert der Kunde mit seinem Wunsch nach individualisierten Leistungen vom Anbieter die Bereitstellung einer bedarfsorientierten virtuellen Beratungsleistung auf elektronischen Vertriebswegen.

Das Schaffen von virtueller Beratungsqualität wird somit zum wesentlichen Erfolgsfaktor im elektronischen, vor allem im Internet-Vertrieb von Finanzdienstleistungen. Neben der Qualität des automatisierten Kommunikationsprozesses, welcher durch den Einsatz jeweils geeigneter und ideal ausgestalteter Beratungstools erzielt werden kann, ist vor allem die inhaltliche Qualität der Beratung von entscheidender Bedeutung, bei der es darum geht, den Interessenten auf elektronischen Vertriebswegen mit maßgeschneiderten Problemlösungen zu versorgen. Gerade hier besitzen Filialbanken bzw. Multikanalbanken entscheidende strategische Potenziale in Form von Expertenwissen und vorhandenen Kundendaten. Diese gilt es auf elektronischen Vertriebswegen nutzbar zu machen und so einen Wettbewerbsvorteil zu erzielen.

2.1 Implikationen der Marktentwicklung

Der elektronische Markt für Finanzdienstleistungen, vor allem der Online-Markt, ist von intensivem Wettbewerb geprägt. Sich in dieser Situation zu behaupten, stellt vor allem für die traditionellen Anbieter, welche das Internet als einen Vertriebsweg im Rahmen ihrer Multikanal-Strategie besetzen, eine Herausforderung dar.

Der Eintritt in den elektronischen Finanzdienstleistungsmarkt kann vergleichsweise einfach durch die Errichtung und Ausgestaltung einer elektronischen Kundenschnittstelle und ohne den Aufbau eines teuren Filialnetzes vollzogen werden. Gerade mit zunehmender Bedeutung des Internets als Vertriebsweg wird das Filialnetz als Markteintrittsbarriere hinfällig [vgl. Lange 1998, S.31]. Die geringen Markteintrittsbarrieren führen dazu, dass ständig neue, auch bankfremde Anbieter auf den elektronischen, insbesondere den Online-Finanzdienstleistungsmarkt drängen und zu einer stetigen Verschärfung der Wettbewerbssituation beitragen.

Die neuen Wettbewerber drohen dabei durchaus, den etablierten Filialbanken ihre Marktposition streitig zu machen [vgl. Locarek-Junge 1998, S.326]. Insbesondere erwächst den traditionellen Banken scharfe Konkurrenz durch Non- und Near-Banks, die sich im umkämpften Retail-Markt zu etablieren versuchen und dabei ihre, zum Teil erheblichen Wettbewerbsvorteile zu ihrem Vorteil einsetzen. So nutzen Non-Banks, wie Automobilhersteller, Touristikunternehmen und Handelsunternehmen ihren Markennamen, ihr Vertriebsnetz und bestehende Kundenverbindungen auch für den Vertrieb von Finanzdienstleistungen [vgl. Vögtle 1997, S.82]. Durch Gerade durch ihre Nähe zum Kunden, welche im Zuge ihrer originären Geschäftstätigkeit entsteht, gelingt es den Non-Banks, bei der Abwicklung von Kundentransaktionen zugleich Konsumentenkredite und Leasingverträge zu platzieren. Near-Banks, wie Versicherungen, Kreditkartengesellschaften und Leasingfirmen nutzen ihr in Form von Kundendatenbanken vorhandenes Wissen über das Verhalten und die Bedürfnisse ihrer Kunden, um ihre Leistungen gezielt und bedarfsgerecht anzubieten.

Vor allem Banken mit stationären Vertriebswegen geraten zunehmend unter Druck [Lange, Wäschle 1998, S.84]. So sehen sich die traditionellen Banken, die in Form des Multikanalansatzes neben ihrer Internetpräsenz und der Nutzung verschiedener anderer elektronischer Vertriebswege ein kostspieliges Filialnetz unterhalten, in ihrer Wettbewerbsposition durch die reinen Direktbanken bedroht. Diese auf den elektronischen Vertrieb spezialisierten Anbieter weisen auf Grund des fehlenden Filialnetzes eine wesentlich günstigere Kostenstruktur auf und spielen diesen Vorteil gegenüber den Multikanalbanken in Form attraktiver Produktkonditionen aus.

Der entstehende Preiskampf wird durch die hohe Transparenz des elektronischen Finanzdienstleistungsmarktes verschärft, welche es dem Kunden erleichtert, den jeweils preisgünstigsten Anbieter einer Leistung zu identifizieren. Die ohnehin durch den hohen Standardisierungsgrad der Finanzdienstleistungen begründete Vergleichbarkeit der Angebote wird durch die Darstellung auf elektronischen Medien noch erhöht. So hat der Kunde im elektronischen Bankenmarkt die Möglichkeit, einzelne Anbieter in Sekundenschnelle anzuwählen und ihre Angebote zu vergleichen [vgl. Erlingheuser 1998, S. 53]. Vor allem im Medium Internet haben sich zahlreiche Dienstanbieter etabliert, welche den Benutzer mit intelligenten Suchfunktionen beim Auffinden des attraktivsten Angebotes unterstützen. Sowohl die Darstellung der Bankleistungen im Internet als auch das Angebot an „Vergleichs-Software" ermöglicht es dem Kunden, den für seine Bedürfnisse günstigsten Anbieter schnell und einfach zu ermitteln [vgl. Kröner 1998, S.63]. Eine Fortentwicklung dieses Trends zeigt sich in der Entstehung diverser Internet-Finanzportale, deren Zielsetzung darin besteht, eine Optimierung der Finanzsituation des Benutzers durch eine an dessen Bedarfssituation ausgerichtete Empfehlung von anbieterübergreifenden Produktbündeln zu realisieren.

Als Konsequenz des Preiskampfes auf dem elektronischen Finanzdienstleistungsmarkt, welcher sich in Form eines hohen Kosten- und Rationalisierungsdrucks [vgl. Wagner 1999, S.48] auf die Anbieter niederschlägt, werden diese selbst zur treibenden Kraft bei der *fortschreitenden Elektronifizierung von Leistungsprozessen.* So versuchen die Finanzdienstleister durch zunehmende Verlagerung ihrer Leistungserbringung auf elektronische Vertriebswege eine Effizienzsteigerung zu erzielen, um zu kompetitiven Konditionen am Markt agieren zu können. Ausgehend von der automatisierten Abwicklung standardisierter Geschäftsvorfälle im Zahlungsverkehr wird die Elektronifizierung sukzessive auch in den Bereich der Beratungsprozesse vordringen.

Bei der Elektronifizierung von Beratungsprozessen geht es darum, ein Abbild realer Beratungsverläufe zu schaffen. Ziel dabei ist es, ohne die Einbeziehung eines realen Beraters, in der rein automatisierten Kommunikation aus den individuellen Daten des Beratenen mittels einer geeigneten Berechnungs- und Regellogik eine maßgeschneiderte Empfehlung, beispielsweise in Form eines passenden Leistungs- oder Produktbündels, zu generieren. Eine derartige Automation von Beratungsprozessen, welche die Simulation realer Beratungsabläufe bezüglich Interaktivität, Ablauflogik und Ergebnis zum Gegenstand hat, wird im Folgenden als *virtuelle Beratung* bezeichnet. (Vgl. Kapitel 3.1).

Bevorzugter Vertriebsweg zur Implementierung virtueller Beratungsleistungen ist der Online-Vertriebsweg, welcher auf Grund der systemimmanenten Eigenschaften von Medium und Endgeräten die ideale Basis bietet, um komplexe Sachverhalte darzustellen und individualisierte automatisierte Dialoge unter

Integration von Beratungslogik zu erzeugen (vgl. Kapitel 3.2). Gegenüber anderen elektronischen Vertriebswegen wird das Internet für den Absatz von Finanzdienstleistungen im Zuge der prognostizierten Entwicklung fortschreitender Elektronifizierung von Beratungsprozessen somit weiter an Bedeutung gewinnen.

Die Websites zahlreicher im Internet präsenter Finanzdienstleister lassen bereits deutliche Bemühungen erkennen, durch den Einsatz interaktiver Module virtuelle Beratungsqualität zu erzeugen und somit sukzessive die Notwendigkeit einer realen Beratungskompetenz zu vermindern. Das elektronifizierte Leistungsangebot im Vertriebsweg Internet hat sich aktuell bis zur *produktzentrierten virtuellen Beratung* mittleren Komplexitätsgrades entwickelt. So werden dem Internetnutzer überwiegend einfache virtuelle Beratungsleistungen im Bereich der Aktiv- und Passivprodukte bereitgestellt.[1]

Die diffizile Wettbewerbssituation auf dem elektronischen Finanzdienstleistungsmarkt verlangt von den Anbietern Differenzierungsbemühungen, welche weit über ein Mithalten im Preiskampf hinausgehen und auch die Bereitstellung produktzentrierter virtueller Beratungsleistungen übersteigen:

Durch das Angebot von Leistungen zu kompetitiven Konditionen lässt sich ein Kunde allenfalls kurzfristig gewinnen. Konditionsgestaltungen als in der Vergangenheit bewährtes Kundenbindungsinstrument werden in Zukunft nicht mehr das gewünschte Resultat erbringen [Erlingheuser 1998, S 54]. Vielmehr gilt es, sich gegenüber den Konkurrenten, welche jeweils spezielle Wettbewerbsvorteile besitzen, wirkungsvoll und nachhaltig zu differenzieren. Um einen anhaltenden Konkurrenzvorteil zu erlangen, muss der Anbieter sich auf die Ebene der Kundenbeziehung begeben und eine Differenzierung über eine Erhöhung des Kundennutzens anstreben [vgl. Probst, Wenger 1998, S.6, S.7], [vgl. Locarek-Junge 1998, S. 325]. Hierfür gilt es, dem Kunden einen, über ein preisgünstiges Angebot hinausgehenden, kundenspezifischen Mehrwert zu verschaffen [vgl. Locarek-Junge 1998, S.325] und ihn somit langfristig zu binden.

Angesichts der aus Kundensicht bestehenden Austauschbarkeit der standardisierten Finanzprodukte kann der Finanzdienstleister einen kundenspezifischen Mehrwert nur über die Individualisierung seiner Leistungserbringung generieren. Neben der Versorgung des Kunden mit individuell relevanten Informationen und

---

[1] Der Status quo der virtuellen Beratung im Online-Vertriebsweg der Finanzdienstleister wurde im ersten Halbjahr 2001 am Institut für Bankinformatik und Bankstrategie an der Universität Regensburg erhoben. Über 1000 Banken-Websites im deutschsprachigen Raum wurden auf interaktive Beratungsmodule hin untersucht. Die aufgefundenen Tools wurden katalogisiert und anhand eines Kriterienkataloges bewertet. Die Ergebnisse der Erhebung wurden im Juni 2001 in Form der ibi-Studie „Virtuelle Beratung“ veröffentlicht.

Value Added Services ist in diesem Zusammenhang die Erbringung einer *kundenzentrierten virtuellen Beratungsleistung* von entscheidender Bedeutung. Ziel dabei ist es, einen über die einfache Produktberatung hinausgehenden automatisierten Beratungsprozess zu implementieren, in dessen Verlauf ein auf die individuelle Bedarfslage sowie die Eigenschaften und Rahmenbedingungen des Interessenten zugeschnittenes bedarfsgerechtes Leistungs- bzw. Produktbündel abgeleitet wird. Dem Kunden, der als Ergebnis der virtuellen Beratung mit maßgeschneiderten Problemlösungen versorgt wird, entsteht ein Zusatznutzen. Der Anbieter, der durch die Implementierung einer entsprechenden virtuellen Beratungsqualität einen erhöhten Kundennutzen generiert, steigert seine Chancen auf langfristige Kundenbindung.

Forciert durch das Streben nach Differenzierung und Kundenbindung im umkämpften elektronischen Finanzdienstleistungsmarkt werden die Anbieter daher zunehmend darum bemüht sein, immer komplexere Beratungsprozesse elektronisch abzubilden, welche nicht die Produkte, sondern die Bedarfe des Kunden in den Mittelpunkt der Betrachtung stellen.

2.2 Implikationen des veränderten Kundenverhaltens

Eine Verschärfung des auf dem elektronischen, insbesondere dem Online-Markt, für Finanzdienstleistungen bestehenden Wettbewerbsdrucks wird durch das Verhalten des „neuen Konsumenten" in der Informationsgesellschaft induziert, welches sich in besonderen Anforderungen an die Finanzdienstleister manifestiert. Gerade in einem umfassenden Verständnis des veränderten Kundenverhaltens liegt jedoch der Schlüssel zum Erfolg im elektronischen Markt für Finanzdienstleistungen.

Die steigende Technikaffinität des Konsumenten führt zu einer frequenten Nutzung der modernen Medien. Diese Tendenz zeigt sich in steigendem Maße auch bei der Wahl des Vertriebsweges bei der Nachfrage nach Finanzdienstleistungen. Vor allem im Retail-Segment zeichnet sich eine steigende Technikakzeptanz bei der Abwicklung von Bankgeschäften ab: Die automatisierte Bereitstellung von Standardleistungen wird von einem Großteil der Retailkunden nicht nur akzeptiert, sondern aufgrund der hohen Verfügbarkeit bereits erwartet und gefordert [vgl. Wagner 1999, S.27]. Der technikaffine Kunde wird somit zur treibenden Kraft bei der Verlagerung des Vertriebs von Finanzdienstleistungen auf die elektronischen Kanäle.

Die hohe Transparenz des Finanzdienstleistungsmarktes, deren originäre Ursache in einer hohen Standardisierung und damit Vergleichbarkeit der Finanzdienstleistungen begründet liegt, wird durch die Migration auf elektronische Vertriebswege weiter forciert (vgl. Kapitel 2.1).

Der Konsument der heutigen Informationsgesellschaft nutzt die modernen Medien, um hinsichtlich benötigter Finanzprodukte fachliche Informationen einzuholen, einen Marktüberblick zu gewinnen sowie Kosten- und Qualitätsvergleiche anzustellen. In seiner Beziehung zu Banken zeigt sich der neue Konsument dementsprechend mündig im Sinne von informiert und selbstbewusst. [Vgl. Bartmann 1999, S.783].

Infolge des steigenden Bildungsniveaus der Bevölkerung im Allgemeinen sowie der wachsenden bankwirtschaftlichen Erfahrung im Speziellen wird der (potenzielle) Bankkunde immer selbstbewusster, kritischer und damit auch anspruchsvoller. In der Konsequenz schraubt der Konsument seine Anforderungen an die Finanzdienstleistung in die Höhe. [Vgl. Wagner 1999, S. 22], [vgl. Vögtle 1997, S.61].

In Folge der hohen Transparenz im elektronischen Finanzdienstleistungsmarkt sowie der starken Verhandlungsmacht des Bankkunden, zeigt dieser sinkende Bankloyalität, d.h. sinkende „Bereitschaft [...], Leistungen eines Kreditinstitutes dauerhaft nachzufragen“ [Wagner 1999, S.23]. Der informierte, selbstbewusste und preisbewusste Kunde ist tendenziell geneigt, seine Bankverbindung zu wechseln, um ein spezielles Konkurrenzangebot in Anspruch zu nehmen [vgl. Vögtle 1997, S.62]. So realisiert der Kunde das jeweils beste Angebot bei verschiedenen Finanzdienstleistern und baut zu diesem Zwecke Mehrfachbankverbindungen auf. Das „Rosinen picken“, d.h. das selbsttätige Kombinieren der jeweils preisgünstigsten Angebote und das „Vagabundieren“ zwischen unterschiedlichen Anbietern bestimmt das Verhalten des Kunden [vgl. Bartmann 1999, S.783], [vgl. Locarek-Junge 1998, S.325].

Eine tiefer gehende Betrachtung der Wünsche und Anforderungen des neuen Konsumenten gibt Aufschluss über zu ergreifende Maßnahmen, um den Abwanderungstendenzen wirkungsvoll zu entgegnen und eine langfristige Kundenbindung zu realisieren.

Der Bankkunde ist „unberechenbar in seinen situativ unterschiedlichen, z.T. konträren Anforderungen“ [Bartmann 1999, S.783]. Auf der einen Seite zeigt er eine ausgeprägte Preissensibilität bei der Nachfrage nach standardisierten Bankprodukten, die er daher verstärkt über elektronische Vertriebswege erwirbt. Auf der anderen Seite strebt er nach Distinktion und möchte sich durch den Erwerb von individualisierten Leistungen vom Massenkonsum abheben [vgl. Bartmann 1999, S.783]. Hierbei fordert der Kunde eine intensive und individuelle Beratungsleistung, aus der für seine Bedarfssituation maßgeschneiderte Problemlösungen hervorgehen.

Die hybriden Konsumstrukturen erschweren eine Prognose des Kundenverhaltens [vgl. Wagner 1999, S.12]. Dennoch lässt deren Analyse entscheidende Erfolgsfaktoren für eine Differenzierung im Wettbewerb auf dem elektronischen, insbesondere dem Online-Markt, für Finanzdienstleistungen erkennen:

Neben der Bereitstellung von standardisierten Bankprodukten zu kompetitiven Konditionen gewinnt die Beratungsqualität als Differenzierungsmerkmal zunehmend an Bedeutung. Der vagabundierende Bankkunde lässt sich durch ein attraktives Angebot zwar situativ gewinnen, jedoch nicht langfristig halten. Sein permanentes Streben nach der preisgünstigsten Standardleistung birgt ein beständiges Abwanderungsrisiko. Fühlt sich der Kunde jedoch auch in der elektronischen Welt vom Anbieter in seiner Bedarfssituation verstanden und mit individuellen Problemlösungen versorgt, so werden seine Abwanderungstendenzen sinken. Für die Finanzdienstleister wird somit die Implementierung einer *kundenzentrierten virtuellen Beratungsleistung* auf elektronischen Vertriebswegen zu einem wettbewerbsentscheidenden Faktor, um der Kundenforderung nach individualisierter Leistung zu entsprechen.

Im Spannungsfeld zwischen Standardisierung und Automation einerseits und Individualisierung andererseits [vgl. Wagner 1999, S.12] kann der Anbieter durch Bereitstellung qualitativ hochwertiger und am Kunden ausgerichteter automatisierter Beratungsprozesse bestehen.

2.3 Beratungsqualität – Schlüssel zum Erfolg

Sowohl der Differenzierungsdruck des Marktes als auch die Kundenforderung nach individualisierter Leistung (vgl. Kapitel 2.1 und 2.2). implizieren die Notwendigkeit für den Anbieter, dem Kunden auf elektronischen Vertriebswegen qualitativ hochwertige automatisierte Beratungsleistungen zu bieten.

Verschiedene Aspekte der *Beratungsqualität* lassen sich betrachten. Aus dem Verständnis der Beratung als Form von Kommunikation, die ein spezifisches Informationsziel verfolgt (vgl. Kapitel 3.1), muss die Qualität des Kommunikationsprozesses von der Qualität der Beratung selber, vor allem bezüglich ihres Inhaltes unterschieden werden [vgl. Evers, Krüger, Reifner 2000, S.30].

Einen qualitativ hochwertigen *Kommunikationsprozess* in der virtuellen Beratung kann der Anbieter durch den Einsatz von im jeweiligen Kontext passender Beratungstools sowie deren benutzeradäquate Ausgestaltung erzielen (vgl. Kapitel 5.2 und 7).

Maßgebliches Kriterium für die *inhaltliche Qualität* der Beratung ist der Grad der beim Kunden erzielten Problemlösung [vgl. Evers, Krüger, Reifner 2000, S.30]. Demnach kann eine inhaltliche Beratungsqualität auf elektronischen Vertriebswegen vor allem mittels einer kundenzentrierten virtuellen Beratungsleistung erzielt werden, welche einen über die reine Produktvermittlung hinausgehenden Mehrwert bietet. Hierbei ist es wesentlich, den Benutzer in seinen grundsätzlichen sowie situativ auftretenden Bedarfen zu verstehen und unter Berücksichtigung seiner individuellen Präferenzen und Entscheidungssituation Problemlösungen in Form jeweils passender Leistungs- bzw. Produktbündel bereitzustellen, welche der Bedarfsbefriedigung dienen (vgl. Kapitel 5.1.2). Fühlt sich der (potenzielle) Kunde auch auf elektronischen Vertriebswegen vom Anbieter verstanden und bedarfsgerecht bedient, so wird seine Loyalität diesem Anbieter gegenüber steigen.

In der realen Welt wird inhaltliche Beratungsqualität durch den personellen Kundenberater erzeugt. Dieser identifiziert im Mensch-Mensch-Dialog und ggf. unter Nutzung vorhandener Kundendatenbestände einen situativen Bedarf sowie Eigenschaften und Rahmenbedingungen eines (potenziellen) Kunden und leitet auf Basis seines Expertenwissens sowie seines Erfahrungsschatzes eine maßgeschneiderte Problemlösung in Form eines individualisierten bedarfsgerechten Leistungs- bzw. Produktbündels ab.

Gerade in der kundenzentrierten, bedarfsorientierten Beratung besitzen Filialbanken bzw. Multikanalbanken offensichtlich wesentliche strategische Potenziale gegenüber den Direktbanken. So ist die individuelle persönliche bzw. semipersönliche Beratung die erklärte Kernkompetenz dieser Institute, welche von personellen Beratern in den Filialen bereitgestellt wird. Zudem bieten vorhandene Kundendatenbestände der Multikanalbanken, die über zahlreiche persönliche bzw. semipersönliche Kontakte eingepflegt wurden, die ideale Voraussetzung für eine aktive individuelle Ansprache und Beratung bereits bestehender Kunden.

Filialinstitute sollten dem Wettbewerb auf dem umkämpften Finanzdienstleistungsmarkt daher durch Rückgriff auf eigene Stärken und ihre anerkannte Fachkompetenz begegnen [vgl. Locarek-Junge 1998, S.320]. Um im Online-Markt für Finanzdienstleistungen einen Wettbewerbsvorteil zu erzielen, sollten Multikanalbanken es somit anstreben, ihre vorhandenen strategischen Potenziale auf das Medium Internet zu übertragen und ihr Expertenwissen sowie ihre Kenntnisse über den Kunden zur idealen Ausgestaltung ihres elektronischen Leistungsangebotes nutzen.

Wesentlich für die Generierung einer bedarfsorientierten virtuellen Beratungsleistung ist es, das im Kontext der realen Beratung vorhandene *Expertenwissen* in die Konzeption interaktiver Beratungsmodule einzubeziehen, welche die Werkzeuge darstellen, um die in der realen Welt vom Kundenberater erbrachte Kommunikationsleistung auf den Online-Vertriebskanal abzubilden. Ebenso wie im realen Beratungsdialog zwischen Kundenbetreuer und (potenziellem) Kunden sollte im elektronischen Beratungsdialog zwischen Internetnutzer und (Benutzerschnittstelle zum) Beratungsmodul eine ausreichend differenzierte Erfassung der Bedarfslage, der Präferenzen und der Entscheidungssituation des Benutzers erfolgen. Ganz nach dem Vorbild des realen Beraters sollte auch der „virtuelle Berater“ aus den erfassten Benutzerdaten ein auf die individuelle Bedarfslage sowie die Eigenschaften und Rahmenbedingungen des Interessenten zugeschnittenes bedarfsgerechtes Produkt- oder Leistungsbündel ableiten. Werkzeug zur Abbildung realer Beratungsabläufe sind Beratungssysteme. Diese enthalten geeigneter Dialogbausteine zur Erfassung von Benutzerdaten sowie eine integrierte Verarbeitungslogik, mit deren Hilfe die im interaktiven Dialog erfassten Daten zu benutzeradäquaten Empfehlungen verarbeitet werden. Expertenwissen und Entscheidungslogik des realen Beraters lassen sich in der konzeptionellen Ausgestaltung eines Beratungssystems nachempfinden.

Auch das in den Kundendatenbanken abgelegte *Wissen über den Kunden* sollte für den elektronischen Vertrieb genutzt werden. So lassen sich aus den vorhandenen Informationen zu den persönlichen Eigenschaften, der individuellen Rahmensituation sowie der momentanen Lebensphase des Kunden Rückschlüsse auf möglicherweise aktuell bestehende Bedarfssituationen ziehen. Werkzeuge zur Datenauswertung bilden Analysetools, welche auf geeigneten Methoden, beispielsweise auf Regeln, basieren. Die durch Datenanalyse identifizierten potenziellen Bedarfssituationen können vom Anbieter genutzt werden, um eine aktive bedarfsgerechte Kundenansprache über elektronische Vertriebswege zu platzieren und so den Einstieg des Kunden in einen weiterführenden Beratungsdialog zu motivieren.

3 Virtuelle Beratung - Mittel und Wege

In der Bereitstellung von automatisierter Beratungsqualität liegt der Schlüssel zum Erfolg im elektronischen, insbesondere im Online-Markt für Finanzdienstleistungen. Dies wird durch den Differenzierungsdruck des Marktes sowie durch die Kundenforderung nach individualisierter Leistung impliziert. (Vgl. Kapitel 2).

Das *Mittel* zur Automation von Beratungsprozessen und damit zur Erzeugung einer virtuellen Beratungsleistung besteht in der Implementierung entsprechender Beratungssysteme in das elektronische Angebot der Finanzdienstleister. Insbesondere der Online-Vertriebsweg mit seinen systemimmanenten Eigenschaften weist hierfür ein passendes Eignungsprofil auf.

Der *Weg* zu einer qualitativ hochwertigen virtuellen Beratungsleistung, welche dem Benutzer neben einer optimierten elektronischen Kommunikation einen Mehrwert durch eine Ausrichtung an seinen Bedarfen bietet, erfordert das Durchlaufen grundlegender konzeptioneller Schritte.

3.1 Automation von Beratungsprozessen

Beratung stellt den Kernbereich der Dienstleistung einer Bank dar. Sie kann als Kommunikationsprozess zwischen Anbieter und Kunde verstanden werden, welcher eine problem- bzw. personenspezifische Informationsvermittlung zum Gegenstand hat. Ziel der Beratung ist es, Informationen von Anbieterseite so zur Nachfrageseite hin zu vermitteln, dass dem Kunden bekannt gemacht wird, was der Anbieter zur Lösung eines spezifischen Kundenproblems anbieten kann. [Vgl. Evers, Krüger, Reifner 2000, S.22, S. 30]. Beratung als Kategorie bankbetriebliche Leistungen umfasst zumeist das Erklären bestimmter Leistungsarten sowie die Generierung von Empfehlungen bei der Wahl zwischen Alternativen, entweder innerhalb einer Leistungskategorie oder in übergreifender Form [vgl. Hein 1993, S. 26].

Aufbauend auf den dargelegten Definitionen wird folgende Begriffsfassung formiert:

Beratungsprozess
Ein Beratungsprozess im Finanzdienstleistungsbereich besteht in einem interaktiven Dialog mit dem (potenziellen) Kunden, als dessen Ergebnis die Ermittlung eines auf die individuelle Problemlage des Beratenen zugeschnittenen Leistungs- bzw. Produktbündels erfolgt.

Der Kunde, der mit einem Anbieter kommuniziert, erwartet auf der Anbieterseite Kompetenz; unabhängig davon, ob sein Kundenberater persönlicher oder elektronischer (virtueller) Natur ist. Für die Automation von Beratungsprozessen bedeutet dies die Notwendigkeit, die Kundenbeziehungs-Kompetenz des Anbieters elektronisch abzubilden. So muss das Wissen, die Anliegen des Kunden zu verstehen und in Leistungen des Anbieters zu überführen, zu einem integralen Bestandteil elektronifizierter Beratungsprozesse werden. Aus der Forderung, Beratungsprozesse zu automatisieren, resultiert somit zugleich die Forderung, das Beratungswissen zu automatisieren. [Vgl. Probst, Wenger 1998, S.11, S. 139].

In Anlehnung an die dargelegten Überlegungen wird den weiteren Ausführungen folgendes Verständnis zu Grunde gelegt:

Automation von Beratungsprozessen
Bei der Automation von Beratungsprozessen geht es darum, ein elektronifiziertes Abbild realer Beratungsverläufe zu schaffen. Ziel dabei ist es, ohne die Einbeziehung eines realen Beraters, in der rein automatisierten Kommunikation aus den individuellen Daten des Beratenen mittels einer geeigneten Verarbeitungslogik eine maßgeschneiderte Empfehlung, beispielsweise in Form eines passenden Leistungs- bzw. Produktbündels, zu generieren.

Werkzeuge zur Automation von Beratungsprozessen sind softwaretechnisch implementierte *Beratungssysteme*, welche die Kommunikation mit dem Kunden in den Vordergrund stellen und über die Informationsbereitstellung hinausgehende Unterstützungsleistungen generieren. Unterschiedliche Formen von Beratungssystemen erzeugen dabei unterschiedliche Ausprägungen der automatisierten Beratungsunterstützung. So kann es beispielsweise Gegenstand eines Beratungssystems sein, Leistungs- bzw. Produktinformationen oder zur Auswahl stehende

Varianten unter Berücksichtigung der speziellen Kundenerfordernisse zu bewerten und darauf aufbauend Empfehlungen zu generieren [vgl. Bodendorf 1999, S. 45, S.50].

Korrespondierend zu den unterschiedlichen Modi realer Beratungsverläufe lassen sich unterschiedliche Formen von elementaren Beratungssystemen bzw. unterschiedliche Typen von Beratungstools zu deren Automation identifizieren (vgl. Kapitel 5.2.1). Beratungstools verarbeiten im elektronischen Dialog mit dem Benutzer erfasste, individuelle Daten auf Basis einer integrierten Verarbeitungslogik und ermöglichen so die Ableitung von benutzeradäquaten leistungs- bzw. produktbezogenen Empfehlungen (vgl. Kapitel 5.2.3).

Ein elementares Beratungssystem wird durch einen einzelnen Beratungstooltyp repräsentiert, welcher ggf. durch Support-Tools (vgl. Kapitel 5.2.4) ergänzt wird. Ein umfassendes Beratungssystem kann mehrere modulare Komponenten integrieren, welche der Datenerfassung, Datenverarbeitung und Informationsbereitstellung dienen oder welche ihrerseits Beratungssysteme bzw. Beratungstools darstellen. Entsprechend kann ein Beratungssystem die Kennzeichen mehrerer Tooltypen vereinen.

Beratungssystem
Ein Beratungssystem ist ein Werkzeug zur Automation von Beratungsprozessen. Es enthält Dialogbausteine zur Erfassung von Benutzerdaten sowie eine integrierte Verarbeitungslogik mit deren Hilfe die erfassten Daten zu benutzeradäquaten Empfehlungen verarbeitet werden. Ein umfassendes Beratungssystem kann mehrere modulare Komponenten integrieren, welche ihrerseits Beratungssysteme bzw. Beratungstools darstellen können.

Das Durchlaufen eines Beratungssystems durch den Benutzer erzeugt einen automatisierten Beratungsprozess, welcher ein reales Beratungsgespräch in wesentlichen Elementen simuliert (vgl. Kapitel 5.2.2) und der im Folgenden als *virtuelle Beratung* bezeichnet werden soll.

Virtuelle Beratung
Ein automatisierter Beratungsprozess, welcher einen realen Beratungsablauf bezüglich Interaktivität, Ablauflogik und Ergebnis simuliert, wird im Folgenden als virtuelle Beratung bezeichnet.

3.2 Internet - Bevorzugtes Medium für die virtuelle Beratung

Die mit einem elektronischen Vertriebsweg verbundenen technischen Potenziale bzw. Restriktionen, welche aus den systemimmanenten Eigenschaften des verwendeten Mediums sowie der Schnittstelle bzw. des Endgerätes resultieren, determinieren die Möglichkeiten der Interaktion zwischen Kunde und Anbieter und bedingen entsprechende, vertriebswegespezifische Modifikationen in der Darstellung der Leistungen sowie im bereitgestellten Funktionsumfang.

Der Online-Vertriebsweg bietet mit dem interaktiven Medium Internet sowie mit den multimediafähigen Endgeräten die Basis für die individualisierte Vermittlung und wirkungsvolle Präsentation eines Finanzdienstleistungsangebotes.

Der Ausgestaltung der Benutzeroberfläche sind im Online-Vertriebsweg kaum Grenzen gesetzt. Die *Multimedialität* ermöglicht es, Inhalte multisensorisch in der vom Benutzer bevorzugten Art zu präsentieren [vgl. Reichardt 2000, S.135]. Neben einer textuellen und grafischen Darstellung können die Inhalte dem Benutzer zudem unter Einsatz von Audio- und Videosequenzen kommuniziert werden. Durch multimediale Aufbereitung online bereitgestellter Inhalte kann der Anbieter die Vermittlung komplexer Sachverhalte wirkungsvoll unterstützen [vgl. Wölfing, Mehlmann 1999, S. 114]. Eine ideale Website besteht demnach nicht nur aus Text und Bildern, sondern fungiert als interaktives, multimediales Kommunikationsmittel [Kentie 1998, S.37]. Der Finanzdienstleister, der die gestalterischen Möglichkeiten des Online-Vertriebsweges ausschöpft, schafft eine ideale Präsentationsebene für die Vermittlung seiner Leistungen.

Das Internet eröffnet in seiner besonderen Eigenschaft als *interaktives Medium* besondere Kommunikationspotenziale, welche vom Benutzer in unterschiedlicher Weise ausgeschöpft werden können. So kann das Internet sowohl rezeptiv als auch kommunikativ genutzt werden. Bei der rezeptiven Nutzung werden die vorhandenen interaktiven Potenziale ignoriert und es werden lediglich die dargebotenen Inhalte entgegengenommen. Bei der kommunikativen Nutzung dagegen wird das bidirektionale Element des Internets ausgeschöpft und interaktive Anwendungen werden genutzt. [Vgl. Schulte 1999, S.7].

Die Interaktivität als systemimmanente Eigenschaft des Internets ermöglicht es, die aus dem Interaktionsverhalten gewonnenen Benutzerinformationen zur Generierung einer individualisierten automatisierten Kommunikation zu nutzen. So können die über den Rückkanal vom Benutzer empfangenen Informationen sofort für die Gestaltung des weiteren elektronischen Dialoges und somit zum Aufbau einer dem (potenziellen) Kunden angepassten Kommunikation verwendet werden [vgl. Wölfing, Mehlmann 1999, S. 115]. Während sich die zur benutzerspezifischen Dialoggestaltung nutzbaren Informationen bei der rezeptiven Nutzung auf das Navigations- und Auswahlverhalten des Benutzers beschränken, können bei der kommunikativen Nutzung ferner im Rahmen von interaktiven Funktionalitäten getätigte Eingabedaten des Benutzers herangezogen werden.

Einen entscheidenden Beitrag zur Generierung benutzerindividueller elektronischer Dialoge leistet die *Hyperlink-Funktion*, welche die Verknüpfung von Dokumenten im Rahmen HTML-basierender Websites ermöglicht. Auf der Benutzeroberfläche werden Hyperlinks zumeist in Form wählbarer Optionen oder entsprechender Navigationselemente dargeboten. Durch Nutzung von Hyperlinks kann der Benutzer durch die Seiten des Online-Angebotes navigieren und somit selbsttätig die Generierung eines individualisierten Dialoges initiieren. Im Falle der rezeptiven Nutzung bestimmt der Benutzer durch Auswahl und Navigation selbst die Abfolge der Entgegennahme von Inhalten. Durch interaktive Selektion wählt er Art, Tiefe, Breite sowie Menge und Reihenfolge der in Anspruch genommenen Information [vgl. Reichardt 2000, S.135]. Im Falle der kommunikativen Nutzung kann die durch Hyperlink-Navigation initiierte Dialogverzweigung zudem auf Basis einer bestimmten Entscheidungslogik gesteuert werden. Dies kommt vor allem im Rahmen von interaktiven Modulen zum Tragen, welche der Generierung einer virtuellen Beratungsleistung dienen. So kann der virtuelle Beratungsverlauf nicht nur durch benutzerseitig getroffene Auswahl, sondern auch durch Verarbeitung erfasster Eingabedaten und ergebnisabhängige Weiterleitung bestimmt werden.

Die Internet-Technologie bietet die ideale Basis für eine *Integration* softwaretechnisch implementierter *modularer Funktionen* zur Generierung virtueller Beratungsabläufe. Die Datenverarbeitung im Rahmen eines Beratungsmoduls kann dabei auf Basis integrierter allgemeiner sowie finanzmathematischer Berechnungsformeln sowie auf Basis von Regeln erfolgen. Ein komplexes Beratungssystem kann sich aus mehreren Datenverarbeitungsschritten und modularen Teilkomponenten aufbauen. Die Steuerung des automatisierten Beratungsdialoges, d.h. der Anstoß von Datenverarbeitungsschritten sowie der Aufruf von modularen Komponenten im Beratungsverlauf, wird durch Aktionen des Benutzers auf der Web-Oberfläche initiiert; so beispielsweise durch die Eingabe von Daten sowie die Betätigung entsprechender Steuerungselemente oder durch Auswahl und Navigation. Die im Online-Vertriebsweg verfügbaren technischen Möglichkeiten für die Gestaltung der Benutzeroberfläche ermöglichen es, dem Benutzer die erforderlichen Instrumente zur Eingabe von Daten, zur Bewegung im Beratungsverlauf sowie zur Betrachtung von Ergebnissen zu schaffen. So lassen sich auf der Website entsprechende Formulare, Navigations- und Steuerungsinstrumente sowie Elemente zur Ergebnispräsentation implementieren.

Werden die Potenziale, welche das Internet als interaktives Medium für die Generierung einer individualisierten automatisierten Kommunikation bietet, mit einer Integration von Beratungslogik kombiniert, so wird der Online-Vertriebsweg zur idealen Basis für die Realisierung virtueller Beratungsabläufe, in deren Ergebnis im interaktiven Dialog mit dem Benutzer benutzerindividuelle Empfehlungen generiert werden.

Im Rahmen eines Online-Vertriebskonzeptes wird dem Benutzer neben der Information und der individualisierten Kommunikation zudem die Möglichkeit verschafft, *Transaktionen* via Internet zu initiieren. Damit besitzt der Online-Vertriebsweg die idealen Voraussetzungen, um im Zuge eines virtuellen Beratungsablaufes sämtliche Phasen eines Kundenprozesses (vgl. Kapitel 4.2.1.1) von der Erfassung eines Bedarfes über die Ermittlung passender Leistungs- bzw. Produktbündel bis hin zum Abschluss einer Leistung zu unterstützen und dem Kunden schließlich nach dem Kauf umfassende Services bereit zu stellen.

3.3 Der Weg zur idealtypischen virtuellen Beratung

Das *Mittel* zur Automation von Beratungsprozessen und damit zur Erzeugung einer virtuellen Beratungsleistung besteht in der Implementierung entsprechender Beratungssysteme in das elektronische Angebot der Finanzdienstleister (vgl. Kapitel 3.1). Insbesondere der Online-Vertriebsweg mit seinen systemimmanenten Eigenschaften weist hierfür ein passendes Eignungsprofil auf (vgl. Kapitel 3.2).

Ein fundiertes Konzept einer qualitativ hochwertigen virtuellen Beratungsleistung, welche dem Benutzer neben einer optimierten elektronischen Kommunikation einen Mehrwert durch eine Ausrichtung an seinen Bedarfen bietet, kann jedoch nur auf Basis differenzierter Grundlagen geschaffen werden.

Wesentlich ist es, die Determinanten der inhaltlichen Beratungsqualität festzustellen, welche das Fundament einer idealtypischen realen sowie virtuellen Beratungsleistung darstellen. Entsprechend wird im Zuge des folgenden Kapitels 4, ausgehend von einer Analyse des gesamtheitlichen und bedarfsmotivierten Prozesses, den der Kunde im Zuge seiner Beziehung zum Finanzdienstleister durchläuft, ein Idealbild einer bedarfsorientierten Begleitung des Kundenprozesses entwickelt, welches dem Anbieter Kundenbindung verspricht.

Um die gewonnenen Erkenntnisse zur kundenzentrierten Beratung auf elektronische Vertriebswege, insbesondere den Online-Vertriebsweg zu übertragen, werden in Kapitel 5 interaktive Tools als Werkzeuge zur Simulation realer Beratungsmodi und damit zur Realisierung entsprechender virtueller Beratungsabläufe identifiziert. Die Qualität des virtuellen Kommunikationsprozesses im Rahmen einer

Beratungssimulation kann durch den Einsatz von im jeweiligen Kontext passenden Beratungstools sowie deren benutzeradäquate Ausgestaltung erzielt werden. Die Ableitung entsprechender Gestaltungsrichtlinien ist Gegenstand von Kapitel 6.

Aufbauend auf den erarbeiteten Grundsätzen und Gestaltungsrichtlinien kann schließlich die Konzeption einer idealtypischen virtuellen Beratungsleistung erfolgen, die auf den fundamentalen Determinanten der Beratungsqualität aufbaut und die Spezifika des Online-Vertriebes integriert. Diese Konzeption ist Gegenstand von Kapitel 7.

4 Determinanten der inhaltlichen Beratungsqualität

Die Erzeugung von *inhaltlicher Qualität der Beratung*, welche sich nach dem Grad der beim Kunden erzielten Problemlösung bemisst (vgl. Kapitel 2.3), erfordert vom Finanzdienstleister eine Zentrierung seiner Bemühungen auf den Kunden und seine Bedarfssituation.

Nimmt der Anbieter die *Sicht des Kunden* ein (vgl. Kapitel 4.1), so erkennt er, dass dieser zur Erreichung eines Primärbedarfs einen Prozess durchläuft, an dessen Ende ein Leistungsbündel zur Bedarfsbefriedigung steht. Wesentlich für die Bereitstellung von Beratungsqualität ist es demnach für den Anbieter, eine *bedarfsorientierte Begleitung des Kundenprozesses* zu leisten.

Verschiedene *Determinanten* lassen sich identifizieren, welche in ihrer Summe zur Generierung von inhaltlicher Beratungsqualität führen. Sie stellen generische Anforderungen an den Leistungserbringungsprozess des Anbieters dar, welche sowohl in der realen als auch in der elektronischen Welt Gültigkeit besitzen.

Abbildung 1: Determinanten der inhaltlichen Beratungsqualität

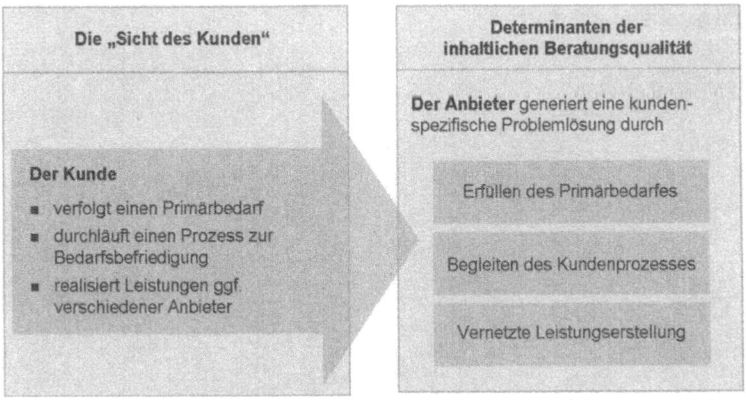

Quelle: Eigene Darstellung

Der zyklische *Prozess*, den ein (potenzieller) Kunde beim Erwerb einer Leistung durchläuft, muss vom Anbieter in seinen einzelnen Phasen sowie in seiner Gesamtstruktur verstanden werden. Der Customer Buying Cycle (CBC) hilft, den Kundenprozess entsprechend zu modellieren. Das hiermit gewonnene Verständnis ermöglicht es, jeden Kundenprozess mit einem korrespondierenden Anbieterprozess zu begleiten. (Vgl. Kapitel 4.2).

Die *Primärbedarfe* motivieren den (potenziellen) Kunden, die Beziehung zum Anbieter einzugehen und nach Leistungen bzw. Produkten zu deren Befriedigung zu streben; sie bilden den Ausgangspunkt jedes Kundenprozesses. Versteht der Finanzdienstleister den (potenziellen) Kunden in seinen grundsätzlichen und situativ auftretenden Primärbedarfen, besitzt er die idealen Voraussetzungen, um mittels einer bedarfsorientierten Ansprache und Beratungsleistung erfolgreich neue Kunden zu gewinnen und bestehende Kunden wiederholt zum Leistungserwerb zu motivieren. Auch stellt die Klarheit über elementare Primärbedarfe die Voraussetzung einer bedarfsgerechten Leistungserbringung dar. (Vgl. Kapitel 4.3).

Die *Vernetzte Leistungserstellung* schließlich eröffnet dem Anbieter die Chance, durch Integration von eigenen und fremden Leistungen zu bedarfsgerechten Leistungsbündeln eine ganzheitliche Abdeckung komplexer Kundenbedarfe zu erzielen und somit die Loyalität des Kunden durch Generierung eines Mehrwertes zu steigern (vgl. Kapitel 4.4).

Mit einer Ausrichtung seiner Leistungserbringung an den wesentlichen Determinanten der Beratungsqualität erzielt der Finanzdienstleister eine *bedarfsorientierte Begleitung des Kundenprozesses*. Die hiermit praktizierte Kundenzentriertheit stellt den Weg zur erfolgreichen Kundengewinnung und nachhaltigen Sicherung der Kundenbindung dar.

4.1 Die Sicht des Kunden

Der Kunde sieht nur sich selbst. Den Anbieter nimmt er nur wahr, da er ihm sein Leben und seine Geschäftstätigkeit erleichtern kann. [Vgl. Hammer 2002, S.54]. Für den Anbieter impliziert dies die Notwendigkeit, sich weniger auf sich und seine Produkte als vielmehr auf den Kunden und die von ihm geforderten Problemlösungen zu fokussieren.

Obgleich Kundenorientierung seit Jahren propagiert wird, steht nach wie vor das angebotene Produkt meist im Mittelpunkt der Marketing- und Verkaufsaktivitäten. Der Kunde hat jedoch ein weitergehendes Bedürfnis. Er befindet sich mitten in einem Kundenprozess. [Vgl. Schmidt, Bach, Österle 2000, S. 3].

Der Kunde verfolgt grundsätzlich einen *Primärbedarf* als vom Leistungserwerb losgelöstes Ziel (vgl. Kapitel 4.3). Nicht die „Geldanlage", sondern vielmehr der „Vermögensaufbau", nicht die „Immobilienfinanzierung", sondern vielmehr der „Eigenheimbesitz" sind beispielsweise originäre Bedarfe des Kunden, nach deren Erfüllung er strebt. Zur Erreichung seiner Primärbedarfe durchläuft der Kunde einen durchgängigen Fluss an Teilprozessen, in deren Verlauf er Leistungen bzw. Produkte – i.d.R. verschiedener Anbieter - realisiert, die der Zielerreichung dienen.

Der Kunde wird langfristig dem Anbieter den Vorzug geben, der seine grundsätzlichen und im Zeitablauf entstehenden Primärbedarfe versteht und ihn situativ mit bedarfsgerechten Services und integrierten Leistungsbündeln versorgt, die ihn auf dem Weg zur Gesamtbedürfnisbefriedigung voranbringen. Fühlt sich der Kunde vom Anbieter in seinen originären Wünschen verstanden, bedarfsgerecht bedient und dauerhaft begleitet, so wird seine Loyalität diesem Anbieter gegenüber steigen.

Ein Anbieter, der den Kunden nicht nur kurzfristig gewinnen, sondern auch langfristig binden möchte, muss seine Leistungserbringung daher am ganzheitlichen Kundenprozess orientieren. Das Verstehen des Kundenprozesses bildet hierfür den Ausgangspunkt.

4.2 Verstehen und Begleiten des Kundenprozesses

4.2.1 Der Kundenprozess

Im Folgenden wird ein Modell des Kundenprozesses auf Basis des Customer Buying Cycle (CBC) geschaffen, welches durch Integration zweier konzeptioneller Abstraktionsgrade das Gewinnen eines umfassenden Verständnisses erlaubt. Zunächst wird der idealtypische Prozesses, den der Kunde beim Erwerb von Marktleistungen durchläuft, in seinen charakteristischen Phasen beschrieben. Des Weiteren wird der Gesamtprozess des Kunden als hierarchisches System von Teilprozessen modelliert, welche jeweils eine dem CBC entsprechende Phasenstruktur besitzen.

4.2.1.1 Die Phasen des Kundenprozesses

Der idealtypische Prozess, den der Kunde beim Erwerb von Marktleistungen durchläuft, lässt sich in charakteristische Phasen strukturieren, welche den Weg des Interessenten vom Erkennen eines Bedürfnisses bis zum Treffen einer Kaufentscheidung sowie zum Erwerb einer Leistung und deren Nutzung beschreiben.

In der Literatur finden sich zahlreiche Ansätze zur phasenweisen Untergliederung des Kundenprozesses, welche sich in der Anzahl, Benennung sowie Beschreibung der Phasen unterscheiden. Trotz bestehender Abweichungen basieren die unterschiedlichen Modelle dennoch auf dem gleichen Grundprinzip und lassen ähnliche Grundaussagen erkennen. Die aus vorhandenen Ansätzen extrahierten grundlegenden Erkenntnisse bilden die Basis für die phasenweise Strukturierung des im Folgenden modellierten Kundenprozesses.

Eine vereinheitlichende Beschreibung über diverse Ansätze versucht Wilke und gliedert den Kaufentscheidungsprozess in die Phasen „Identification of Needs", „Buying Decision Process", „Purchase" sowie „Product Service and Evaluation" [vgl. Wilke 1999, S.17]. Demnach erlangt der Kunde in der Phase „Identification of Needs" Bewusstsein bezüglich eines Bedürfnisses, welches in seinem wahren Leben entsteht. Das Bedürfnis stellt letztlich das Motiv für den Erwerb eines Produktes zu dessen Befriedigung dar. Die Phase „Buying Decision Process" wird weiterhin in die drei Hauptaktivitäten „Information Search", „Information Evaluation" und „Dealing" differenziert. In der Phase „Information Search" ist es Ziel des Interessenten, auf Basis von Produktinformationen eine Vorauswahl eines grundsätzlich in Erwägung zu ziehenden Produktbündels („product set") zu treffen. Dieses Produktbündel umfasst alle Produktalternativen, welche für den Kunden in Frage kommen, um das identifizierte Bedürfnis zu decken. In der Phase „Information Evaluation" evaluiert der Interessent alternative Anbieter auf Basis anbieterspezifischer Informationen und entscheidet, von wem er das in Frage kommende Produktbündel beziehen möchte. In der Phase „Dealing" verhandeln der Interessent und der Anbieter über die Bedingungen und Konditionen des Kaufes. Am Ende der Phase „Buying Decision Process" wird die Kaufentscheidung gefällt. In der Phase „Purchase" erfolgt der Kauf des Produktes sowie ferner dessen Bereitstellung und die Transaktion des Geldes als Gegenleistung. In der Phase „Product Service an Evaluation" schließlich erfolgt die Nachkauf-Evaluation des Produktes. Der Kunde bemisst die Zufriedenheit mit dem Produkt dabei nach dem Maß der erzielten Bedürfnisbefriedigung.

Eine vereinfachte Version des Kundenprozesses definieren Probst/ Wenger in Form des „Kundenaktivitäts-Zyklus", welcher aus den drei Phasen „Suchen", „Verhandeln" und „Benutzen" besteht [vgl. Probst, Wenger 1998, S.30]. Demnach wird der Kunde durch Bedürfnisse zum Suchen nach Leistungen und entsprechenden Anbietern veranlasst. Nach Bekanntgabe seiner Bedürfnisse gegenüber den Anbietern erhält er Informationen, Beratungsleistungen sowie Angebote. Diese benötigt er, um mit dem Anbieter zu verhandeln und einen Vertrag auszuarbeiten. Auf Basis des Vertrages erhält er die Leistung, welche er schließlich benutzt.

Eine Beschreibung des Kundenprozesses mit Hilfe des Customer Buying Cycle findet sich bei Muther, welcher eine Einteilung in die vier Phasen „Anregung", „Evaluation", „Kauf" und „After Sales" vornimmt [vgl. Muther, 2000, S.15].

In Anlehnung an letztgenannten Ansatz wird für die nachfolgende Modellierung des Kundenprozesses das Konzept des *Customer Buying Cycle* mit einer Einteilung in vier Phasen gewählt. Das im Folgenden entwickelte Modell des Kundenprozesses auf Basis des CBC setzt einen *besonderen Fokus* auf die Abläufe im Prozess des (potenziellen) Kunden, welche als Ansatzpunkte für einen korrespondierenden Beratungsprozess dienen können.

Modell des Kundenprozesses auf Basis des CBC **- Die Phasen des Kundenprozesses -**
Der Kundenprozess nimmt seinen Ausgangspunkt im Erkennen eines Primärbedarfs (vgl. Kapitel 4.3). Aus dem Abwägen von alternativen, grundsätzlich zur Bedarfsbefriedigung geeigneten Leistungsbündeln resultiert ein Sekundärbedarf nach konkretem Leistungserwerb. Es folgt die Initiierung bzw. Realisierung der Kauftransaktion sowie schließlich die Nutzung der Leistung mit dem Ziel der nachhaltigen Bedürfnisbefriedigung.

Im Einzelnen lässt sich das Modell des Kundenprozesses auf Basis des CBC in seinen Phasen wie folgt beschreiben:

- In der *Anregungsphase* besitzt der (potenzielle) Kunde keine Klarheit über seine Bedarfssituation. Latent vorhandene Primärbedarfe wurden noch nicht hinreichend operationalisiert oder Primärbedarfe wurden bisher noch gar nicht formiert. Der (potenzielle) Kunde ist offen für Informationen. Externe Einflüsse, beispielsweise Werbung oder Public Relations, wecken sein Interesse und nehmen Einfluss auf die Formierung bzw. Konkretisierung von Bedürfnissen [vgl. Muther 2000, S.15]. Als Ergebnis der Anregungsphase erlangt der (potenzielle) Kunde Bewusstsein über einen Primärbedarf. Mit einer erfolgreichen Anregung ist allerdings noch nicht gesichert, dass sich der Interessent für Leistungen des Anbieters entscheiden wird, welcher ihm den Primärbedarf verdeutlicht hat, da einhergehend mit der verstärkten Aufmerksamkeit auf einen Primärbedarf bzw. eine Problemlage zunehmend auch Mitbewerber in das Blickfeld des Interessenten geraten.

- In der *Evaluationsphase* möchte der (potenzielle) Kunde verschiedene alternative Leistungs- bzw. Produktbündel gegeneinander abwägen, die grundsätzlich zur Befriedigung des erkannten Primärbedarfes in Frage kommen. Hierbei durchläuft der Interessent in der Regel einen Prozess, welcher von der Vorauswahl möglicher Leistungskategorien bis hin zu einer Betrachtung konkretisierter Leistungen führt. Für den Prozess des Aufstellens und Bewertens von Alternativen zieht er beispielsweise Produkt-, Preis-, und Lieferanteninformationen heran und holt sich Angebote verschiedener Anbieter ein [vgl. Muther 2000, S.15]. Identifiziert der (potenzielle) Kunde eine Alternative als ideal geeignet, konkretisiert sich sein ursprünglich primäres Bedürfnis zu einem Sekundärbedarf nach Erwerb der ermittelten Leistung.

- In der *Kaufphase* erwirbt der Interessent eine Leistung und erzielt damit eine (Teil-) befriedigung seines Primärbedarfes. Der Käufer initiiert die Kauftransaktion, indem er beispielsweise einen Antrag auf Erwerb des gewünschten Leistungs- bzw. Produktbündels stellt. In der Folge bezieht und bezahlt er die Leistung [vgl. Muther 2000, S.15].

- In der *After Sales Phase* nutzt der Kunde die erworbene Leistung mit dem Ziel, eine nachhaltige Bedarfsbefriedigung zu bewahren. Mögliche weitere Primär- bzw. Sekundärbedarfe werden hierbei im Rahmen des Gesamtziels erkannt. Im Verlauf seiner Beziehung zum Anbieter nimmt der Kunde Services in Anspruch, die im Zusammenhang mit der erworbenen Leistung bereitgestellt werden.

Abbildung 2: Phasen des Kundenprozesses

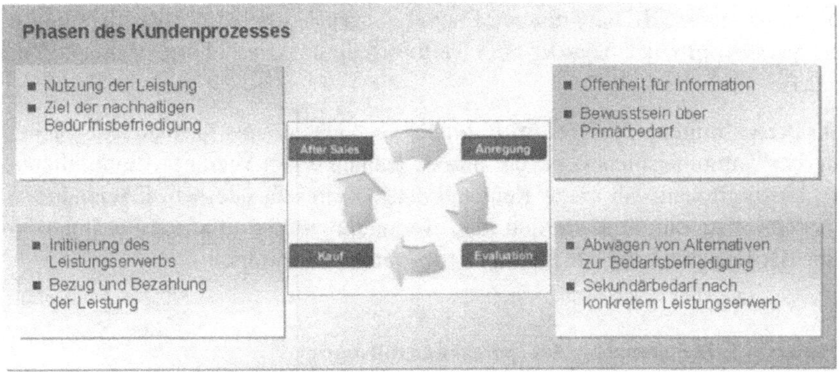

Quelle: Eigene Darstellung

4.2.1.2 Der Gesamtprozess des Kunden

> **Modell des Kundenprozesses auf Basis des CBC**
> **- Der Gesamtprozess -**
>
> Der Gesamtprozess des Kunden lässt sich als bedarfsmotiviertes, hierarchisch strukturiertes System von zyklischen Teilprozessen verstehen, welche sich auf Basis des Customer Buying Cycle in einzelnen Phasen beschreiben lassen.

Der gesamte Kundenprozess, der sich in seiner zeitlichen Dimension über die gesamte Bank-Kunde-Beziehung erstreckt, kann als übergeordneter Customer Buying Cycle verstanden werden, der auf einem Gesamtziel bzw. einem übergeordneten Primärbedarf des Kunden basiert. So kann aus Sicht des Kunden beispielsweise das übergeordnete Lebensziel „Finanzielle Sicherheit im Alter" und das Streben nach dessen Erreichung Grundlage und Motivation für das Eingehen und Aufrechterhalten der gesamten Bank-Kunde-Beziehung bilden.

Zur Erreichung seines übergeordneten Primärbedarfs wird der (potenzielle) Kunde über seine gesamte Bank-Kunde-Beziehung hinweg mehrere untergeordnete Teilziele verfolgen; er besitzt eine Zielhierarchie. Die untergeordneten Teilziele sind wiederum Anstoß für das Durchlaufen untergeordneter Kundenprozesse bzw.

Customer Buying Cycles, die ihrerseits die Phasen Anregung, Evaluation, Kauf und After Sales besitzen können. Stufenweise erfolgt so die Konkretisierung eines anfänglichen, übergeordneten Primärbedarfs – ggf. über untergeordnete Primärbedarfe – zu einem Sekundärbedarf nach Leistungserwerb. Jeder zielführende Durchlauf eines CBC auf unterer Ebene, dessen Ergebnis die Realisierung eines Leistungserwerbs ist, bewirkt eine Teilbefriedigung des übergeordneten Primärbedarfs.

Ein untergeordnetes Teilziel im Rahmen des Gesamtziels „Finanzielle Sicherheit im Alter“ kann beispielsweise der untergeordnete Primärbedarf „Immobilienbesitz mit Lastenfreiheit bis zum Renteneintritt“ sein. Zu dessen Erreichung kann beispielsweise die Realisierung des Sekundärbedarfs „Immobilienfinanzierung unter Berücksichtigung der finanziellen Situation“ beitragen.

Abbildung 3: Zielhierarchie des (potenziellen) Kunden

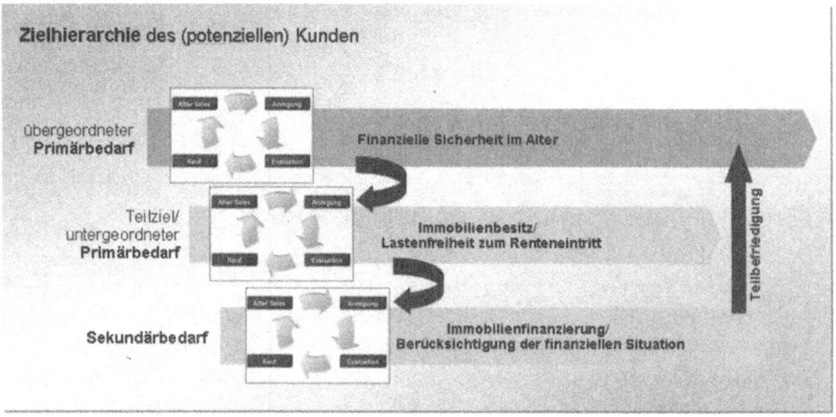

Quelle: Eigene Darstellung

Aus dem dargelegten Verständnis des Kundenprozesses lassen sich grundlegende Anforderungen an die Leistungserbringung ableiten, um eine bedarfsorientierte Begleitung des Kundenprozesses zu realisieren.

4.2.2 Der Anbieterprozess – Unterstützung der Phasen des Kundenprozesses

Die Kundenbeziehung wird über Kundenkontaktpunkte durch die Wertschöpfungskette des Anbieters und den Kundenaktivitäts-Zyklus formiert. Aufgabe des Anbieters ist es, seine Wertschöpfungskette optimal auf den Kundenaktivitäts-Zyklus auszurichten. [Vgl. Probst, Wenger 1998, S.27].

Die Ausrichtung der Leistungserbringung am zyklischen Kundenprozess erfordert es, den Kundenprozess in sämtlichen Phasen, d.h. in der Anregungs-, Evaluations-, Kauf- und Nachkaufphase durch geeignete Services zu unterstützen. Dies gilt sowohl im Hinblick auf den übergeordneten Customer Buying Cycle, welcher den Rahmen für die Bank-Kunde-Interaktion aufspannt, als auch hinsichtlich jedes untergeordneten Teilprozesses. Der Anbieter sollte somit jedem Kunden-CBC einen korrespondierenden Anbieter-CBC entgegensetzen, der eine phasenweise Begleitung des Kunden ermöglicht.

Abbildung 4: Kunden-CBC und Anbieter-CBC

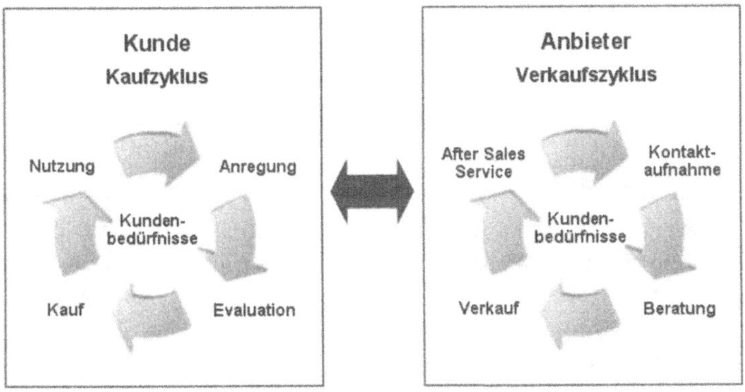

Quelle: [vgl. Jaeger, Auer, Luef 2000, S.96]

Im Sinne einer Kundenfokussierung sollten die Verkaufsprozesse der Bank entlang dem Kaufprozess des Kunden modelliert werden [vgl. Jaeger, Auer, Luef 2000, S.96]. Das gewonnene Verständnis der speziellen Anforderungen des (potenziellen) Kunden in den einzelnen Phasen des Kunden-CBC hilft dabei, die im Anbieter-CBC für die einzelnen Phasen zu erbringenden Unterstützungsleistungen ideal zu gestalten.

Zusammenfassend lässt sich der idealtypische Anbieter-CBC zur phasenweisen Begleitung des Kundenprozesses demnach wie folgt beschreiben:

Modell des Anbieterprozesses auf Basis des CBC - Unterstützung der Phasen des Kundenprozesses -
Um eine *Anregung* des (potenziellen) Kunden zu erzielen, muss der Anbieter einen, eventuell latent vorhandenen Primärbedarf verdeutlichen und zugleich seine Leistungen als ideales Mittel zur Bedarfsbefriedigung darstellen. Anschließend sollte der Anbieter dem Interessenten verschiedene, grundsätzlich zur Bedarfsbefriedigung geeignete Leistungsalternativen aufzeigen und ihn in der *Evaluation* dieser Alternativen unterstützen. Auf diese Weise kann der Anbieter den Entscheidungsprozess des Interessenten hinsichtlich des Erwerbs eines konkreten Leistungsbündels forcieren. Schließlich gilt es, eine reibungslose Initiierung des *Kaufs* zu ermöglichen und eine effiziente Abwicklung zu gewährleisten. Die Nachkaufphase spielt eine entscheidende Rolle zur Erzeugung von Kundenbindung und sollte vom Anbieter in diesem Sinne genutzt werden. So kann der Anbieter mit der Bereitstellung geeigneter Services dazu beitragen, die mit dem Kauf erzielte Bedürfnisbefriedigung nachhaltig zu sichern. Zudem sollte der Anbieter den Kundenkontakt in der Nachkaufphase nutzen, um den Kunden wiederholt zum Durchlaufen weiterer CBCs zu motivieren.

Eine Detailbetrachtung der einzelnen Phasen des idealtypischen Anbieterprozesses zur Unterstützung der jeweiligen Phasen des Kundenprozesses erlaubt die Ableitung diverser Anforderungen an die Leistungserbringung. Insbesondere werden verschiedene Anknüpfungspunkte für die Erbringung phasenbezogener *Beratungsprozesse* erkennbar, welche eine bedarfsorientierte Begleitung des Kundenprozesses im Wesentlichen ermöglichen.

4.2.2.1 Unterstützung der Phase Anregung

Aufgabe des Anbieters in der *Anregungsphase* ist es, dem (potenziellen) Kunden einen – eventuell latent vorhandenen – Primärbedarf (vgl. Kapitel 4.3) zu verdeutlichen und durch geeignete Maßnahmen zu intensivieren sowie passende Leistungs- bzw. Produktkategorien als ideales Mittel darzustellen, um die individuelle Bedarfssituation zu befriedigen.

Auch wenn der Anbieter letztlich den Produktverkauf als das Ziel seiner Bemühungen sieht, wird es kaum gelingen, das Interesse des (potenziellen) Kunden über eine rein produktzentrierte Vorteilhaftigkeitsdarstellung auf die Leistungspalette zu lenken. Hierdurch wird allenfalls eine schwache Anregungswirkung erzielt. Da der Interessent einen vom Leistungserwerb zunächst losgelösten Primärbedarf verfolgt, erweist sich folglich eine am Kundenbedarf orientierte Ansprache in der Anregungsphase als wirkungsvoll.

So erzielt der Anbieter eine hohe Anregungswirkung, indem er dem (potenziellen) Kunden einen bestimmten Primärbedarf aufzeigt und diesen durch geeignete Maßnahmen intensiviert. Idealerweise sollten die Anregungsmaßnahmen zu diesem Zweck an den Ursachen der Bedarfsentstehung ansetzen, welche in einem bislang unerfüllten Wunsch sowie in einer zu lösenden Problemlage liegen können. So kann der Primärbedarf nach Aufbau von Immobilienvermögen durch den bislang unerfüllten Wunsch nach Wohnen im Eigenheim sowie durch die zu lösende Problemlage hoher Mietzahlungen verursacht werden. Der Primärbedarf nach Aufbau finanzieller Sicherheit im Alter kann aus der Erkenntnis über eine zu erwartende Versorgungslücke in der Rentenphase resultieren. Je nach thematischem Kontext ist es demnach Aufgabe des Anbieters, dem (potenziellen) Kunden zu Anregungszwecken unerfüllte Wünsche bzw. zu lösende Problemlagen darzulegen und so eine Intensivierung eines Primärbedarfes zu erzielen.

Die bedarfsorientierte Anregung kann in zwei unterschiedlichen Ausprägungen realisiert werden. Bei der *generellen* bedarfsorientierten Anregung geht es darum, dem Interessenten die grundsätzliche Relevanz eines Primärbedarfes bzw. einer Wunschursache durch die Bereitstellung entsprechender Informationen zu verdeutlichen. So können die negativen Konsequenzen einer generellen Problemlage oder die positiven Aspekte eines konkreten Wunsches erläutert werden. Wirkungsvoller als die generelle ist jedoch die *individuelle* bedarfsorientierte Anregung. Ziel hierbei ist es, dem Benutzer die individuelle Relevanz einer Wunschursache zu verdeutlichen.

In der *realen Welt* ist es die Aufgabe des personellen Beraters, dem Interessenten unerfüllte Wünsche bzw. zu lösende Problemlagen zu kommunizieren, um eine Intensivierung primärer Bedarfe herbeizuführen. Dies leistet der reale Berater unter Einbeziehung seines Wissens und seiner Erfahrungen durch ein Eingehen auf die individuelle Wunsch- bzw. Problemlage des Interessenten. In der *elektronischen Welt* kann eine individuelle bedarfsgerechte Anregung mit Hilfe interaktiver Module erzielt werden. So lassen sich beispielsweise mit Hilfe von Kalkulatoren Situationsdarstellungen und Vorschaurechnungen auf Basis von Daten des Interessenten generieren, deren numerisches Ergebnis die Demonstration individueller Problemlagen und damit die Verdeutlichung von Primärbedarfen erlauben.

Voraussetzung für die Realisierung einer bedarfsorientierten Anregung ist es für den Anbieter, Klarheit über grundlegende Primärbedarfe sowie mögliche Ursachen der Bedarfsentstehung zu gewinnen (vgl. Kapitel 4.3.1).

Je gezielter und individueller es dem Anbieter gelingt, die Primärbedarfe des einzelnen Interessenten in der Anregungsphase anzusprechen, desto intensiver ist die damit erzielbare Anregung. Die für den Anbieter mit der gezielten Platzierung bedarfsorientierter Anregungsmaßnahmen verbundenen Herausforderungen differieren in Abhängigkeit davon, ob der (potenzielle) Kunde mit einem klar kommunizierten Primärbedarf an den Finanzdienstleister herantritt oder ob es bei einer unklaren Bedarfslage des Interessenten zunächst gilt, mögliche Primärbedarfe zu identifizieren. Für die Identifikation von Primärbedarfen stehen dem Anbieter unterschiedliche Möglichkeiten offen, je nachdem, ob ein neuer Kunde gewonnen werden soll oder ob es sich um einen bereits bestehenden Kunden handelt, der über die Kundendatenbank näher charakterisiert werden kann.

Ein Teil der (potenziellen) Kunden, dem sich der Anbieter in der Anregungsphase gegenübersieht, besitzt Klarheit über einen Primärbedarf, welcher zumeist aus einer aktuellen Lebenslage bzw. Entscheidungssituation resultiert und kommuniziert diese Bedarfssituation auch gegenüber dem Anbieter. So tritt der Interessent beispielsweise mit dem Wunsch nach Besitz eines Eigenheims oder nach Sicherung der Ausbildung seiner Kinder an den Anbieter heran. In diesem Falle reagiert der Anbieter, indem er den seitens des Interessenten kommunizierten Primärbedarf aufgreift und diesen ggf. über eine Erfassung bzw. Konkretisierung der Bedarfsursache intensiviert.

Ein anderer Teil der (potenziellen) Kunden wird hingegen unklare bzw. lediglich latent vorhandene primäre Bedarfe aufweisen. In diesem Falle ist der Anbieter zunächst gefordert, aus dem Dialog mit dem Interessenten und ggf. unter Nutzung vorhandener Kundendatenbestände dessen grundsätzliche bzw. aktuell bestehende Bedarfslage zu identifizieren, um daraufhin gezielte Anregungsmaßnahmen zur Konkretisierung und Intensivierung des ermittelten Primärbedarfes zu platzieren.

Die Möglichkeiten für den Anbieter zur Identifizierung von Primärbedarfen unterscheiden sich in Abhängigkeit davon, ob ein Neukunde gewonnen werden soll oder ob es darum geht, einem bereits bestehenden Kunden eine weitere Leistung zu vermitteln.

Falls es sich um einen potenziellen *Neukunden* handelt, besitzt der Anbieter ex ante keinerlei Informationen über den Interessenten. In diesem Falle gilt es, eine aktuelle Bedarfssituation aus den Informationen zu identifizieren, welche aus der Interaktion mit dem Interessenten, beispielsweise aus einem Beratungsdialog, gewonnen werden.

Sofern es sich um *bereits bestehende Kunden* handelt, können Primärbedarfe nicht nur aus der Interaktion, sondern zudem aus einer Auswertung vorhandener Kundeninformationen abgeleitet werden. So lassen sich mittels geeigneter Analysemethoden, beispielsweise durch Anwendung von Regeln, aus den vorhandenen Informationen zu persönlichen Eigenschaften, der individuellen Rahmensituation sowie der momentanen Lebensphase des Kunden Rückschlüsse auf möglicherweise aktuell relevante Bedarfssituationen ziehen.

Ein bestimmter Kunde beispielsweise bezieht laut Kundeninformationssystem ein hohes Einkommen. Sein in der Kundendatenbank abgelegtes Kundenprofil charakterisiert ihn als risikoavers. Laut eines aktuellen Vermerks gründete der Kunde kürzlich eine Familie. Aus der Summe dieser Kundendaten kann als möglicher Bedarf „Eigenheimbesitz und Absicherung der Familie" abgeleitet werden.

Die Möglichkeit, aktuell bestehende Bedarfssituationen aus den in der Kundendatenbank abgelegten Informationen abzuleiten, eröffnet dem Finanzdienstleister Potenziale der *aktiven bedarfsgerechten Anregung* bestehender Kunden, welche eine wesentliche Voraussetzung dafür darstellt, den Kunden wiederholt zum Durchlaufen weiterer CBCs zu motivieren und so die dauerhafte Kundenbindung zu sichern. So kann der Anbieter, der für einen Kunden einen möglicherweise aktuell relevanten Primärbedarf identifiziert hat, einen Kundenkontakt initiieren oder auch einen kundenseitig hergestellten Kontakt nutzen, um den Kunden aktiv im Hinblick auf den festgestellten Primärbedarf hin anzusprechen. Ziel des Anbieters ist es weiterhin, den Kunden zu einer anschließenden Interaktion zu bewegen, in deren Verlauf es darum geht, den identifizierten Primärbedarf zu verifizieren, um daraufhin gezielte Anregungsmaßnahmen zu dessen Konkretisierung und Intensivierung zu platzieren. Mittels einer aktiven Ansprache des Kunden im Hinblick auf einen identifizierten Primärbedarf erzielt der Anbieter nicht nur eine wirkungsvolle bedarfsgerechte Anregung, sondern vermittelt dem Kunden gleichzeitig das Gefühl, in seiner speziellen Situation verstanden zu werden.

Die aktive bedarfsgerechte Anregung kann sowohl in der *realen Welt* als auch auf *elektronischen Vertriebswegen* umgesetzt werden. So kann der reale Berater den Kunden bei der Gelegenheit eines Filialbesuches aktiv auf einen identifizierten Primärbedarf hin ansprechen oder den Kunden zu diesem Zwecke via Telefon kontaktieren. In diesen Fällen kann der Berater den hergestellten Kontakt unmittelbar zur weiterführenden Interaktion nutzen. Auch eine Ansprache des Kunden via eMail bietet sich an, um aktiv auf identifizierte Primärbedarfe hinzuweisen. Hierbei ist es wesentlich, den Kunden zu einer Kontaktaufnahme, sei es über den traditionellen Vertriebsweg oder über elektronische Vertriebswege zu motivieren, um in der anschließenden Interaktion den kommunizierten Primärbedarf zu verifizieren und zu intensivieren. Schließlich kann auch ein Webbesuch des Kunden zur aktiven Ansprache im Hinblick auf identifizierte Primärbedarfe sowie zur gezielten Platzierung entsprechender Anregungselemente genutzt werden. So kann der Kunden, der sich auf der Website durch Login identifiziert hat und für den die Auswertung seiner Daten einen Hinweis auf einen möglichen aktuellen Primärbedarf ergibt, aktiv und individuell mit relevanten Informationen bzw. virtuellen Beratungsfunktionalitäten versorgt werden, welche das Darstellen und Intensivieren des identifizierten Primärbedarfes zum Gegenstand haben.

Die einer gezielten bedarfsgerechten Anregung zu Grunde liegende Auswertungslogik, welche die Identifikation von Primärbedarfen aus der Interaktion mit dem Interessenten bzw. aus den Kundendaten ermöglicht, wird in der realen Welt sowie auf elektronischen Vertriebswegen auf unterschiedliche Weise umgesetzt. In der *realen* Welt ist die Identifikation von Primärbedarfen potenzieller und bestehender Kunden aus der Interaktion sowie unter Einbeziehung bzw. ausschließlich auf Basis von Kundendaten die Aufgabe des personellen Beraters. Hierfür trifft der reale Berater, ggf. situativ und ad hoc, Entscheidungen auf Basis seines Erfahrungsschatzes und Expertenwissens sowie ggf. unter Zuhilfenahme automatisierter Analysewerkzeuge. In der *elektronischen* Welt kann das beschriebene Procedere des personellen Beraters simuliert werden. So lassen sich durch Integration geeigneter Regeln in ein Beratungsmodul mögliche Primärbedarfe aus Daten ableiten, die im elektronischen Dialog mit dem Interessenten gewonnen wurden. Die automatisierte Ableitung möglicher Bedarfssituationen aus Kundendaten bedingt die Konzeption und softwaretechnische Implementierung geeigneter Analysewerkzeuge, welche auf geeigneten Methoden, beispielsweise auf Regeln, basieren sowie eine regelmäßige und zielgerichtete Durchführung von Auswertungen. Die Einrichtung und die permanente Pflege strukturierter Kundendatenbestände bilden die wesentliche Grundlage dieser Vorgehensweise.

Mit dem Intensivieren eines Primärbedarfes über das Aufzeigen eines unerfüllten Wunsches bzw. einer zu lösenden Problemlage hat der Anbieter beim Interessenten zugleich einen Handlungsbedarf im Hinblick auf die Erfüllung des Wunsches bzw. die Lösung der Problemlage herbeigeführt. Um den Handlungsbedarf des Interessenten nun auf die Leistungen des Anbieters zu lenken, sollte der Anbieter jeweils passende Leistungs- bzw. Produktkategorien als ideales Mittel darstellen, um den Wunsch zu erfüllen bzw. die Problemlage zu lösen.

Die im Rahmen der bedarfsgerechten Anregung erforderliche Ermittlung eines abstrakten bedarfsgerechten Leistungsbündels erfordert die Schaffung einer geeigneten Zuordnungs-Logik. Diese anzuwenden obliegt in der *realen Welt* dem personellen Berater, welcher unter Einbeziehung seines Wissens und seiner Erfahrungen einem kommunizierten oder identifizierten Primärbedarf ein abstraktes Leistungsbündel ermittelt, welches grundsätzlich geeignet ist, um den Bedarf zu befriedigen. *So wird der Berater beispielsweise die „Immobilienfinanzierung unter Einbeziehung einer Kapitallebensversicherung" als passendes abstraktes Leistungsbündel bestimmen, um den Bedarf nach „Eigenheimerwerb und Absicherung der Familie" zu befriedigen.* Soll in der *elektronischen Welt* eine Automation einer bedarfsgerechten Anregung erzielt werden, welche neben dem Aufgreifen und Intensivieren von Primärbedarfen auch eine Überleitung des Interessenten auf die Leistungen des Anbieters zum Gegenstand hat, bedingt dies die Implementierung eines geeigneten Verfahrens zur Zuordnung von abstrakten Leistungsbündeln zu Primärbedarfen im Rahmen eines entsprechenden Beratungsmoduls.

Die Anregungsphase kann im Sinne des Anbieters als erfolgreich angesehen werden, wenn es bei Abschluss dieser Phase gelungen ist, dem (potenziellen) Kunden Klarheit über einen Primärbedarf zu verschaffen und passende Leistungs- bzw. Produktkategorien als ideales Mittel zur Bedarfsbefriedigung zu verdeutlichen. Allerdings ist mit erfolgreichem Abschluss der Anregungsphase – angesichts des vergleichenden und auf Optimierung ausgerichteten Verhaltens des (potenziellen) Kunden - noch nicht sichergestellt, dass dieser eine zur Bedarfsbefriedigung geeignete Leistung bei demselben Anbieter erwirbt, der ihm diesen Bedarf ins Bewusstsein gebracht hat. Erst ein erfolgreicher Durchlauf der Evaluationsphase, welcher zur Konkretisierung des ursprünglichen Primärbedarfs in einen Sekundärbedarf nach Leistungserwerb führt, gewährleistet mit hoher Wahrscheinlichkeit einen Abschluss beim jeweiligen Anbieter.

4.2.2.2 Unterstützung der Phase Evaluation

Aufgabe des Anbieters in der *Evaluationsphase* ist es, einen Primärbedarf des Kunden in einen Sekundärbedarf (vgl. Kapitel 4.3) nach konkretem Leistungserwerb zu überführen.

Der (potenzielle) Kunde besitzt nach erfolgreicher Anregung bzw. zu Beginn der Evaluationsphase Klarheit über einen Primärbedarf und strebt nach dessen Befriedigung. Er realisiert einen Handlungsbedarf, der sich darauf richtet, einen Wunsch zu erfüllen bzw. eine Problemlage zu lösen. Auch ist er sich darüber bewusst, welche verfügbaren Leistungs- bzw. Produktkategorien der Bedarfsbefriedigung dienen können. In der Evaluationsphase möchte sich der Interessent nun detailliert über alternative, für seine individuelle Bedürfnislage in Frage kommende, konkrete Leistungs- bzw. Produktbündel informieren und diese evaluieren, d.h. sie vergleichend gegeneinander abwägen.

Der Anbieter sollte dem Interessenten zu Evaluationszwecken detaillierte und anschaulich aufbereitete Informationen zu den aus der Anregungsphase hervorgegangenen Leistungs- bzw. Produktkategorien bereitstellen.

Wesentlich ist es jedoch, dem (potenziellen) Kunden in der Evaluationsphase eine bedarfsorientierte Beratungsleistung zu bieten, welche zu einem Angebot von maßgeschneiderten Problemlösungen durch individualisierte bedarfsgerechte Leistungs- bzw. Produktbündel führt. An dieser Stelle eröffnet sich für den Finanzdienstleister die Chance, einen potenziellen Kunden zu gewinnen bzw. eine weitere Leistung bei einem bestehenden Kunden zu platzieren. Je mehr es dem Anbieter gelingt, mit den in der Evaluationsphase generierten Leistungs- bzw. Produktvorschlägen auf die besonderen Wünsche und Anforderungen des (potenziellen) Kunden einzugehen, desto eher wird dieser das Leistungsangebot als für ihn passend empfinden und gegenüber Konkurrenzangeboten den Vorzug geben.

Voraussetzung für die Generierung einer individuellen Empfehlung ist es, sämtliche Daten bzw. Parameter des Interessenten, die für die Ableitung eines maßgeschneiderten Leistungs- bzw. Produktbündels Relevanz besitzen, in ausreichendem Umfang und Detaillierungsgrad zu erfassen und bei der Ableitung einer Empfehlung zu berücksichtigen. So sollten nach einer differenzierten Erfassung der Bedarfslage die für die Individualisierung eines bedarfsgerechten Leistungs- bzw. Produktbündels relevanten Eigenschaften des (potenziellen) Kunden, beispielsweise seine Einstellungen oder Präferenzen, erhoben werden. Wichtig ist zudem eine Berücksichtigung der individuellen Entscheidungssituation auf deren Grundlage der Interessent agiert. Insbesondere ist es dabei wichtig, die Leistungs- bzw. Produktempfehlung unter Beachtung der finanziellen Situation und Leistungsfähigkeit des Interessenten abzuleiten, um die Realisierbarkeit der Empfehlung im Hinblick auf das Budget des (potenziellen) Kunden zu gewährleisten.

In der *realen Welt* obliegt es dem personellen Berater, sich umfassende Kenntnis von der Bedarfslage, den Eigenschaften und den Rahmenbedingungen des Interessenten zu verschaffen, um auf Basis dieser Informationen die Ableitung eines maßgeschneiderten Leistungs- bzw. Produktbündels gewährleisten zu können. Ebenso wie in der realen Welt gilt diese Notwendigkeit auch auf *elektronischen Vertriebswegen.* So kann als Ergebnis einer automatisierten Beratungsanwendung nur dann eine individualisierte bedarfsgerechte Empfehlung generiert werden, sofern Daten, die eine realitätsnahe Abbildung der Anforderungen und der Bedingungen des Interessenten ermöglichen, in ausreichender Menge und Detailtiefe in die Datenverarbeitung einbezogen werden.

Auf Basis der Gesamtheit der im jeweiligen Beratungskontext relevanten Informationen über den Interessenten sollte als Ergebnis des Beratungsprozesses zunächst eine *Vorauswahl* verschiedener, grundsätzlich zur Bedarfsbefriedigung in Frage kommender Leistungs- bzw. Produktbündel ermittelt werden. In einem weiteren Schritt sollte deren *Konkretisierung* im Hinblick auf die individuellen Eigenschaften sowie die Rahmensituation des Interessenten erfolgen.

Die Vorauswahl und Konkretisierung bedarfsgerechter Leistungsbündel erfordert einen strukturierten *Dialog* mit dem Beratenen, in dessen Verlauf Daten des Interessenten erfasst und im Hinblick auf das Ergebnis einer maßgeschneiderten Empfehlung verarbeitet werden. Der Beratungsdialog setzt sich je nach Beratungskontext aus bestimmten Dialogbausteinen und Datenverarbeitungsschritten zusammen. Der Beratungsverlauf wird durch eine zu Grunde liegende Beratungslogik gesteuert, welche eine situative Verzweigung des Dialoges in Abhängigkeit von erfassten Daten sowie von Ergebnissen einzelner Datenverarbeitungsschritte bestimmt. Die Datenverarbeitung erfolgt beispielsweise auf Basis allgemeiner und finanzmathematischer Berechnungsformeln und/oder auf der Grundlage von Regeln.

In der *realen Welt* ist es Aufgabe des personellen Beraters, auf Basis seines Expertenwissens den Dialog mit dem Interessenten zu führen. Hierbei nutzt der Berater seine Erfahrungen bezüglich des im jeweiligen Beratungskontext typischen Gesprächsverlaufes. Um den Dialog zielführend den Anforderungen des Beratenen anzupassen, orientiert sich der Berater an der ihm bekannten Beratungslogik. So führt er beispielsweise Plausibilitätsprüfungen bezüglich der Vereinbarkeit von Wünschen des Interessenten und deren Realisierbarkeit im Hinblick auf dessen finanzielle Situation durch und trifft ergebnisabhängige Entscheidungen, welche den weiteren Gesprächsverlauf beeinflussen. Um aus den Daten des Interessenten zu einer maßgeschneiderten Empfehlung zu gelangen, wendet der Berater im Zuge des Beratungsgespräches die erforderlichen allgemeinen und finanzmathematischen Berechnungsformeln sowie gegebenenfalls Regeln an, welche in seinem Expertenwissen und seinem Erfahrungsschatz verankert sind.

In der *elektronischen Welt* kann durch die Implementierung geeigneter Module ein virtueller Beratungsdialog erzeugt werden, welcher das reale Beratungsgespräch in Interaktivität, Ablauflogik und Ergebnis simuliert (vgl. Kapitel 3.1). Hierbei werden in der automatisierten Interaktion, beispielsweise mit Hilfe geeigneter Eingabemasken, die für den Beratungsverlauf erforderlichen und für die Ableitung einer maßgeschneiderten Leistungs- bzw. Produktempfehlung relevanten Benutzerdaten erfasst. Im Falle der kundenzentrierten virtuellen Beratung erfolgt beispielsweise eine Erfassung der Bedarfsituation des Benutzers sowie der im jeweiligen Beratungs- bzw. Leistungskontext relevanten benutzerindividuellen Einstellungen bzw. Präferenzen und Rahmenbedingungen. Die erfassten Daten des Interessenten werden beispielsweise mit Hilfe allgemeiner und finanzmathematischer Berechnungsformeln sowie gegebenenfalls unter Einsatz von Regeln weiterverarbeitet. Die Simulation komplexer Beratungsprozesse bedingt die Implementierung eines Regelwerkes zur Dialogsteuerung im Sinne der Beratungslogik. So können bestimmte Dateneingaben des Interessenten eine Verzweigung des Dialogverlaufes erfordern. Auch kann es im Beratungskontext notwendig sein, Zwischenergebnisse der Datenverarbeitung bestimmten Plausibilitätsprüfungen zu unterziehen, deren Resultate eine ergebnisabhängige Weiterführung des Beratungsverlaufes bedingen. Ebenso wie in der realen Welt kann sich die als Ergebnis einer automatisierten Beratungsanwendung resultierende, auf die individuelle Bedürfnislage des Benutzers zugeschnittene Empfehlung zum einen auf eine Vorauswahl in Frage kommender Leistungs- bzw. Produktbündel und zum anderen auf die Konkretisierung einzelner bzw. sämtlicher Leistungen bzw. Produkte beziehen.

Auch in der Phase Evaluation kann eine intelligente Nutzung vorhandener Kundeninformationen erfolgen, um die Kommunikation mit dem Kunden besonders effizient zu gestalten und zu einer idealen Empfehlung zu gelangen. So sollten in der Kundendatenbank gespeicherte Daten, die für die Ableitung eines maßgeschneiderten Leistungs- bzw. Produktbündels relevant sind, im Dialog mit dem Kunden nicht erneut abgefragt werden. Vielmehr sollte dieses Wissen idealerweise in die Generierung einer Empfehlung einfließen.

Dieses Procedere erweist sich vor allem in der *realen Welt* als praktikabel. So kann der personelle Berater, der einen Kunden berät, Informationen, die er dem Kundeninformationssystem entnimmt, in den Beratungsverlauf einbinden und bei der Ableitung einer Empfehlung berücksichtigen. Eine Übertragung dieser Leistung des personellen Beraters auf den „*virtuellen Berater*" erscheint derzeit nur in eingeschränktem Maße sinnvoll. So ist eine automatisierte Übernahme von Kundendaten als Input in ein Beratungsmodul vorstellbar. Darüber hinausgehende Nutzungsmöglichkeiten von Kundendaten im virtuellen Beratungsverlauf sind theoretisch denkbar, lassen jedoch die Notwendigkeit einer aufwendigen Konzeption und Realisierung vermuten, was eine praktische Umsetzung derzeit nicht relevant erscheinen lässt.

Da der Interessent in der Evaluationsphase verschiedene, zur Bedarfsbefriedigung geeignete Leistungs- bzw. Produktbündel gegeneinander abwägen möchte, sollte der Anbieter als Ergebnis des Beratungsprozesses mehrere Alternativen konkretisieren. Dies gilt sowohl für die *reale* als auch für die *virtuelle* Beratung. Die ermittelten Alternativen sollten dem Interessenten in einer Form präsentiert werden, die eine Evaluation, d.h. einen wertenden Vergleich zwischen ihnen unterstützt, um somit die Entscheidungsfindung im Hinblick auf ein bestimmtes konkretes Leistungs- bzw. Produktbündel zu forcieren. So erleichtert der Anbieter dem Interessenten beispielsweise das Abwägen, indem er ihm ermöglicht, die Leistungs- bzw. Produktbündel nach wahlweise zu bestimmenden Kriterien zu sortieren, um das jeweils beste Bündel hinsichtlich des betrachteten Kriteriums zu ermitteln. Im Falle eines Aktivproduktes können beispielsweise die monatliche Rate oder die Laufzeit für den (potenziellen) Kunden relevante Kriterien darstellen, um eine Wahl zwischen verschiedenen Finanzierungsalternativen zu treffen.

In der *realen Welt* muss der personelle Berater den Interessenten beim Abwägen zwischen unterschiedlichen, zur Bedarfsbefriedigung geeigneten Alternativen unterstützen. Zu diesem Zwecke bedient sich der Berater gegebenenfalls entsprechender automatisierter Funktionalitäten. Auch in der *elektronischen Welt* sollte der Interessent durch geeignete Tools in der Evaluation verschiedener Leistungs- bzw. Produktbündel unterstützt werden. Verfahren zur Reihung von Alternativen nach wählbaren Kriterien sollten zu diesem Zweck in eine entsprechende Beratungsanwendung implementiert werden. Sofern es der elektronische Vertriebsweg bzw. das beim Interessenten verwendete Endgerät technisch erlaubt, erweist sich eine tabellarisch bzw. grafisch realisierte, vergleichende Ergebnisdarstellung als ideal.

Die Evaluationsphase ist im Sinne des Anbieters erfolgreich verlaufen, wenn es gelungen ist, dem (potenziellen) Kunden verschiedene, zur Befriedigung seines Primärbedarfs geeignete konkrete Leistungs- bzw. Produktbündel zu empfehlen, eine Entscheidung für ein bestimmtes Bündel herbeizuführen und damit beim Interessenten einen Sekundärbedarf nach Erwerb dieser Leistung zu erzeugen.

4.2.2.3 Unterstützung der Phase Kauf

In der Phase *Kauf* sollte der Anbieter eine reibungslose Realisierung des Leistungserwerbs unterstützen.

Grundlegende Voraussetzung für den Produktabschluss bildet die *Abschlussfähigkeit* der Leistung, d.h. die Realisierbarkeit der Empfehlung im Hinblick auf die finanzielle Situation des Interessenten. Von hoher Relevanz ist dies vor allem bei Finanzprodukten, sei es des Aktiv- oder Passivbereichs, die mit einer regelmäßigen Ratenverpflichtung, sei es Raten zur Kreditbedienung oder Sparraten, des Kunden verbunden sind. Um zu gewährleisten, dass der Interessent sich das empfohlene Leistungs- bzw. Produktbündel angesichts seines monatlichen Haushaltsüberschusses leisten kann, sollte die finanzielle Situation und Leistungsfähigkeit des (potenziellen) Kunden stets detailliert erfasst bzw. der Kundendatenbank entnommen und bei der Generierung einer Empfehlung einbezogen werden. Die Sicherstellung der Realisierbarkeit der Leistungs- bzw. Produktempfehlung sollte somit bereits Gegenstand des in der Evaluationsphase ablaufenden Beratungsprozesses sein. Ist die zu erwerbende Leistung abschlussfähig, so kann der Interessent zum Leistungserwerb übergeleitet werden.

Um den Interessenten in der Kaufphase effizient zu unterstützen, sollte der Anbieter eine schnelle und unkomplizierte *Realisierung* des Leistungserwerbs ermöglichen.

Gerade angesichts des grundsätzlich vagabundierenden und nach Optimierung strebenden Kundenverhaltens ist es für den Anbieter wesentlich, den Kunden in *einem* Kontakt von der Beratung zur Realisierung eines Produktabschlusses zu führen. Erlebt der Interessent einen Bruch zwischen Entstehung des Sekundärbedarfs und der Möglichkeit den Leistungserwerb zu initiieren, so wird seine Tendenz steigen, einen alternativen Anbieter zu suchen, der die Abwicklung der gesamten Prozesskette in einem reibungslosen Ablauf ermöglicht. Eine Unterbrechung wird beispielsweise durch die Notwendigkeit eines erneuten Anbieterkontaktes zum Leistungserwerb oder durch einen Medienbruch zwischen Beratung und Bestellung der Leistung verursacht. Nur der Anbieter, der dem Interessenten die Möglichkeit bietet, im Sinne des One-Stop-Shopping bei *einem* Anbieterkontakt alle zur Realisierung der Kauftransaktion erforderlichen Schritte einfach und unkompliziert anzustoßen, minimiert das Risiko des Kundenverlustes nach der Evaluationsphase.

Der Anbieter sollte nicht nur dafür sorgen, dem Kunden eine mühelose Initiierung des Kaufs zu ermöglichen. Ebenso bedeutsam für eine reibungslose Kaufabwicklung ist die effiziente Gestaltung der anbieterinternen Prozesskette zur Leistungserstellung, um eine zügige Bereitstellung der Leistung an den Kunden zu erzielen.

Eine reibungslose Abwicklung der Kaufphase, welche zugleich mit einer optimierten Abwicklung der anbieterinternen Leistungserstellungsprozesse verbunden ist, stellt nicht nur eine Gewähr für Kundenzufriedenheit, sondern gleichzeitig für Kosteneffizienz dar und sollte somit ohnehin im Sinne des Anbieters liegen.

4.2.2.4 Unterstützung der Phase After Sales

Die *After Sales Phase* spielt eine entscheidende Rolle, um einen gewonnenen Kunden langfristig zu binden und sollte vom Anbieter in diesem Sinne genutzt werden. Hierbei kommen für den Anbieter die *Produktsicht* und die *Prozesssicht* als zwei Blickwinkel zum Tragen, aus denen eine Erzeugung und Sicherung der Kundenbindung angestrebt werden kann.

- Aus der *Produktsicht* heraus sollten sich die Bemühungen des Anbieters in der After Sales Phase darauf richten, die Zufriedenheit des Kunden mit der erworbenen Leistung zu verifizieren und die mit dem Kauf erzielte Bedürfnisbefriedigung auf Dauer sicherzustellen.

  Eine Verifikation der Kundenzufriedenheit kann der Anbieter in Form einer *aktiven* Nachkaufbetreuung erzielen. Zu denken ist hierbei vor allem an eine, in regelmäßigen Zeitabständen durchzuführende aktive Ansprache des Kunden – sei es in schriftlicher, telefonischer oder elektronischer Form – zur Erfassung seiner Zufriedenheit mit der erworbenen Leistung. Für sich herausstellende Probleme des Kunden in Zusammenhang mit der erworbenen Leistung sollte der Anbieter dem Kunden im Rahmen eines entsprechenden Serviceangebotes Hilfe zur Verfügung stellen.

  Zur Sicherung der Kundenzufriedenheit kann der Anbieter durch Maßnahmen der *passiven* Nachkaufunterstützung in Form von Services beitragen.

  So sollte der Finanzdienstleister einen mit Produktexperten besetzten Servicebereich bereitstellen, welchen der Kunde bei Problemen und Fragen in der Nachkaufphase konsultieren kann, um Hilfestellung und Informationen zu erhalten. Dem Kunden sollten dabei verschiedene alternative Zugangswege zum Servicebereich bereitgestellt werden. Parallel zu der Möglichkeit, Mitarbeiter des Serviceteams persönlich über die Filiale zu kontaktieren, sollten dem Kunden verschiedene elektronische Zugangswege, wie beispielsweise eine telefonische Kontaktaufnahmemöglichkeit in Form einer Service-Hotline oder ein komfortables Kontaktaufnahmemodul im Internet, geboten werden.

Auch durch die Bereitstellung von Value Added Services, die in Zusammenhang mit der Produktnutzung stehen, kann der Anbieter einen Beitrag zur Sicherung der Kundenzufriedenheit leisten. Vor allem elektronische Vertriebswege, insbesondere das Internet, bieten die idealen Voraussetzungen, um vielfältige produktbezogene Value Added Services zu implementieren. So kann der Anbieter auf seiner Website Diskussionsforen oder Help Desks einrichten, mit deren Hilfe sich der Benutzer bei Problemen und Fragen in der Nachkaufphase selbsttätig im interaktiven Austausch mit anderen Kunden oder Produktexperten die benötigten Informationen beschaffen kann. Als weiteren produktbezogenen Value Added Service zur Begleitung der Nachkaufphase kann der Finanzdienstleister sein Webangebot um interaktive Module zur Beobachtung der Produktentwicklung anreichern. Im Produktkontext des Aktivbereichs beispielsweise kann ein Modul zur Erstellung eines Zins- und Tilgungsstatus nach Eingabe bestimmter Eckdaten eines bestehenden Kreditvertrages angeboten werden. Im Bereich der Wertpapieranlage können in der Nachkaufphase Informationen (Kurse, aktuelle Schlagzeilen), Darstellungen der Depotentwicklung sowie technische Analysemethoden für den Kunden von Interesse sein.

- Neben der dargestellten Produktsicht kommt die Sicht auf den *Kundenprozess* in der After Sales Phase zum Tragen. Da der Kunde einen Primärbedarf verfolgt, bei dem es sich um ein übergeordnetes und zumeist längerfristig angestrebtes Gesamtziel handeln kann, bewirkt das Durchlaufen eines Customer Buying Cycle bzw. der Kauf einer Leistung oftmals nur eine Teilbefriedigung dieses Gesamtbedarfs. Gerade durch das Aufrechterhalten des Kundenkontaktes in der Nachkaufphase kann der Anbieter die Chance ergreifen, den Kunden zum Durchlaufen weiterer Teilprozesse bzw. CBCs zu motivieren (vgl. Kapitel 4.2.3). Gelingt es dem Anbieter somit, den Kunden durch die wiederholte Anregung von Teilprozessen und entsprechende Platzierung bedarfsgerechter Leistungsbündel auf seinem Weg zur Gesamtbedürfnisbefriedigung voranzubringen, wird er sich die Kundenbindung dauerhaft sichern.

Abbildung 5: Am Kunden-CBC orientierte Leistungserbringung

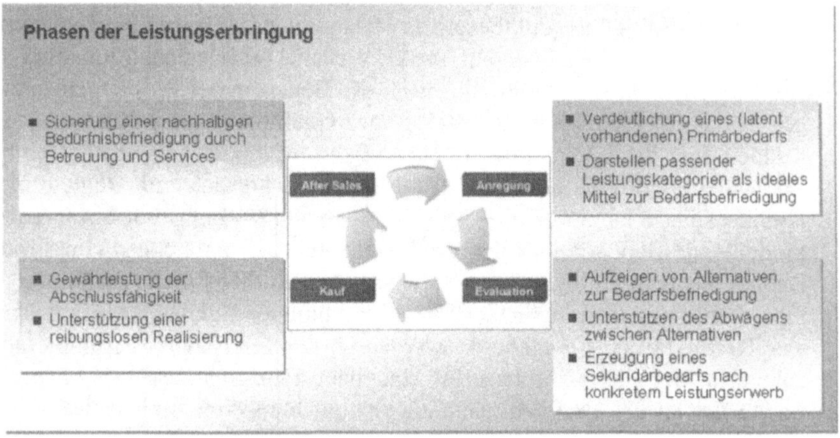

Quelle: Eigene Darstellung

Die Realisierung eines idealtypischen Anbieter-CBC zur phasenweisen Begleitung des Kundenprozesses stellt insbesondere auf elektronischen Vertriebswegen eine Herausforderung für den Anbieter dar. Hierbei gilt es vor allem, das elektronifizierte Angebot im Hinblick auf eine vollständige Abdeckung sämtlicher Phasen des Kundenprozesses und eine bruchfreie Überleitung zwischen den Phasen zu gestalten, um den hohen Abwanderungstendenzen des Interessenten auf dem elektronischen Markt für Finanzdienstleistungen wirkungsvoll zu entgegnen. Die Entwicklung eines Konzeptes zur virtuellen Beratung des Kunden über seinen CBC im elektronischen Vertriebsweg Internet geschieht im Zuge von Kapitel 7.

4.2.3 Der Anbieterprozess - Motivation weiterer Kundenprozesse

Modell des Anbieterprozesses auf Basis des CBC - Motivation weiterer Kundenprozesse -
Um den Kunden nicht nur kurzfristig zu gewinnen, sondern ihn langfristig zu binden, muss der Anbieter den Kunden wiederholt zum Durchlaufen jeweils weiterer Kaufzyklen motivieren.

Die Verfolgung eines Primärbedarfs – beispielsweise des Ziels nach finanzieller Sicherheit im Alter oder des Bedürfnisses nach Eigenheimbesitz - motiviert den Interessenten dazu, die Beziehung zum Anbieter einzugehen, sofern dieser ihm Leistungen anbietet, welche einer Befriedigung oder Teilbefriedigung des jeweiligen Primärbedarfs dienen. Der Anbieter kann den Kunden somit *gewinnen*, indem er einen Primärbedarf aufgreift und diesen mittels erfolgreicher Begleitung eines Customer Buying Cycle in einen Sekundärbedarf nach einem konkreten Leistungsbündel überführt.

Die im Rahmen des übergeordneten Primärbedarfs des Kunden bestehenden und situativ entstehenden *Teilziele* bilden jeweils den Anstoß für den Kunden, diverse *weitere* zyklische Teilprozesse zu durchlaufen, in deren Ergebnis er die vom Anbieter bereitgestellten Leistungen erwirbt, welche jeweils der Erfüllung dieser Teilziele dienen (vgl. Kapitel 4.2.1.2). Um den Kunden nicht nur kurzfristig zu gewinnen, sondern ihn langfristig zu *binden*, muss der Anbieter den Kunden wiederholt zum Durchlaufen jeweils weiterer Kaufzyklen motivieren.

Das Verständnis der Zielhierarchie des Kunden bildet somit den Ausgangspunkt für die Realisierung einer langfristigen Kundenbindung. Nur wenn der Anbieter die grundsätzliche und im Zeitablauf veränderliche Bedarfslage des Kunden erfasst und dem Kunden stets und ggf. wiederholt jeweils unbefriedigte Primärbedarfe bzw. Teilziele verdeutlicht, kann er ihn zum Durchlaufen jeweils weiterer Teilprozesse bzw. Customer Buying Cycles anregen. Gelingt es dem Anbieter somit, den Kunden durch die wiederholte Platzierung bedarfsgerechter Leistungsbündel auf seinem Weg zur Gesamtbedürfnisbefriedigung voranzubringen, wird er sich die Kundenbindung dauerhaft sichern.

Abbildung 6: Motivation von Teilprozessen

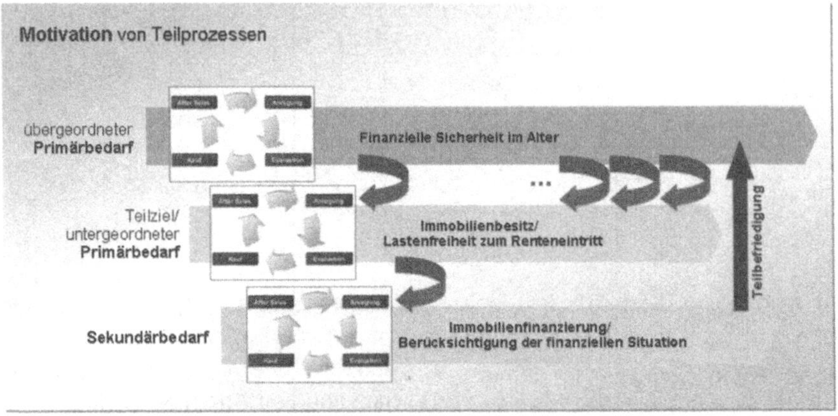

Quelle: Eigene Darstellung

Besonders auf elektronischen Vertriebswegen, bei denen der Kunde oftmals ohne den persönlichen Kontakt zu einem Berater gewonnen wird, stellt es eine besondere Herausforderung für den Anbieter dar, den Kontakt zum Kunden sinnvoll zur Motivation weiterer Teilprozesse bzw. zur Platzierung weiterer Leistungen zu nutzen.

Entscheidend, um auf elektronischen Vertriebswegen eine permanente Motivation des Kunden zu erzielen, ist es dabei für den Anbieter, zum einen diverse und wirkungsvolle *passive* Anregungsmechanismen zu implementieren, welche auf die Intensivierung elementarer Bedarfsfelder ausgerichtet sind. Zudem ist es auch wesentlich, den Kunden auf elektronischen Vertriebswegen *aktiv* im Hinblick auf potenzielle Primärbedarfe anzusprechen, welche durch Auswertung von Daten – sei es aus dem Nutzungsverhalten des elektronischen Leistungsangebotes gewonnener oder der Kundendatenbank entnommener Daten – identifiziert wurden.

Die Entwicklung eines Konzeptes zur Realisierung einer permanenten Motivation von Teilprozessen auf elektronischen Vertriebswegen, insbesondere im Vertriebsweg Internet, ist Gegenstand von Kapitel 7.2.

4.3 Verstehen und Erfüllen des Primärbedarfes

Um eine Begleitung bedarfsmotivierter Kundenprozesse zu erbringen, muss der Finanzdienstleister zunächst die Sicht des Kunden einnehmen. Er muss erkennen, dass es nicht ein Finanzprodukt, sondern in der Regel ein *Primärbedarf* ist, der den (potenziellen) Kunden dazu bewegt, den Kontakt zum Anbieter aufzunehmen. Der Interessent wird die Produkte des Anbieters in aller Regel lediglich als „Mittel zum Zweck" betrachten, um seine originären Bedarfe zu befriedigen. So strebt der Kunde den „Aufbau von Vermögen" an und tätigt als Mittel zur Zielerreichung eine „Geldanlage" bei der Bank. So möchte der Kunde ein „Eigenheim besitzen" und schließt zu diesem Zwecke eine „Immobilienfinanzierung" beim Finanzdienstleister ab.

Als Voraussetzung einer bedarfsgerechten Leistungserbringung benötigt der Anbieter Kenntnis darüber, *welche* elementaren Primärbedarfe ein (potenzieller) Kunde besitzen kann und mit Hilfe *welcher* Leistungsbündel eine Befriedigung der einzelnen Bedarfssituationen erzielt werden kann. Mit der Zusammenführung dieser Erkenntnisse in einen generischen Ansatz zur Zuordnung von abstrakten Leistungsbündeln zu elementaren Bedarfsfeldern wird die Grundlage zur Realisierung einer bedarfsgerechten Leistungserbringung geschaffen.

4.3.1 Der Bedarf des Kunden

Es sind Bedürfnisse, die den Kunden zum Suchen nach Leistungen veranlassen [Probst, Wenger 1998, S.29]. Bedürfnisse stellen den gedanklichen Startpunkt des menschlichen Kaufentscheidungsprozesses dar; sie können als Mangelgefühle beschrieben werden, nach deren Behebung der (potenzielle) Kunde strebt [vgl. Böcker 1991, S.13]. Ein Bedürfnis wird zum Bedarf, sofern eine Orientierung auf bestimmte Mittel der Bedürfnisbefriedigung erfolgt [vgl. Böcker 1991, S.14]. So wird das Bedürfnis zum Bedarf, wenn es sich beispielsweise im Wunsch nach bestimmten Leistungen bzw. Produkten konkretisiert, die der Bedürfnisbefriedigung dienen.

In Anlehnung an den Begriff des *Bedürfnisses* und seines dargelegten Sinngehalts wird für den betrachteten, auf den Finanzdienstleistungsbereich fokussierten Kontext der Begriff des *Primärbedarfs* eingeführt.

Primärbedarf
Ein *Primärbedarf* ist ein vom Leistungserwerb zunächst losgelöstes Ziel, das den (potenziellen) Kunden dazu motiviert, den Kontakt zum Finanzdienstleister herzustellen und nach Mitteln zur Bedarfsbefriedigung zu suchen. Ein Primärbedarf stellt somit den Ausgangspunkt jedes Kundenprozesses dar. Die Befriedigung eines Primärbedarfs kann teilweise oder vollständig durch vom Finanzdienstleister bereitgestellte Leistungen erfolgen.

Korrespondierend zum Begriff des *Bedarfs* in seiner dargelegten generellen Bedeutung soll im betrachteten Kontext der Begriff des *Sekundärbedarfs* verwendet werden.

Sekundärbedarf
Ein *Sekundärbedarf* entsteht aus einem Primärbedarf, sofern sich der Wunsch des Interessenten auf ein Leistungsbündel des Finanzdienstleisters richtet, welches grundsätzlich zur Befriedigung des Primärbedarfes geeignet ist.

4.3.1.1 Elemente des Primärbedarfs

Die Klarheit über grundsätzlich mögliche Bedarfssituationen (potenzieller) Kunden stellt den Ausgangspunkt einer bedarfsgerechten Leistungserbringung dar. Um eine systematische Identifikation elementarer Primärbedarfe zu ermöglichen, wird der Begriff des Primärbedarfes zunächst im Hinblick auf seine Elemente weiter spezifiziert:

Elemente des Primärbedarfs
Ein *Primärbedarf* lässt sich als ein bestimmter *Wunsch* definieren, dessen Realisierung für einen jeweils bestimmten *Zielhorizont* angestrebt wird.

Basierend auf dem gefassten Verständnis eines Primärbedarfes als originäres Bedürfnis, dessen Befriedigung teilweise oder vollständig durch die Angebotspalette des Finanzdienstleisters erfolgen kann (vgl. Kapitel 4.3), lassen sich elementare Wünsche und Zielhorizonte als Bausteine zur Formierung entsprechender Primärbedarfe identifizieren: So können Liquidität bzw. Konsum, Vermögen in Form des Geld- sowie des Sachvermögens und die Sicherung der Substanz sowie von Personen grundlegende Wünsche darstellen. Setzt man die Wünsche in einen zeitlichen Bezug, so kann ein Interesse an deren unmittelbarer Herstellung, deren sukzessivem Aufbau sowie an der Erhaltung, Vermehrung bzw. Optimierung eines vorhandenen Zielerreichungsgrades bestehen. Bezogen auf den Wunsch des Geldvermögens kann sich ferner das Verzehren bzw. Aufbrauchen als Zielhorizont ergeben.

4.3.1.1.1 Elementare Wünsche

Im Einzelnen lassen sich die für den betrachteten Kontext identifizierten elementaren *Wünsche* wie folgt beschreiben:

- Der Wunsch nach *Liquidität* bzw. *Konsum* bezieht sich auf den Besitz frei verfügbarer Mittel, deren Zweckbestimmung im Bestreiten des Lebensunterhaltes, im Erwerb von Konsumgütern oder in der Realisierung bestimmter Vorhaben bestehen kann. Werden frei verfügbare Mittel dagegen auf (bestehende) Vermögensgegenstände verwendet, so steht der Primärbedarf nach Herstellung bzw. Optimierung von Sachvermögen im Vordergrund.
- Der Wunsch nach *Vermögen* kann sich auf Geld- sowie auf Sachvermögen beziehen. Unter *Geldvermögen* können substanzielle Mittel in Form von Bargeld, Buchgeld oder Wertpapieren subsumiert werden. Motivation für den Wunsch nach Geldvermögen kann neben dem Eigentum an der Vermögenssubstanz per se auch das Abschöpfen von Erträgen oder der Kapitalverzehr sein. Der Begriff des *Sachvermögens* bezieht sich auf substanzielle Mittel in Form von Sachwerten, so zum Beispiel in Gestalt von Immobilien.
- Auch der Wunsch nach *Sicherung* kann ein elementares Ziel darstellen. Hierbei geht es darum, die vorhandene Substanz oder Personen gegen Risiken bzw. Schadenfolgen abzusichern.

4.3.1.1.2 Ursachen der Wunschentstehung

Für die Entstehung eines Wunsches lassen sich jeweils unterschiedliche mögliche *Ursachen* identifizieren. (Potenzielle) Kunden, die dem Anbieter mit dem gleichen Wunsch gegenübertreten, können somit durch verschiedene Ursachen zur Verfolgung dieses Wunsches gelangt sein. Die Ursache einer Wunschentstehung kann, je nach thematischem Kontext, sowohl in einem unerfüllten konkreteren Wunsch als auch in einer zu lösenden Problemlage bestehen.

- Die Entstehung eines Wunsches nach *Liquidität bzw. Konsum* wird zumeist durch einen bislang unerfüllten konkreteren Wunsch, so nach Erwerb bestimmter Konsumgüter, beispielsweise eines Kfz, oder nach Realisierung eines bestimmten Vorhabens, beispielsweise einer Reise, liegen. Auch das Streben nach Verwirklichung eines bestimmten Lebensstandards kann den Wunsch nach Liquidität bzw. Konsum auslösen.
- Ursache für den Wunsch nach *Geldvermögen* kann das Streben nach Status durch Eigentum an Vermögenssubstanz sein. Aber auch der Bedarf nach finanzieller Sicherheit im Alter kann den Wunsch nach Besitz eines Kapitalstocks als Basis für Abschöpfung und Verzehr und somit nach Geldvermögen verursachen. Schließlich kann die Aufmerksamkeit eines (potenziellen) Kunden durch einen Zugang an liquiden Mitteln auf Möglichkeiten zu dessen Verwendung und somit auf den Wunsch nach Geldvermögen gelenkt werden. Der Wunsch nach *Sachvermögen* kann, sofern er sich auf Immobilieneigentum bezieht, auf dem Streben nach „Wohnen in den eigenen 4 Wänden“ beruhen. Aber auch die zu lösende Problemlage bislang hoher Mietzahlungen sowie die Suche nach Abschreibungsmöglichkeiten zur Steuerersparnis können den Wunsch nach Immobilienerwerb verursachen. Auch das Streben nach einem materiellen Wert als Inflationsschutz kann Ursache für den Wunsch nach Immobilieneigentum sein.
- Ursache für den Wunsch nach *Sicherung* kann beispielsweise das Anstreben der finanziellen Sicherheit im Alter sein. Aber auch die Absicherung der Familie sowie die Sicherung von Besitz und Einkommen können konkrete Wünsche in diesem Zusammenhang darstellen.

4.3.1.1.3 Zielhorizonte

Ein Wunsch ist ein zunächst abstraktes, zeitlich nicht näher dimensioniertes Ziel. Erst durch die Anwendung eines zeitlichen Bezugs auf die elementaren Wünsche können Primärbedarfe identifiziert werden. Im Einzelnen lassen sich folgende *Zielhorizonte* differenzieren:

- Der Zielhorizont *Herstellen* bezieht sich auf eine unmittelbare Wunscherfüllung zu einem definierten, kurzfristig zu erreichenden Zeitpunkt. Der Interessent ist nicht bereit, einen mittel- oder sogar langfristigen Zeitraum bis zur Realisierung des Wunsches zu überbrücken, sondern ergreift Maßnahmen für dessen kurzfristige Umsetzung. Den Primärbedarf *Liquidität herstellen* befriedigt der Interessent beispielsweise mit Aufnahme eines Konsumkredites.
- Verfolgt der Interessent hingegen den Zielhorizont *Aufbauen*, so strebt er die Wunscherfüllung über einen definierten, mittel- bis langfristigen Zeitraum

hinweg an. Während dieses Zeitraumes wird er Maßnahmen ergreifen, die der Wunscherfüllung dienen. Der Interessent erreicht somit entweder eine sukzessive Erhöhung seines Zielerreichungsgrades - beispielsweise bei der stufenweise Realisierung des Primärbedarfs *Geldvermögen aufbauen* durch Ansparen - oder er realisiert den Wunsch am Ende der durchlaufenen Zeitspanne - beispielsweise bei der Realisierung des Primärbedarfs *Sachvermögen aufbauen* durch Erwerb einer Immobilie nach Ablauf einer Ansparphase.

- Der Zielhorizont *Erhalten/ Vermehren*, welcher sich auf die Wünsche nach Liquidität/ Konsum sowie nach Geld- und Sachvermögen beziehen kann, impliziert zunächst das Vorhandensein eines bestimmten Grades an Wunscherfüllung. Der Interessent strebt hierbei an, den vorhandenen Zielerreichungsgrad für die Zukunft konstant zu halten bzw. von einem definierten Ausgangsniveau aus weiter zu erhöhen. Neben Maßnahmen zur Erhaltung bzw. Mehrung eines vorhandenen Niveaus an Liquidität bzw. Vermögen wird im Sinne des *Optimierens* eine Minimierung von externen, die Substanz beeinträchtigenden Faktoren angestrebt.
- Bezogen auf die Geldvermögenssubstanz kann auch das *Aufbrauchen bzw. Verzehren* einen Zielhorizont darstellen. Hierbei geht es darum, die Substanz von einem bestimmten Ausgangsniveau aus über einen definierten Zeitraum kontrolliert zu vermindern, um neben den aus dem Vermögen erzielbaren Erträgen auch die Substanz selbst zu verbrauchen. Als Beispiel lässt sich der geregelte Kapitalverzehr über die geschätzte Dauer der Rentenphase nennen.

4.3.1.2 Primärbedarfe und Sekundärbedarfe

Aus einer Verknüpfung der Dimensionen *Wunsch* und *Zielhorizont* lassen sich elementare *Primärbedarfe* identifizieren. So kann ein Interesse daran bestehen, Liquidität oder Vermögen herzustellen, aufzubauen oder zu erhalten und vermehren bzw. zu optimieren. Bezogen auf die Geldvermögenssubstanz kann zudem das Ziel des Aufbrauchens bzw. des Verzehrens verfolgt werden. Ferner kann die Herstellung bzw. der Aufbau einer Sicherung angestrebt werden.

Aus dem Verständnis der primären Bedarfe lassen sich diesen jeweils komplementäre *Sekundärbedarfe* zuordnen. Dabei bezieht sich ein Sekundärbedarf auf den, aus Sicht des (potenziellen) Kunden bestehenden Handlungsbedarf in Bezug auf die Inanspruchnahme von Services bzw. den Erwerb von Leistungen, welche einer teilweisen oder vollständigen Befriedigung jeweils eines Primärbedarfs dienen.

4.3.2 Bedarfsgerechte Leistungserbringung – Ein generischer Ansatz

Die Klarheit über die elementaren Primärbedarfe bildet den Ausgangspunkt, um passende Leistungsbündel zu deren Befriedigung zu identifizieren. Auf dieser

Prämisse basierend, lässt sich ein generischer Ansatz zur Zuordnung von abstrakten finanzwirtschaftlichen Leistungsbündeln zu Primärbedarfen entwickeln, welcher die ideale Grundlage einer bedarfsorientierten (realen wie virtuellen) Beratungsleistung darstellt.

Kundenprozess und Leistungserbringung werden dabei entkoppelt und jeweils systematisch aufbereitet. Eine Bedarfsmatrix bildet die elementaren Primärbedarfe und Sekundärbedarfe des (potenziellen) Kunden ab und beschreibt somit die Sicht des Kunden. Eine komplementäre Servicematrix repräsentiert die Sicht des Anbieters und beschreibt die jeweils zur Befriedigung der Primärbedarfe geeigneten finanzwirtschaftlichen Leistungen auf abstrakter Ebene.

Abbildung 7: Bedarfsmatrix und Servicematrix – vereinfachte Darstellung

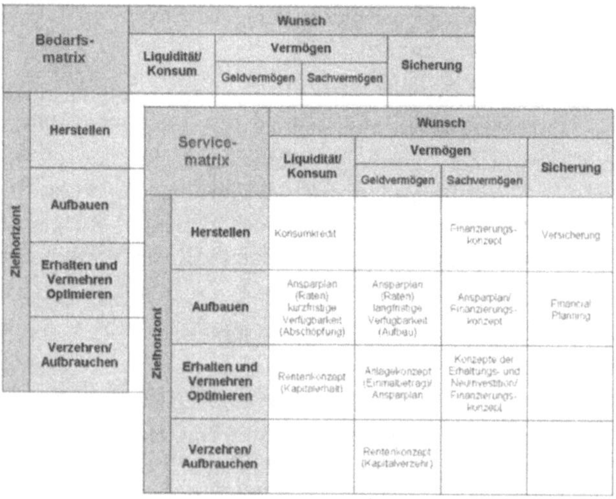

Quelle: [vgl. Niemeyer, Thymian 2002, S.161]

In der praktischen Anwendung erlaubt es ein Matching von Bedarfs- und Servicematrix, die bedarfsmotivierte Sicht des Kunden mit der produktzentrierten Sicht des Anbieters an einer geeigneten Stelle des Beratungsprozesses zusammenzuführen. Der Anbieter kann sich somit auf den Kunden und die von ihm gewünschte Problemlösung fokussieren dabei zugleich seine Chance auf Verkaufserfolg erhöhen.

4.3.2.1 Bedarfsmatrix

Eine Darstellung elementarer Primärbedarfe und zugehöriger Sekundärbedarfe auf abstrakter Ebene wird im Folgenden in Form einer generischen *Bedarfsmatrix* (vgl. Abbildung 8) erzeugt, deren Dimensionen durch die elementaren Wünsche und Zielhorizonte gebildet werden.

Die Matrizendarstellung erlaubt keine Abbildung der hierarchischen Struktur des Zielsystems, d.h. der Interdependenzen zwischen übergeordneten Bedarfen und untergeordneten Teilzielen. Auch das zeitlich verteilte Auftreten der Primärbedarfe aufgrund jeweiliger Gegebenheiten ist nicht Gegenstand dieser Darstellung. Vielmehr dient die generische Bedarfsmatrix der Betrachtung jeweils *eines* situativ bestehenden Primärbedarfs sowie des jeweils zugehörigen, auf die Bedarfsbefriedigung ausgerichteten Sekundärbedarfs nach Erwerb eines durch den Finanzdienstleister bereitgestellten Leistungsbündels.

Die generische Bedarfsmatrix beschreibt die *Sicht des Kunden* und bildet somit den Ausgangspunkt für eine *Entkopplung* von Kundenprozess und Leistungserbringung. Sie stellt die Grundvoraussetzung für ein Verständnis der elementaren Bedarfe des (potenziellen) Kunden und für eine bedarfsgerechte Zuordnung von Leistungsbündeln dar.

4.3.2.2 Servicematrix

Der generischen Bedarfsmatrix lässt sich eine komplementäre *Servicematrix* (vgl. Abbildung 9) zuordnen, welche ebenso durch die Dimensionen Wunsch und Zielhorizont aufgespannt wird und in deren Feldern die jeweils zur Befriedigung der Primärbedarfe geeigneten Bündel *finanzwirtschaftlicher Leistungen* auf abstrakter Ebene beschrieben werden.

Diverse in der Literatur auffindbare Fassungen des grundsätzlichen sowie finanzwirtschaftlichen *Leistungsbegriffes* sollen in diesem Zusammenhang exemplarisch dargestellt und zu einer im betrachteten Kontext praktikablen Definition verdichtet werden.

Leistungen können als Ergebnis von Prozessen verstanden werden [vgl. Scheer 1998, S.93]. Unter betrieblicher Leistung wird weithin das fertige oder absatzfähige Produkt als Ergebnis betrieblicher Tätigkeit verstanden [vgl. Hein 1993, S.19].

Einen weit gefassten Leistungsbegriff legen Probst/ Wenger dar, die unter einer Leistung „irgend eine beliebige Aktion des Anbieters nach außen“ [Probst, Wenger 1998, S.32] verstehen. Die genannten Autoren unterscheiden den Leistungsbegriff ferner in Produktleistungen und Vor- bzw. Hilfsleistungen. Während Produktleistungen ertragsrelevante, d.h. explizit bezahlte und auf Produkten basierende Leistungen darstellen, zielen Vor- bzw. Hilfsleistungen mehr oder weniger direkt auf die Produktleistungen ab, indem sie versuchen diese zu vereinbaren oder zu erhalten [vgl. Probst, Wenger 1998, S.32].

Eine Kategorisierung von Leistungen führt zumeist zu einer grundlegenden Differenzierung von Sachleistungen und Dienstleistungen. Im Gegensatz zu Sachleistungen mit materieller Beschaffenheit, besitzen Dienstleistungen, so auch bankbetriebliche Leistungen immateriellen Charakter [vgl. Hein 1993, S.20], [vgl. Scheer 1998, S. 95].

Betrachtet man die *banktypischen Marktleistungen* im Speziellen, so lassen sich diese wiederum in verschiedene Kategorien unterteilen. So werden nach ihrer Bilanzwirksamkeit das Aktivgeschäft, welches vor allem verschiedene Formen der Kreditvergabe durch die Bank umfasst sowie das Passivgeschäft, welches die Hereinnahme von Einlagen (Sicht-, Termin- und Spareinlagen) durch die Bank bezeichnet, unterschieden. Eine weitere Kategorie stellt das bilanzunwirksame Dienstleistungsgeschäft der Bank dar, welches vor allem die Abwicklung von Zahlungsverkehrstransaktionen sowie die Besorgung von Effektengeschäften (Emission, Kauf und Verkauf, Verwahrung und Verwaltung) für den Kunden beinhaltet. [Vgl. Hein 1993, S.22]. Schließlich lässt sich die *Beratung* als weitere Kategorie bankbetrieblicher Leistungen definieren. Sie umfasst zumeist das Erklären bestimmter Leistungsarten sowie die Generierung von Empfehlungen bei der Wahl zwischen Alternativen innerhalb einer Leistungskategorie, beispielsweise bei der Wahl zwischen Geldanlagemöglichkeiten. Sofern die Beratungsleistung sich auf eine einzelne Leistungskategorie bezieht, ist sie dieser als ein qualitatives Merkmal zuzuordnen. Nur sofern die Beratung zu einem leistungsübergreifenden und umfassenden Angebot ausgestaltet wird, kann sie als eigenständige Leistungskategorie betrachtete werden. [Vgl. Hein 1993, S. 26].

Für den vorliegenden Kontext der bedarfsgerechten Leistungserbringung soll aufbauend auf den dargelegten Begriffsfassungen unter einer finanzwirtschaftlichen Leistung bzw. einem Service Folgendes verstanden werden:

Finanzwirtschaftliche Leistung bzw. Service
Eine *finanzwirtschaftliche Leistung* bzw. ein Service kann sich auf die Bereitstellung von Informations- und Beratungsleistungen sowie auf Produkte (des Aktiv-, Passiv- und Dienstleistungsbereichs) des Anbieters beziehen.

Entsprechend der getroffenen Begriffsfassung werden die in der Servicematrix abgebildeten abstrakten finanzwirtschaftlichen Leistungsbündel nach den definierten Leistungskategorien differenziert.

Abbildung 8: Generische Bedarfsmatrix

Bedarfsmatrix Primärbedarfe/ Sekundärbedarfe		**Wünsche**			
		Liquidität/ Konsum Frei verfügbare Mittel Verwendungszweck - Bestreiten des Lebensunterhaltes - Erwerb von Konsumgütern - Realisierung von Vorhaben Keine Verwendung auf bestehende Vermögens-gegenstände.	**Vermögen**		**Sicherung** Sicherung der Substanz oder Sicherung von Personen gegen Risiken.
			Geldvermögen Substanzielle Mittel in Form von Bargeld, Buchgeld oder Wertpapieren. Zweck kann neben der Vermögenssubstanz auch das Abschöpfen von Erträgen oder der Kapitalverzehr sein.	**Sachvermögen** Substanzielle Mittel in Form von Sachwerten (insbesondere Immobilien).	
Zielhorizonte	**Herstellen** Unmittelbar, zu einem definierten Zeitpunkt verfügbar machen.	- Aufnahme von Fremdmitteln - Abschöpfen von Erträgen aus Geldvermögen - Verkauf von Sachvermögen - Steueroptimierung (Bsp.: Freibetrag auf Lst.Karte)	- Verkauf von Sachvermögen - Einstellen der Erträge in ein Depot	- Erwerb von Sachvermögen - dabei ggf. Finanzierung	- Abschluss einer Versicherung (Festlegung eines bestimmten Versicherungs-betrages für den Versicherungsfall)
	Aufbauen Über einen definierten Zeitraum errichten.	- Aufbau von Mitteln (vornehmlich von Geldvermögen) ohne Ziel des Substanzaufbaus; als Grundlage zur Abschöpfung von Erträgen	- Ansparen (Raten)	- Ansparen mit angestrebter Verwendung der Mittel auf den Erwerb von Sachvermögen - anschließend Erwerb von Sachvermögen - dabei ggf. zusätzlich Finanzierung - Immobilienbereich: Bausparen (Ansparphase, Finanzierungsphase)	- Aufbau einer Sicherung - übergeordneter Primärbedarf, der mittels verschiedener untergeordneter Teilziele realisiert werden kann
	Erhalten und Vermehren Über einen definierten Zeitraum konstant halten bzw. von einem definierten Ausgangsniveau aus erhöhen. **Optimieren** Minimierung von externen Faktoren, die die Liquidität und das Vermögen beeinträchtigen.	- Optimierende Eingriffe in die Grundlage eines bestehenden Mittelzuflusses (z.B. Optimierung einer Geldvermögens-anlage als Abschöpfungsbasis)	- Anlage (Einmalbetrag) - Kombination mit Ansparen (Raten)	- Erhaltungsinvestition in bestehendes Sachvermögen - Erwerb von weiterem Sachvermögen - ggf. Finanzierung	
	Verzehren/ Aufbrauchen Zum Zweck der Nutzung, über einen definierten Zeitraum, von einem definierten Ausgangs-niveau aus vermindern.		- Kapitalverzehr (geregelter Verbrauch bestehender Mittel über einen geschätzten Zeitraum (z.B. Rentenphase))		

Quelle: Eigene Darstellung

Abbildung 9: Generische Servicematrix

Servicematrix		**Wünsche**			
Primärbedarfe/ abstrakte Leistungsbündel		**Liquidität/ Konsum** Frei verfügbare Mittel. Verwendungszweck - Bestreiten des Lebensunterhaltes - Erwerb von Konsumgütern - Realisierung von Vorhaben Keine Verwendung auf bestehende Vermögens-gegenstände.	**Vermögen** **Geldvermögen** Substanzielle Mittel in Form von Bargeld, Buchgeld oder Wertpapieren. Zweck kann neben der Vermögenssubstanz auch das Abschöpfen von Erträgen oder der Kapitalverzehr sein.	**Sachvermögen** Substanzielle Mittel in Form von Sachwerten (insbesondere Immobilien).	**Sicherung** Sicherung der Substanz oder Sicherung von Personen gegen Risiken
Zielhorizonte	**Herstellen** Unmittelbar, zu einem definierten Zeitpunkt verfügbar machen.	- Informationen und Beratungsleistungen rund um die Konsumfinanzierung - bedarfsgerechte Konsumfinanzierung (Dispositionskredit, Konsumkredit) - Auszahlung von Erträgen aus Gv - *Beratungsleistung zur Steueroptimierung*	- Unterstützungs-leistung beim Verkauf von Sachvermögen - Depoteröffnung	- Informationen und Beratungsleistungen rund um den Erwerb von Sachvermögen - ggf. bedarfsgerechtes Finanzierungskonzept	- Versicherung (eines bestimmten Versicherungsfalls mit einem bestimmten Versicherungs-betrag)
Zielhorizonte	**Aufbauen** Über einen definierten Zeitraum errichten.	- Informationen und Beratungsleistungen rund um den Substanzaufbau in Verbindung mit einem Auszahlplan - bedarfsgerechter Ansparplan mit kurz- bis mittelfristiger Verfügbarkeit (im Hinblick auf das Liquiditäts- bzw. Abschöpfungsziel)	- Informationen und Beratungsleistungen rund um den Substanzaufbau - bedarfsgerechter Ansparplan mit langfristiger Verfügbarkeit (im Hinblick auf das Vermögensziel)	- Informationen und Beratungsleistungen rund um den Erwerb von Sachvermögen - bedarfsgerechter Ansparplan mit Verfügbarkeit entsprechend dem Zielhorizont (im Hinblick auf den angestrebten Erwerb von Sachwerten) - bedarfsgerechtes Finanzierungskonzept - Immobilienbereich: bedarfsgerechter Bausparplan (Ansparphase, Finanzierungsphase)	- Financial Planning

Zielhorizonte	**Erhalten und Vermehren**
	Über einen definierten Zeitraum konstant halten bzw. von einem definierten Ausgangsniveau aus erhöhen.
	Optimieren
	Minimierung von externen Faktoren, die die Liquidität und das Vermögen beeinträchtigen.
		- Informationen und Beratungsleistungen rund um die Optimierung der Substanz als Abschöpfungsbasis
		- bedarfsgerechter Auszahlplan: Kapitalerhalt (geregelte Abschöpfung von Erträgen über einen geschätzten Zeitraum (z.B. Rentenphase))
			- Informationen und Beratungsleistungen rund um die Optimierung der Substanz
			- bedarfsgerechtes Anlagekonzept (Einmalbetrag)
			  - Festgeld
			  - Wertpapiere
			- Kombination mit Sparen (Raten)
				- Informationen und Beratungsleistungen rund um Erhaltungs-investitionen in bestehendes Sachvermögen und den Erwerb von weiterem Sachvermögen
				- ggf. bedarfsgerechtes Finanzierungskonzept	

Zielhorizonte	**Verzehren/ Aufbrauchen** Zum Zweck der Nutzung, über einen definierten Zeitraum, von einem definierten Ausgangs-niveau vermindern.		- Informationen und Beratungsleistungen rund den geregelten Substanzverzehr - bedarfsgerechter Auszahlplan: Kapitalverzehr (geregelter Verbrauch bestehender Mittel über einen geschätzten Zeitraum (z.B. Rentenphase))		

Quelle: Eigene Darstellung

4.3.2.3 Bedarfs- und Servicematrix - Fundament der bedarfsorientierten Beratung

Der matrizengestützte generische Ansatz zur Entkopplung von Primärbedarf und Leistungserbringung kann auf Grund seiner schematischen Struktur in idealer Weise als Fundament einer bedarfsorientierten realen und insbesondere virtuellen Beratungsleistung genutzt werden.

Die der Bedarfsmatrix komplementäre Servicematrix erlaubt es, jedem kommunizierten bzw. identifizierten Primärbedarf eines (potenziellen) Kunden ein abstraktes Leistungsbündel zuzuordnen, welches grundsätzlich zur Bedarfsbefriedigung geeignet ist. Hiermit ist der ideale logische Hintergrund zur Realisierung einer bedarfsgerechten *Anregung* geschaffen.

So geht es gerade in der Phase Anregung darum, nach dem Aufgreifen und Intensivieren eines Primärbedarfes – sei es im Rahmen einer realen oder virtuellen Beratungsleistung – passende Leistungs- bzw. Produktkategorien des Anbieters zu identifizieren, die den Primärbedarf abdecken, um die Aufmerksamkeit des Interessenten dann auf dieses Leistungsbündel zu lenken.

Die Servicematrix eignet sich insbesondere für eine Implementierung im Rahmen einer automatisierten Beratungsanwendung: Wurde im elektronischen Dialog ein Primärbedarf aufgegriffen und im Rahmen der Anregungsphase mittels geeigneter interaktiver Module intensiviert, so sollten dem Benutzer passende Leistungs- bzw. Produktkategorien als ideales Mittel zur Bedarfsbefriedigung präsentiert werden. Die elektronifizierte Servicematrix stellt dabei die (Regel-)Logik zur Ermittlung bzw. Zuordnung von Leistungs- bzw. Produktkategorien zu Primärbedarfen dar. Eine darüber hinaus gehende Konkretisierung der zugeordneten Leistungs- bzw. Produktkategorien im Hinblick auf die Präferenzen und Rahmenbedingungen des Benutzers erfordert eine Fortsetzung des automatisierten Beratungsprozesses mit Hilfe entsprechender Module.

Voraussetzung für einen Finanzdienstleister, der den Matrizenansatz als logischen Hintergrund seiner Beratungsprozesse einsetzen möchte ist es, die in der Servicematrix abgebildeten abstrakten Leistungsbündel durch die von ihm bereitgestellten, spezifischen Informations- und Beratungsleistungen sowie Produkte zu füllen. Somit schafft er eine schematische Grundlage zur bedarfsgerechten Platzierung seiner Leistungen.

4.4 Vernetzte Leistungserstellung

Der Kunde, der einen übergeordneten Primärbedarf als zunächst vom Leistungserwerb losgelöstes Ziel verfolgt, durchläuft zur Zielerreichung einen durchgängigen Fluss an hierarchisch strukturierten Teilprozessen, in deren Verlauf er situativ und bedarfsorientiert diverse Leistungen, ggf. verschiedener Anbieter, in Anspruch nimmt, die ihn auf den Weg zur Gesamtbedürfnisbefriedigung voranbringen.

Ein Anbieter, der den Kunden nicht nur kurzfristig gewinnen, sondern auch langfristig binden möchte, muss seine Leistungserbringung daher am ganzheitlichen Kundenprozess orientieren.

Das Verstehen des Kundenprozesses und der Anforderungen an die Gestaltung des Anbieterprozesses zu dessen Begleitung (wie in Kapitel 4.2 beschrieben) stellt den ersten Schritt, die Klarheit über mögliche Primärbedarfe und passende Leistungsbündel zu deren Befriedigung (wie in Kapitel 4.3 dargelegt) stellt einen weiteren Schritt dar, den der Anbieter gehen muss, um zu einer bedarfsorientierten Begleitung des Kundenprozesses zu gelangen. Schließlich muss der Anbieter nun erkennen, dass er es mit seiner eigenen (finanzwirtschaftlichen) Leistungspalette zumeist nicht vermag, einen komplexen Primärbedarf des (potenziellen) Kunden vollständig abzudecken bzw. einen umfangreichen Kundenprozess durchgängig zu begleiten.

Hier eröffnet die *Vernetzte Leistungserstellung* dem Anbieter die Chance, durch Integration von eigenen und fremden Leistungen zu bedarfsgerechten Leistungsbündeln eine vollständige Abdeckung komplexer Kundenbedarfe bzw. eine durchgängige Begleitung umfangreicher Kundenprozesse zu erzielen und somit die Loyalität des Kunden durch Generierung eines Mehrwertes zu steigern. Um dem Kundenprozess am besten gerecht zu werden, sollten dabei Teilleistungen unterschiedlicher Leistungserbringer über Zeit-, Orts- und Teamgrenzen hinweg *integriert* werden.

So schafft der Anbieter die Voraussetzungen für die Verrichtung einer *umfassenden, kontinuierlichen Gesamtleistung* am Kunden, welche sich aus situativ und bedarfsgerecht eingesetzten Teilleistungen zusammensetzt und den Kunden auf dem Weg zur Gesamtbedürfnisbefriedigung voranbringt.

4.4.1 Der ganzheitliche Kundenprozess

Voraussetzung für eine am Kundenprozess orientierte Leistungserbringung ist ein sehr weitgehendes Verständnis des oft *komplexen Bedarfes* des Kunden, nach deren Befriedigung er strebt bzw. des oft *umfangreichen Prozesses*, den er auf dem Weg zur Bedarfsbefriedigung durchläuft.

Der Kunde verfolgt einen Primärbedarf – beispielsweise nach Aufbau von Immobilieneigentum – als zunächst vom Leistungserwerb losgelöstes Ziel. Der Primärbedarf bildet den Ausgangspunkt eines zugehörigen Kundenprozesses – beispielsweise des Prozesses „Immobilienerwerb". Dieser Gesamtprozess stellt sich als komplexes Systems hierarchisch strukturierter Teilprozesse dar, die der Kunde mit dem Ziel der Bedarfsbefriedigung durchläuft. Im Zuge der Teilprozesse nimmt der Interessent situativ und bedarfsorientiert diverse Leistungen – sei es Informations- und/oder Beratungsleistungen - in Anspruch und realisiert diverse Produkte, die jeweils Teilbedarfe befriedigen und ihn somit auf dem Weg zur Gesamtbedürfnisbefriedigung voranbringen. Bietet ihm ein Finanzdienstleister nicht die gesamte Palette an bedarfsgerechten Teilleistungen, so nimmt der Interessent die Teilleistungen verschiedener Anbieter wahr, um seinen Gesamtbedarf zu decken.

Für den Kunden kann es einen sehr aufwendigen Vorgang darstellen, die Aggregation der für seine Bedarfssituation passenden Einzelleistungen über verschiedene Anbieter hinweg selbst durchzuführen. Vor allem bei umfangreichen Kundenprozessen – beispielsweise dem Immobilienerwerb - muss der Interessent zunächst sämtliche zugehörigen Teilprozesse identifizieren sowie sämtliche zur jeweiligen Bedarfsbefriedigung notwendigen bzw. relevanten Leistungs- bzw. Produktkategorien zuordnen. Schließlich muss der Kunde mögliche Anbieter dieser Leistungen feststellen. Für den Kundenprozess „Immobilienerwerb" kann sich beispielsweise das in Abbildung 10 dargestellte Resultat ergeben.

Der Kunde muss nun selbsttätig jeweils verschiedene Anbieter kontaktieren, welche die diversen benötigten Leistungen und Produkte anbieten. Er muss jeweils alternative Angebote einholen und diese im Hinblick auf seine individuelle Bedarfssituation und seine persönlichen Rahmenbedingungen evaluieren. [Vgl. Schmidt, Bach, Österle 2000, S. 3]. Gegebenenfalls bestehende Interdependenzen zwischen einzelnen Teilleistungen muss der Interessent dabei erkennen und bei der Entscheidungsfindung berücksichtigen. Nachdem er jeweils eine Entscheidung getroffen hat, geht der Kunde unterschiedliche Geschäftsbeziehungen mit den einzelnen Anbietern ein und muss diese schließlich im Hinblick auf den Gesamtprozess koordinieren.

Abbildung 10: Der Kundenprozess Immobilienerwerb

Kundenprozess: Immobilienerwerb		
Teilprozess	**Leistungs-/ Produktkategorie**	**Anbieter**
Immobilie finden	Immobiliensuche	Datenbankanbieter/ Makler
Immobilie finanzieren	Finanzierungskonzept (Annuitätendarlehen/ Bauspardarlehen/ Kapitallebensversicherung)	Bank/ Bausparkasse/ Versicherungsgesellschaft
Finanzierung absichern	Kapitallebensversicherung	Versicherungsgesellschaft
Absicherung rund um die Immobilie	Brandversicherung, Hausratversicherung	Versicherungsgesellschaft
Umzug	Umzug	Spedition/ Umzugsfirma

Quelle: Eigene Darstellung

Da umfangreiche Prozesse, wie der Immobilienerwerb, zumeist nicht alltäglich vom Kunden durchlaufen werden, besitzt ein Teil der Kunden weder den erforderlichen Überblick über die Gesamtheit der zu durchlaufenden Teilprozesse noch eine Übersicht über die jeweils relevanten und verfügbaren Services noch einen ausreichenden produktbezogenen Kenntnisstand, um selbst ein bedarfsgerechtes Leistungsbündel zu ermitteln.

Zur Vermeidung des mühsamen Unterfangens zur Bewältigung umfangreicher Prozesse ist der Kunde grundsätzlich bestrebt, einen Partner zu finden, der durch bedarfsgerechte Aggregation von Einzelleistungen sein Gesamtbedürfnis abdeckt. An dieser Stelle kann ein Anbieter, der einen solch komplexen Kundenprozess wie den Immobilienerwerb vollständig unterstützt, also alle benötigten Produkte und Dienstleistungen „rund" um die Immobilie" aus einer Hand anbietet und bedarfsgerecht zur Verfügung stellt, einen erheblichen Mehrwert für den Kunden generieren [vgl. Schmidt, Bach, Österle 2000, S. 4].

4.4.2 Integration bedarfsgerechter Leistungsbündel

Die vollständige Befriedigung eines komplexen Primärbedarfes – beispielsweise nach Aufbau von Immobilieneigentum – bzw. die vollständige Begleitung eines umfangreichen Kundenprozesses – beispielsweise des Immobilienerwerbs – erfordert zumeist ein komplexes Leistungsbündel, welches sich aus verschiedenen Services, d.h. Informations- und Beratungsleistungen sowie Produkten zusammensetzt. Im Fall des Eigenheimerwerbs ergibt sich eine Fülle relevanter Leistungen, angefangen von der Bereitstellung einer Immobiliendatenbank und der Maklervermittlung über die Ermittlung und den Abschluss eines maßgeschneiderten Finanzierungskonzeptes und passender Versicherungsprodukte bis hin zu Vermittlungsleistungen zu Anbietern weiterer Services rund um die Immobilie.

Dem Kunden, der zur vollständigen Abdeckung eines Primärbedarfes Teilleistungen unterschiedlicher Anbieter erfassen, evaluieren und erwerben muss, entsteht erheblicher Zeit- und Koordinationsaufwand. Im Rahmen seines nach Optimierung strebenden Verhaltens wird der Kunde somit einen Anbieter präferieren, welcher anstelle von Einzelleistungen, die lediglich der Teilbefriedigung dienen, maßgeschneiderte Lösungen zur Befriedigung des Gesamtbedarfes bereitstellt.

Mit seiner eigenen Leistungspalette vermag ein Anbieter in der Regel nicht einen komplexen Primärbedarf bzw. einen umfangreichen Kundenprozess vollständig abzudecken. Bei Platzierung sämtlicher Leistungen eines Anbieters beim Kunden entstehen im Hinblick auf den gesamtheitlichen Bedarf bzw. Prozess zumeist unbefriedigte Bereiche (vgl. Abbildung 11).

Abbildung 11: Defizitäre Abdeckung des gesamten Kundenprozesses durch Leistungen eines Anbieters

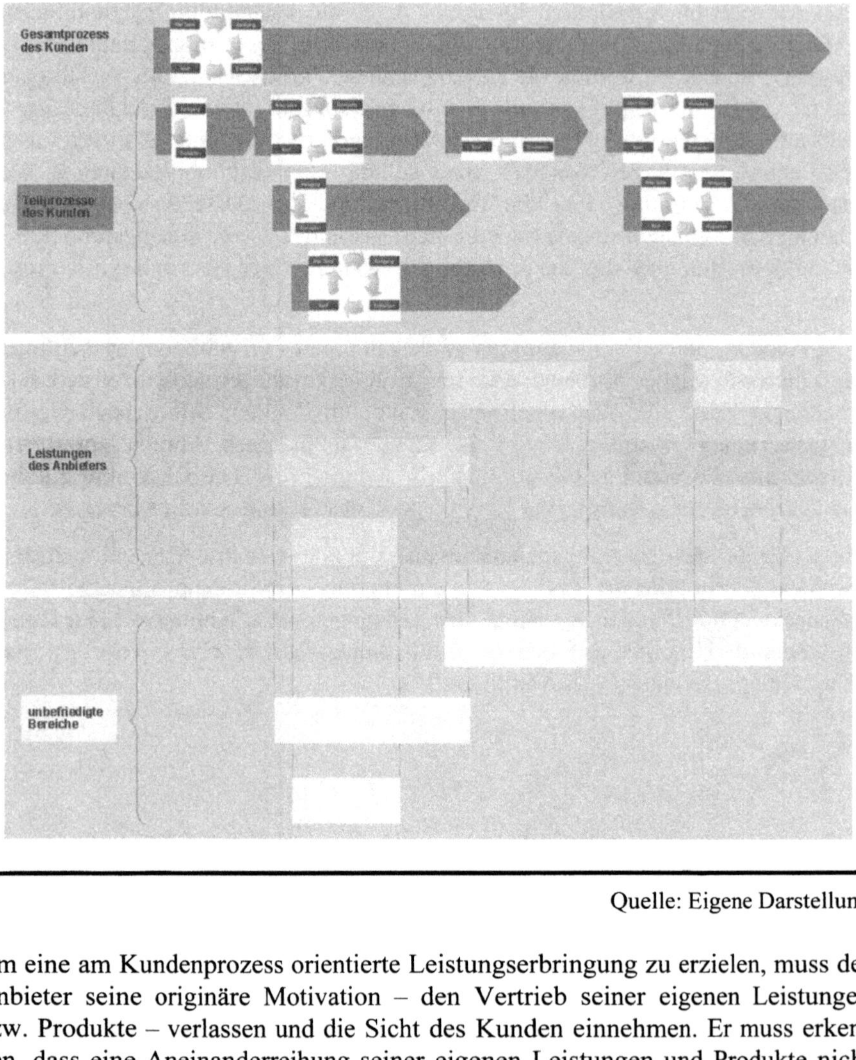

Quelle: Eigene Darstellung

Um eine am Kundenprozess orientierte Leistungserbringung zu erzielen, muss der Anbieter seine originäre Motivation – den Vertrieb seiner eigenen Leistungen bzw. Produkte – verlassen und die Sicht des Kunden einnehmen. Er muss erkennen, dass eine Aneinanderreihung seiner eigenen Leistungen und Produkte nicht die primären Bedarfe des Kunden abdeckt und dass bei Verzicht auf die Integration von Leistungen anderer Anbieter unbefriedigte Bereiche in den Primärbedarfen des Kunden entstehen, die ein Abwanderungspotenzial beinhalten.

Die Herausforderung für den Anbieter besteht nun darin, den Prozess des Kunden in seiner Gesamtheit zu erfassen und eine logische Verkettung eigener und fremder Leistungen bzw. Produkte zu Leistungsbündeln zu realisieren, welche den Gesamtbedarf des Kunden befriedigen bzw. den Gesamtprozess des Kunden abdecken (vgl. Abbildung 12).

Abbildung 12: Abdeckung des gesamten Kundenprozesses durch Leistungsintegration

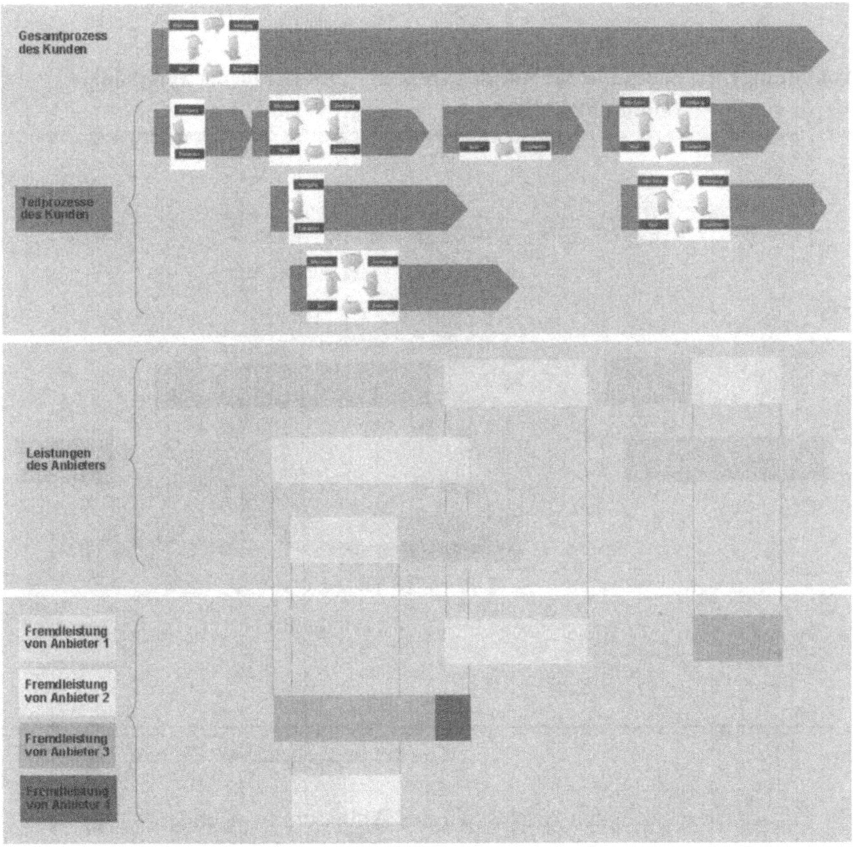

Quelle: Eigene Darstellung

Da Kundenbedürfnisse sich nicht an Branchenstrukturen ausrichten, sondern oftmals ganzheitliche Lösungen erfordern, ist es für den Finanzdienstleister notwendig, neben den eigenen, überwiegend finanzwirtschaftlichen Leistungen auch Leistungen bankfremder Unternehmen, beispielsweise von Architekten,

Bauunternehmen oder Versicherungen zu integrieren. [Vgl. Heinrich, Leist 2000, S.6].

Bezüglich des Kundenprozesses „Immobilienerwerb“, welcher beispielsweise aus den Teilprozessen „Finanzplanung“, „Objektsuche“, „Finanzierung“, „Sicherung rund um die Immobilie“ und „Umzug“ bestehen kann, kann der Finanzdienstleister eine komplette Abdeckung des Gesamtprozesses durch Anreicherung der bankeigenen finanzwirtschaftlichen Leistungen mit fremdbezogenen Value Added Services erzielen. Abbildung 13 zeigt eine entsprechende vereinfachte Darstellung.

Abbildung 13: Abdeckung des Kundenprozesses „Immobilienerwerb“ durch Leistungsintegration

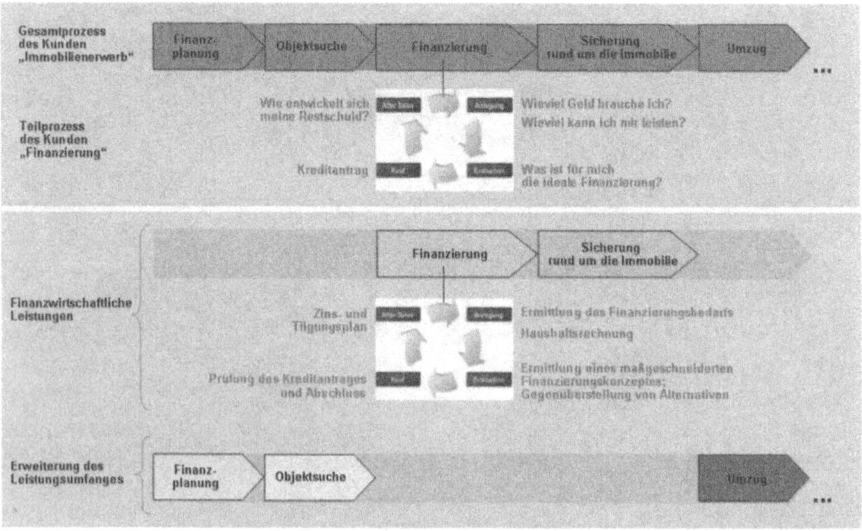

Quelle: [vgl. Niemeyer, Thymian, Wimmer 2001]

Die finanzwirtschaftlichen Leistungen des Anbieters im Kundenprozess „Immobilienerwerb“ beziehen sich vor allem darauf, den Interessenten im Teilprozess „Finanzierung“ zu begleiten. Im Zuge eines korrespondierenden Anbieter-CBC versorgt der Finanzdienstleister den (potenziellen) Kunden hierbei mit Informationen zu Finanzierungsmöglichkeiten sowie mit Beratungsleistung zur Ermittlung eines maßgeschneiderten Finanzierungskonzeptes und ermöglicht ihm schließlich den Abschluss des Produktes. Die Nachkaufbetreuung kann durch regelmäßige Bereitstellung eines Zins- und Tilgungsplanes erfolgen. Auch die Begleitung des

Teilprozesses „Sicherung rund um die Immobilie“ fällt ggf. in den Leistungsbereich des Anbieters bzw. seiner Kooperationspartner im Versicherungsbereich.

Der Anbieter, der neben den Teilprozessen „Finanzierung“ und ggf. „Sicherung“ die übrigen Teilprozesse des gesamten Kundenprozesses „Immobilienerwerb“ abdecken möchte, kann hierzu seine finanzwirtschaftliche Leistungserbringung um Value Added Services anreichern, die entweder ebenfalls seitens des Anbieters selbst oder durch externe Anbieter bereitgestellt werden. So kann beispielsweise der Teilprozess „Immobiliensuche“ durch Hinzuziehen einer Immobiliendatenbank eines Datenbankanbieters oder durch die Vermittlung von Maklerleistungen unterstützt werden. Um den Teilprozess „Umzug“ zu unterstützen, kann der Finanzdienstleister dem Interessenten die Services von Umzugsfirmen vermitteln.

Der Finanzdienstleister schafft mit dem Aufbau eines Unternehmensnetzwerkes die Voraussetzung für den situativen Zugriff auf bedarfsgerechte Fremdleistungen. Ein Unternehmensnetzwerk stellt dabei eine eher kooperative als kompetitive und relativ stabile Beziehung zwischen rechtlich selbständigen Unternehmen dar [vgl. Sydow 1992, S.82]. Die beteiligten Partner eines Unternehmensnetzwerkes erbringen jeweils spezielle Teilleistungen innerhalb der Wertschöpfungskette, deren Bündelung schließlich ein Endprodukt bzw. eine Dienstleistung ergibt [vgl. Fugmann, Heinrich, Leist, Winter 1999, S.240].

Die gezielte Integration von Leistungen kooperierender bzw. externer Partner zu Gunsten einer vollständigen Abdeckung komplexer Primärbedarfe bzw. umfangreicher Kundenprozesse verschiebt den Fokus des Angebotes von der Produktzentriertheit zur Kundenzentriertheit. Im Idealfall bietet der „Service Integrator“ an Ereignissen bzw. Lebenssituationen des Kunden orientierte Produktbündel an [vgl. Heinrich, Leist 2000, S.8]. Der Finanzdienstleister, der als Leistungsintegrator fungiert und am gesamtheitlichen Kundenbedarf bzw. Kundenprozess orientierte, integrierte Bündel eigener und fremder Leistungen bereitstellt, schafft einen erheblichen Mehrwert für den Kunden. Erhält der Kunde alle im Rahmen des von ihm durchlaufenen Gesamtprozesses relevanten Leistungen aus einer Hand, so sinkt seine Abwanderungstendenz. Die Konzentration auf den Kundenprozess als Ganzes ist somit ein entscheidender Faktor zur Sicherung der langfristigen Kundenloyalität.

4.4.3 Individualisierung bedarfsgerechter Leistungsbündel

Durch eine am gesamtheitlichen Kundenbedarf bzw. Kundenprozess orientierte Integration eigener und fremder Leistungen zu bedarfsgerechten Leistungsbündeln kann eine bedarfsorientierte Begleitung des Kundenprozesses erzielt werden.

Neben einer Ausrichtung der Leistungsbündel am Kundenbedarf bzw. Kundenprozess müssen zudem die im jeweiligen Beratungs- bzw. Leistungskontext relevanten, individuellen Eigenschaften und Rahmenbedingungen des Interessenten bei der Zusammenstellung der bedarfsorientierten Leistungsbündel beachtet werden. So kann die Befriedigung eines Primärbedarfes bzw. eines Wunsches, beispielsweise nach Eigenheimerwerb, bei unterschiedlichen Kunden, je nach deren individueller Anforderungs- und Entscheidungssituation die Platzierung unterschiedlicher Leistungsbündel erfordern.

Abbildung 14: Bedarfsbefriedigung durch kundenindividuell unterschiedliche Leistungsbündel

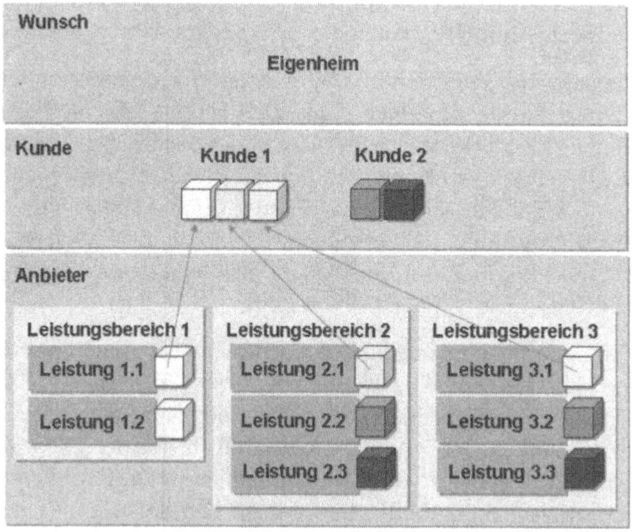

Quelle: [vgl. Niemeyer, Thymian, Wimmer 2001]

Voraussetzung für eine an der individuellen Person des Interessenten ausgerichtete bedarfsgerechte Leistungsintegration ist es, die verfügbaren eigenen und fremden Leistungen verschiedener Kategorien in modulare Bausteine zu zerlegen. Die gebildeten Leistungskomponenten lassen sich mittels geeigneter Regeln zu individualisierten bedarfsgerechten Leistungsbündeln aggregieren. Somit wird nicht je nach Kundenanliegen eine Leistung neu erzeugt, sondern es werden diejenigen modularen Leistungskomponenten gesucht, die das Kundenanliegen am besten befriedigen [vgl. Probst, Wenger 1998, S.84]. Je elementarer die Leistungskomponenten, desto höher ist der erzielbare Individualisierungsgrad ihrer Kombination.

Die Aggregation individualisierter bedarfsgerechter Leistungsbündel erfordert eine Methodik, beispielsweise ein Regelwerk, welche ein Matching von Primärbedarfen und Kundenmerkmalen einerseits und Leistungsmerkmalen andererseits ermöglicht. Auf diese Weise lässt sich jeweils eine Auswahl an Leistungskomponenten ableiten, welche zur Befriedigung der Primärbedarfe eines betrachteten, individuellen Kunden geeignet sind.

Abbildung 15: Individualisierte bedarfsgerechte Leistungsbündelung

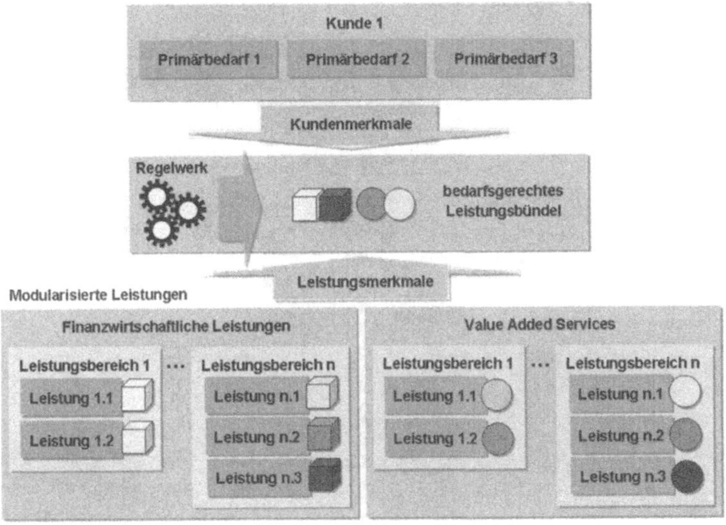

Quelle: [vgl. Niemeyer, Thymian, Wimmer 2001]

Am Beispiel eines Kunden der Zielgruppe „Junge Familie" lässt sich das Konzept zur Aggregation individualisierter bedarfsgerechter Leistungsbündel verdeutlichen: Der betrachtete Kunde verfolgt die für seine Zielgruppe typischen Primärbedarfe bzw. Wünsche „Liquidität", „Eigenheim" und „Absicherung". Als Elemente seiner Zielgruppe wird der Kunde durch bestimmte Rahmenparameter und Eigenschaften charakterisiert. So befindet er sich in einer relativ frühen Lebensphase und weist ein geringes bis mittleres Vermögen auf. Seine Risikoneigung ist gering. Die modularen Leistungskomponenten lassen sich bezüglich bestimmter Eigenschaften, beispielsweise Laufzeiten, Risikoklassen etc. charakterisieren, welche deren Eignung für die Bedarfsbefriedigung bestimmter Kunden mit bestimmten Eigenschaften determinieren. Als Ergebnis des Matching-Prozesses ergibt sich ein Bündel an Leistungsbausteinen, welches zur Befriedigung der Primärbedarfe bzw. Wünsche „Liquidität", „Eigenheim" und „Absicherung" des Kunden der Zielgruppe „Junge Familie" mit seinen individuellen Rahmenparametern und Eigenschaften ideal geeignet ist. Teile dieses Leistungsbündels aus dem finanzwirtschaftlichen Leistungsbereich sind beispielsweise ein verzinstes Girokonto, ein Bausparvertrag sowie eine (Risiko)-Lebensversicherung. Als zusätzliche Dienstleistung kann beispielsweise der Zugang zu einer Immobiliendatenbank bereitgestellt werden

Abbildung 16: Individualisierte Leistungsbündelung – Ein Beispiel

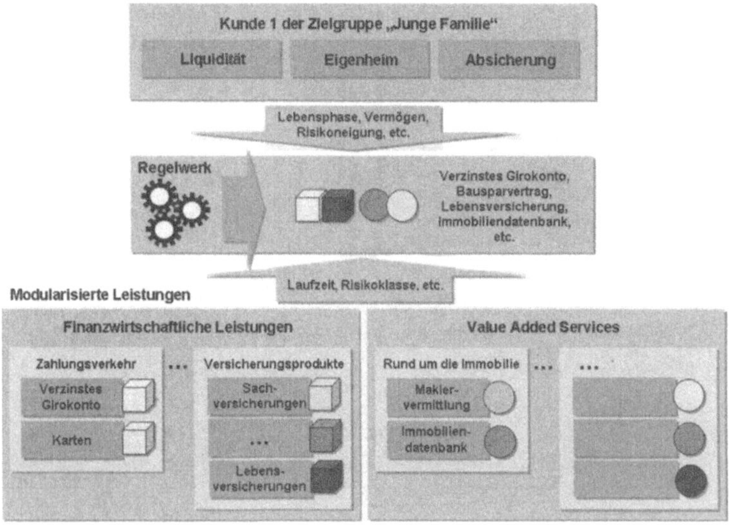

Quelle: [vgl. Niemeyer, Thymian, Wimmer 2001]

5 Beratungsmodi – Realität und Simulation

Ein Beratungsprozess im Finanzdienstleistungsbereich besteht in einem interaktiven Dialog mit dem (potenziellen) Kunden, als dessen Ergebnis die Ermittlung eines maßgeschneiderten Leistungs- bzw. Produktbündels erfolgt (vgl. Kapitel 3.1). Für die Realisierung einer derartigen Beratungsleistung sind verschiedene Modi der Dialogführung mit dem (potenziellen) Kunden vorstellbar, welche sich in der Ebene der Fachlichkeit bzw. der Kundenzentriertheit unterscheiden.

Im Fall hoher Fachlichkeit bewegt sich der Dialog auf operativer Ebene der Leistungs- bzw. Produktparameter. Diese *produktzentrierte Beratung* erfordert einen hohen produktbezogenen Kenntnisstand des Beratenen bzw. impliziert eine geringe Unterstützung durch Beratungsleistung. Die Anforderungen an die Beratungsleistung intensivieren sich dagegen mit dem Verlassen der Produktebene bzw. dem Übergang zur *kundenzentrierten Beratung*, welche sich auf Ebene des Kunden, seiner Bedarfe, Präferenzen und Rahmenbedingungen abspielt.

Sowohl bei der produktzentrierten als auch bei der kundenzentrierten Beratung lassen sich jeweils verschiedene *Modi der Dialogführung* differenzieren, welche getrennt voneinander sowie in kombinierter Form angewandt, den Beratungsverlauf determinieren. Die Identifikation verschiedener Modi der produktzentrierten sowie der kundenzentrierten Beratung erfolgt aus einer Analyse realer Beratungsgespräche, bei denen ein Mensch-Mensch-Dialog zwischen dem personellen Kundenberater und dem potenziellen oder bestehenden Kunden stattfindet.

Mit Hilfe verschiedener Formen elementarer Beratungssysteme bzw. verschiedener Typen interaktiver *Beratungstools* lassen sich die, aus realen Beratungssituationen ermittelten Modi der Dialogführung für eine automatisierte Anwendung simulieren. Somit lassen sich virtuelle Beratungsabläufe erschaffen, welche den realen Beratungsgesprächen im Modus der Dialogführung gleichkommen.

5.1 Modi der realen Beratung

Je nach Beratungssituation und in Abhängigkeit von der Disposition des Beratenen wird der personelle Berater das zu vertreibende Produkt oder den zu beratenen (potenziellen) Kunden mit seinen Bedarfen, Präferenzen und Rahmenbedingungen in den Fokus eines Beratungsgespräches stellen. Tritt der Interessent beispielsweise mit einem direkten Produktwunsch an den Anbieter heran, wird der Berater in einem produktzentrierten Dialog die maßgeschneiderte Konkretisierung des gewählten Produktes anstreben. Im Falle eines nach Lösung einer Bedarfssituation strebenden Interessenten dagegen, wird es Ziel des Beraters sein, in einem kundenzentrierten Beratungsdialog ein an den Bedarfen, Präferenzen sowie Rahmenbedingungen des Beratenen ausgerichtetes, bedarfsgerechtes Leistungsbündel zu ermitteln.

Im Zuge eines Beratungsgespräches, sei es produkt- oder kundenzentriert, wird der personelle Berater je nach thematischem Kontext und je nach den kommunikativen Bedürfnissen des Beratenen unterschiedliche Modi der Dialogführung einschlagen und ggf. miteinander kombinieren, um dem Interessenten am besten gerecht zu werden und auf effizientem Wege zu einer idealen Empfehlung zu gelangen.

Abbildung 17: Modi der realen Beratung

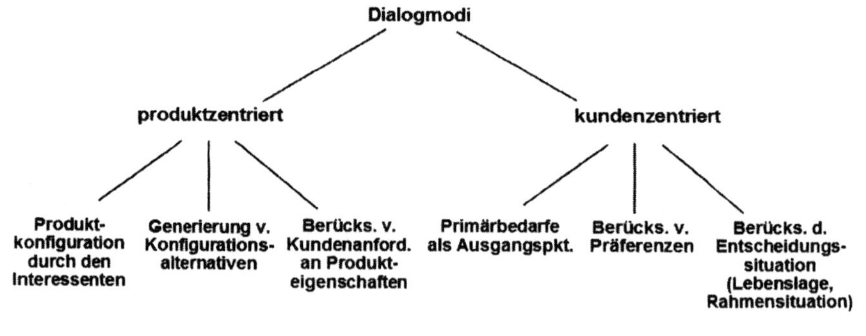

Quelle: Eigene Darstellung

5.1.1 Produktzentrierte reale Beratung

Produktzentrierte Beratung
Die produktzentrierte Beratung stellt das zu vermittelnde Produkt in den Mittelpunkt des Dialoges. Ziel der produktzentrierten Beratung ist es, ausgehend von einem kunden- oder anbieterseitig ausgewählten, abstrakten Produkt bzw. Produktbündel, auf Basis der Anforderungen des Interessenten an die betrachtete Leistung zu einer individuellen Produktkonkretisierung zu gelangen.

Die unterschiedlichen Modi der produktzentrierten realen Beratung unterscheiden sich in Ausprägung und Grad der durch die Beratungsleistung erzeugten Unterstützung des Interessenten, welche sich sowohl auf eine steuernde Begleitung des Konfigurationsprozesses als auch auf eine Transformation von Kundensprache beziehen kann.

5.1.1.1 Produktkonfiguration durch den Interessenten

In einem realen Beratungsgespräch mit rein fachlichem Charakter bietet der Berater dem (potenziellen) Kunden die Möglichkeit, bestimmte von ihm gewünschte Produktparameter, beispielsweise den Betrag und die Laufzeit eines Darlehens, zu bestimmen. Entsprechend der finanzmathematischen Berechnungslogik leitet der Berater aus den konfigurierten Parametern die Ausprägungen der jeweils übrigen Parameter, beispielsweise die Ratenhöhe, ab und generiert somit einen im Hinblick auf die Kundenwünsche konkretisierten Produktvorschlag.

Dieses Procedere setzt beim Beratenen einen hohen produktbezogenen Kenntnisstand voraus. Er muss die Varianten und Parameter des von ihm gewünschten Finanzproduktes kennen und er muss die produktspezifische Sprache beherrschen, um seine Wünsche bezüglich einzelner Produktparameter zu artikulieren.

Der Kern einer idealtypischen Beratungsleistung wird bei der Konfiguration nicht praktiziert. So erfolgt keine beraterseitige Ableitung grundsätzlich passender Leistungsbündel auf Basis der Primärbedarfe des (potenziellen) Kunden. Vielmehr hat der Interessent bereits selbsttätig eine Entscheidung für ein, seinen Bedürfnissen adäquates Produkt(-bündel) getroffen und tritt mit diesem Produktwunsch an den Anbieter heran. Auch nimmt der Interessent selbst direkten Einfluss auf die Festlegung der Produktparameter, deren gewünschte Ausprägungen er beispielsweise auf Basis seiner individuellen Bedarfslage und Rahmensituation abgeleitet hat. Die Leistung des Beraters beschränkt sich im einfachsten Fall lediglich auf die Anwendung finanzmathematischer Formeln, welche der Vervollständigung der Produktkonkretisierung im Hinblick auf die abhängigen Variablen dienen.

Dieses simple Procedere ist allerdings auf den überwiegenden Teil realer Beratungssituationen keineswegs anwendbar. Eine rein kundenseitig durchgeführte Konfiguration führt nur dann zum Ziel einer praktikablen Produktkonkretisierung, wenn der Interessent zum einen die Ausprägung jedes Parameters innerhalb einer vom Anbieter definierten Bandbreite realer Produktkonditionen konfiguriert. So impliziert ein bestimmtes Ratensparprodukt beispielsweise eine vorgegebene Bandbreite an möglichen Laufzeiten, ein bestimmtes Kreditprodukt beispielsweise einen vorgegebenen Wertebereich des Kreditbetrages. Zum anderen sinken die Erfolgsaussichten des Verfahrens tendenziell mit der Anzahl der vom Interessenten konfigurierten Produktparameter. Gibt der (potenzielle) Kunde seine Wünsche zu mehreren Produktparametern gleichzeitig an, so steigt das Risiko von Inkompatibilitäten bzw. sinkt die Chance eine geeignete Kombination zu treffen. So kann beispielsweise die Gleichzeitigkeit der Konfiguration von Betrag und Ratenhöhe eines Kreditproduktes eine nicht realisierbare Kombination erzeugen. Eine zusätzliche Wunschäußerung bezüglich der Laufzeit würde nur noch mit sehr geringer Wahrscheinlichkeit zu einem realisierbaren Produkt führen.

Aufgabe des Beraters bei der kundenseitig vollzogenen Konfiguration von Finanzprodukten ist es folglich, den Interessenten durch gezielte Steuerung des Konfigurationsprozesses zu einer realen Produktempfehlung zu führen. Zum einen korrigiert der Berater gegebenenfalls die vom (potenziellen) Kunden gewünschten Ausprägungen einzelner Parameter im Hinblick auf die anbieterspezifisch festgelegten Wertebereiche. So teilt der Berater dem Interessenten, der sich bei einem bestimmten Sparprodukt eine 11jährige Laufzeit wünscht, beispielsweise mit, dass dieses Sparprodukt nur mit einer Laufzeit von 4 bis 10 Jahren zur Verfügung steht. Zum anderen werden konfligierende Wunschangaben des Interessenten vom Berater nach Anwendung finanzmathematischer Berechnungen identifiziert oder augenscheinlich auf Basis seines Erfahrungsschatzes erkannt. So ergibt beispielsweise die finanzmathematische Berechnung, dass ein Kreditwunsch in Höhe von 100.000 EUR bei einer zu bestimmenden Laufzeit angesichts der anbieterspezifisch definierten Konditionen nicht mit einer gewünschten monatlichen Rate von exakt 500 EUR bedient werden kann.

Im Rahmen der eigenständigen Konfiguration durch den Interessenten würde die Unterstützungsleistung des Beraters darin bestehen, dem (potenziellen) Kunden das Scheitern seiner Konfiguration mitzuteilen und gezielte Hinweise darauf zu geben, in welcher Weise er durch Variation einzelner Parameter einen erneuten Konfigurationsversuch zum Ziel führen könnte. Die geringe Praktikabilität dieses Vorgehens zeigt sich bereits anhand des simplen Beispiels von Kreditbetrag und monatlicher Rate, bei dem es für den Interessenten einen sehr aufwendigen Vorgang darstellen würde, über Versuch und Fehlschlag eine Kongruenz der konfigurierten Variablen herbeizuführen. Bei komplexeren Produkten verschlechtert sich die Anwendbarkeit des Verfahrens entsprechend. Aufgrund ihrer schwachen Zielführung kann die kundenseitige Konfiguration folglich allenfalls als Einstieg in eine reale Beratungssituation fungieren. In der Realität wird der Berater für die Vermeidung bzw. Auflösung von Konfigurationskonflikten eine weit komplexere Unterstützungsleistung bieten.

5.1.1.2 Generierung von Konfigurationsalternativen

Erzeugt der Interessent durch seine gleichzeitige Wunschangabe zu zwei oder mehr Produktparametern eine Inkompatibilität, so wird der Berater idealerweise versuchen, den Konflikt mittels bestimmter, in seinem Erfahrungsschatz und seinem Expertenwissen verankerten Entscheidungsregeln bzw. -schemata aufzulösen. Unter Betrachtung der Gesamtheit der vom Interessenten gewünschten Merkmalsausprägungen identifiziert der Berater im Idealfall alternative Produktkonkretisierungen, welche der gewünschten ähnlich sind und schlägt sie dem (potenziellen) Kunden vor. Im obigen einfachen Beispiel des Kreditproduktes würde der Berater dem Interessenten beispielsweise mitteilen, dass sein Kreditwunsch in Höhe von 100.000 EUR bei einer zu bestimmenden Laufzeit angesichts der anbieterspezifisch definierten Konditionen nicht mit einer gewünschten monatlichen Rate von exakt 500 EUR, dafür aber mit einer monatlichen Rate von 483 EUR bedienbar sei.

Das Maß der Ähnlichkeit für die Generierung von Konfigurationsalternativen wird in der realen Welt von der Einschätzung des Beraters determiniert. Auch obliegt es seiner Entscheidung, wie viele alternative Angebote er dem Interessenten unterbreiten möchte. Entsprechend lassen sich unzählige verschiedene Regeln bzw. Schemata erdenken, derer sich der Berater bedienen kann, um eine Angleichung von Kundenwunsch und realer Produktwelt herbeizuführen. Nach einem einfachen Schema lassen sich Alternativen beispielsweise generieren, indem jeweils einer der vom Interessenten konfigurierten Parameter die gewünschte Ausprägung erhält, während die jeweils anderen Parameter im Rahmen der anbieterspezifischen Konditionen angeglichen werden. Dieses Vorgehen kann bei völliger Unvereinbarkeit einzelner konfigurierter Ausprägungen jedoch dazu führen, dass bei Erfüllung eines Wunsches eine völlige Verfehlung eines anderen resultiert und somit keine brauchbare Alternative erzeugt wird. Eine aufwendigere Vorgehensweise ist erforderlich, um bei der Findung von Alternativen der Gesamtheit der vom (potenziellen) Kunden gewünschten Parameter Rechnung zu tragen. Im Idealfall werden dabei mehrere bzw. alle Merkmalsausprägungen eines Produktes variiert während zugleich sichergestellt wird, dass die resultierenden Alternativen in keinem der konfigurierten Parameter um mehr als einen jeweils definierten Prozentsatz von den gewünschten Werten abweichen. In jedem erdenklichen Fall stellt das Auffinden ähnlicher Produktkonkretisierungen eine Herausforderung an das bankfachliche Expertenwissen und die Entscheidungslogik des Beraters dar.

5.1.1.3 Berücksichtigung von Kundenanforderungen an Produkteigenschaften

Betrachtet man weiterhin ein Beratungsgespräch auf operativer Produktebene, so wird der reale Berater dem Interessenten idealerweise die Möglichkeit einräumen, anstelle der direkten Konfiguration von Produktparametern seine Anforderungen an das Produkt bzw. an dessen Eigenschaften in Kundensprache zu artikulieren. So wünscht der (potenzielle) Kunde beispielsweise eine „möglichst lohnende Anlage“ oder die „schnellstmögliche Rückzahlung eines Kredites“ anstatt einen „renditestarken Fonds“ auszuwählen oder eine „Kreditlaufzeit von 12 Monaten“ zu konfigurieren.

Der Berater nimmt die in Kundensprache artikulierten Anforderungen an die Produkteigenschaften auf und transformiert diese auf Basis seines Erfahrungsschatzes und seines Expertenwissens in passende Produktvarianten sowie ggf. in passende Ausprägungen der Produktparameter.

Als Ergebnis eines Beratungsgespräches, welches ausschließlich auf Ebene der in Kundensprache artikulierten Produkteigenschaften operiert, wird der Berater demnach eher zu einer Vorauswahl in Frage kommender Produktbündel bzw. -varianten gelangen als zu deren Konkretisierung.

5.1.2 Kundenzentrierte reale Beratung

In einem Teil der realen Beratungssituationen wird der (potenzielle) Kunde nicht mit einem Produktwunsch an den Berater herantreten, sondern sich durch einen latent vorhandenen oder bereits konkret formierten Primärbedarf zur Kontaktaufnahme mit dem Anbieter motiviert sehen. In diesem Falle sind die Modi der produktzentrierten Beratung wenig geeignet, um dem Interessenten eine maßgeschneiderte Empfehlung zu vermitteln. Der reale Berater entgegnet dem nach Lösung einer Bedarfssituation bestrebten Interessenten durch verschiedene Modi der kundenzentrierten Beratung.

Kundenzentrierte Beratung

Die kundenzentrierte Beratung stellt die Person des Beratenen mit ihren individuellen Bedarfen, Präferenzen und Rahmenbedingungen in den Fokus des Beratungsprozesses. Ziel ist es dabei, ausgehend von der Erfassung eines Primärbedarfes sowie unter Berücksichtigung der individuellen Einstellungen bzw. Präferenzen des Interessenten und seiner persönlichen Rahmensituation, eine Empfehlung in Form eines individualisierten bedarfsgerechten Leistungs- bzw. Produktbündels abzuleiten.
Die auf Basis der Kundendaten generierte Empfehlung kann dabei in ihrem Abstraktionsniveau bzw. in ihrem Konkretisierungsgrad variieren. So kann sowohl eine bedarfsgerechte Vorauswahl an Leistungen bzw. Produkten als auch eine maßgeschneiderte Konkretisierung einzelner Produkte bzw. Produktbündel erfolgen.

Im Rahmen der kundenzentrierten Beratung lassen sich ebenfalls verschiedene Modi der Dialogführung differenzieren. Diese unterscheiden sich vor allem im Grad der Berücksichtung der verschiedenen, den Kunden charakterisierenden Aspekte, welcher zugleich den Individualisierungsgrad der abgeleiteten Empfehlung determiniert. So lässt sich ein abstraktes Leistungsbündel, welches grundsätzlich zur Befriedigung eines Primärbedarfes in Frage kommt, auf Basis der den Interessenten charakterisierenden Präferenzen und Rahmenbedingungen zu einer individuellen Problemlösung konkretisieren.

5.1.2.1 Primärbedarfe als Ausgangspunkt

Der personelle Berater wird einen kommunizierten oder identifizierten Primärbedarf eines nach Lösung einer Bedarfssituation strebenden Interessenten aufgreifen und zum Ausgangspunkt des Beratungsdialoges machen. Ziel des Beraters ist es, eine Empfehlung in Form eines maßgeschneiderten Leistungs- bzw. Produktbündels abzuleiten, welche der Befriedigung des betrachteten Primärbedarfes dient.

Das Wissen über einen Primärbedarf ermöglicht es dem Berater, ein *abstraktes* Leistungs- bzw. Produktbündel zu identifizieren, welches grundsätzlich, d.h. unabhängig von den individuellen Eigenschaften und der persönlichen Entscheidungssituation des Beratenen, zur Bedarfsbefriedigung in Frage kommt.

Der reale Berater trifft die Zuordnung abstrakter Leistungsbündel zu Primärbedarfen auf Basis seines Expertenwissens, welches Kenntnisse über die Befriedigung von Kundenbedarfen sowie über die Produktkategorien des Anbieters beinhaltet.

Auch bankinterne schematische Konzepte zur bedarfsgerechten Leistungserbringung, beispielsweise der in Kapitel 4.3.2 beschriebene Matrizenansatz, können vom Berater zur Unterstützung seiner Entscheidung herangezogen werden.

Die Zuordnung abstrakter Leistungsbündel zu Primärbedarfen stellt lediglich den ersten Schritt einer realen kundenzentrierten Beratung dar. Das eigentliche Ziel, die Ableitung einer konkreten individualisierten Problemlösung, lässt sich nicht alleine auf Basis eines Primärbedarfs erzielen. Die Konkretisierung des abstrakten, zur Bedarfsbefriedigung geeigneten Leistungsbündels im Hinblick auf die individuellen Anforderungen und Bedingungen des Interessenten kann nur durch Einbeziehung einer Vielfalt von Parametern erreicht werden, welche den Interessenten im Hinblick auf seine Einstellungen bzw. Präferenzen sowie seine Entscheidungssituation charakterisieren.

5.1.2.2 Berücksichtigung von Präferenzen

Der reale Berater kann durch Einbeziehung von Einstellungen bzw. Präferenzen des Interessenten in die Generierung einer Empfehlung eine Individualisierung eines abstrakten bedarfsgerechten Leistungs- bzw. Produktbündels im Hinblick auf die Eigenschaften des Beratenen erzielen.

In diesem Fall ist es Aufgabe des Beraters, zunächst die im jeweiligen Beratungskontext grundsätzlich relevanten Präferenzen zu identifizieren und diese durch geeignete Fragestellungen im Dialog mit dem Beratenen zu erheben. Aus den erfragten Einstellungen des (potenziellen) Kunden wird der Berater dann ein Profil generieren und auf Basis dieser Charakterisierung eine individuelle Konkretisierung des bedarfsgerechten Leistungsbündels herbeiführen.

Für einen Interessenten mit dem Primärbedarf „Geldvermögen aufbauen“ hat der Berater beispielsweise eine mittelfristige Kapitalanlage als geeignete abstrakte Leistung identifiziert. Um diese im Hinblick auf konkrete Eigenschaften des Beratenen individuell auszugestalten, erfragt der Berater beispielsweise das Anlageverhalten des Interessenten, seine Einstellung zum Risiko sowie die Art und Fristigkeit der mit einer Anlage verfolgten Zielsetzungen. Aus den gewonnenen Informationen leitet er ein Anlegerprofil des Beratenen ab, auf dessen Grundlage er eine maßgeschneiderte Portfoliozusammensetzung empfiehlt.

Die Individualisierung eines abstrakten bedarfsgerechten Leistungs- bzw. Produktbündels unter Berücksichtigung relevanter Präferenzen des Beratenen obliegt überwiegend der Kompetenz des personellen Beraters. Auf Grundlage seines Expertenwissens und Erfahrungsschatzes identifiziert der Berater die im jeweiligen Beratungskontext relevanten Präferenzen und formuliert geeignete Fragestellungen zu deren Erfassung. Unter Anwendung geeigneter, ihm bekannter

Regeln bzw. Schemata aggregiert der Berater die erhaltenen Antworten zu einem Benutzerprofil und konkretisiert die bedarfsgerechten Leistungen im Hinblick auf die Charakteristika des Beratenen. Bei der Erbringung einer am Präferenzprofil des Interessenten ausgerichteten, individualisierten Leistung orientiert sich der Berater ggf. auch an bestimmten Richtlinien. So bestimmten manche institutsübergreifenden Regularien, wie sie beispielsweise im Zusammenhang mit dem Wertpapierhandelsgesetz bestehen, die Zuordnung von passenden Produktkategorien zu Benutzereigenschaften. Auch bestehen möglicherweise institutsinterne Geschäftsregeln, welche Vorgaben für die Individualisierung von Leistungen beinhalten.

Die Berücksichtung der Präferenzen des (potenziellen) Kunden im Zuge eines kundenzentrierten Beratungsprozesses stellt einen Schritt in Richtung einer individualisierten Leistungserbringung dar. Dennoch erfordert die Generierung einer maßgeschneiderten bedarfsgerechten Empfehlung die Berücksichtung weiterer, die Entscheidungssituation des Beratenen charakterisierender Aspekte.

5.1.2.3 Berücksichtigung der Entscheidungssituation

Der zu Beratende befindet sich zum Zeitpunkt der Beratung in einer jeweils bestimmten Entscheidungssituation, welche einen wesentlichen Faktor für die individuelle Konkretisierung einer bedarfsgerechten Leistungs- bzw. Produktempfehlung darstellt.

Die Entscheidungssituation des (potenziellen) Kunden wird vor allem durch seine persönliche Lebenslage und Rahmensituation determiniert. Neben den personell bedingten Rahmenparametern kann auch der im Kontext eines Primärbedarfes angestrebte Wunsch die Entscheidungssituation des Interessenten beeinflussen. Im Beratungskontext des Immobilienerwerbs beispielsweise wird die Entscheidungssituation, auf deren Basis die Ableitung eines geeigneten Finanzierungskonzeptes ermittelt werden soll, unter anderem durch die Kosten und die Beschaffenheit der gewünschten Immobilie beeinflusst.

In jedem Beratungskontext lässt sich eine Menge von Rahmenbedingungen definieren, welche die Entscheidungssituation des Benutzers charakterisieren und damit für die individuelle Konkretisierung einer bedarfsgerechten Leistungs- bzw. Produktempfehlung Relevanz besitzen. Der Umfang der im jeweiligen Beratungskontext bzw. im zugehörigen Leistungskontext relevanten Rahmendaten differiert dabei stark. Während im Zusammenhang mit dem Beratungskontext „Immobilienbesitz herstellen“ bzw. dem korrespondierenden Leistungskontext „Immobilienfinanzierung“ beispielsweise eine sehr hohe Anzahl an Rahmenbedingungen für die Individualisierung der Leistung eine Rolle spielen, ist dies im Bereich der „standardisierten Sparprodukte“ beispielsweise nicht der Fall.

Der Berater wird im Zuge eines idealen kundenzentrierten Beratungsgespräches die im jeweiligen Beratungs- bzw. Leistungskontext relevanten Rahmenbedingungen des Beratenen erfassen und das hiermit gewonnene Bild der Entscheidungssituation des Interessenten bei der Konkretisierung einer Empfehlung berücksichtigen. Mit steigender Anzahl der in einem betrachteten Beratungskontext relevanten Rahmendaten nimmt deren Erfassung und Nutzung für die Individualisierung eines bedarfsgerechten Leistungs- bzw. Produktbündels eine entsprechend wichtigere Rolle im Beratungsverlauf ein.

Exemplarisch sei im Folgenden der beträchtliche Umfang der im Leistungskontext der Immobilienfinanzierung relevanten Rahmenbedingungen sowie deren Nutzbarkeit im Beratungsverlauf dargestellt (vgl. Abbildung 18).

Abbildung 18: Relevante Rahmenbedingungen im Leistungskontext Immobilienfinanzierung – Übersicht

Leistungskontext: Immobilienfinanzierung **Relevante Rahmenbedingungen**
1. Finanzierungsbedarf
2. Finanzielle Leistungsfähigkeit 2.1 Monatlicher Saldo (Haushaltsrechnung) 2.2 Monatlicher Saldo bei Immobilienerwerb (Ergänzung um spezielle Haushaltsdaten)
3. Berufliche Situation und Vermögensstatus (Selbstauskunft)
4. Immobiliendaten (Einfamilien-/Mehrfamilienhaus, freistehendes Haus/ Reihenhaus/ Reihenendhaus/ Doppelhaushälfte, Lage, Substanz, Ausstattung...)

Quelle: Eigene Darstellung

Abbildung 19: Relevante Rahmenbedingungen im Leistungskontext Immobilienfinanzierung – Details

1. Finanzierungsbedarf = einmalig anfallende Kosten – Mitteleinsatz	
einmalig anfallende Kosten = f (Art des Vorhabens)	
wenn Art des Vorhabens =	**dann** einmalig anfallende Kosten =
Kauf Neubau	• Kaufpreis der Immobilie lt. Kaufvertrag • Erwerbsnebenkosten (Grunderwerbsteuer, Notar- und Grundbuchkosten, Maklerprovision) • sonstige, über den Kaufvertrag hinausgehende Kosten (Garage/Stellplatz, Außenanlagen, Bauüberwachung…)
Neubau/ Grund vorhanden	• Noch zu zahlende Erschließungskosten • Baukosten (Erdarbeiten, Rohbau…) • Baunebenkosten • sonstige Kosten (Garage/Stellplatz, Außenanlagen, Bauüberwachung…)
Neubau/ Grund nicht vorhanden	• Kaufpreis des Grundstücks • Erschließungskosten (sofern nicht im Kaufpreis enthalten) • Erwerbsnebenkosten (Grunderwerbsteuer, Notar- und Grundbuchkosten, Maklerprovision) • Baukosten (Erdarbeiten, Rohbau...) • Baunebenkosten (Architekt, Statiker, Baugenehmigung, Wertgutachten…) • sonstige Kosten (s.o.)
Modernisierung	• Modernisierungskosten (Abbruch, Entsorgung, Maurerarbeiten, Heizung, Sanitär, Elektrik, Fenster, Türen...) • sonstige Kosten (s.o.)
Kauf Altbau	• Kaufpreis der Immobilie lt. Kaufvertrag • Erwerbsnebenkosten (Grunderwerbsteuer, Notar- und Grundbuchkosten, Maklerprovision) • sonstige, über den Kaufvertrag hinausgehende Kosten (Garage/Stellplatz, Außenanlagen, Bauüberwachung…) • Modernisierungskosten (Abbruch, Entsorgung, Maurerarbeiten, Heizung, Sanitär, Elektrik, Fenster, Türen...)
Mitteleinsatz = Einsatz von Eigen- und sonstigen Fremdmitteln	
• Eigenkapital (Bankguthaben, Wertpapiere, Bausparguth., Erlöse aus Immobilienverkauf…) • eingesetzte Bauspardarlehen • eingesetzte sonstige Darlehen (öffentliche Darlehen, Verwandtendarl., Arbeitgeberdarl.…) • Eigenleistung	

Abbildung 19: Fortsetzung

2. Finanzielle Leistungsfähigkeit

2.1 Monatlicher Saldo = monatliche Nettoeinkünfte – monatliche Ausgaben (Haushaltsrechnung)

monatliche Nettoeinkünfte des Haushalts =

- Nettoeinkommen
- weiteres Nettoeinkommen im Haushalt
- Kindergeld
- Renten/ Pensionen
- momentane Mieteinnahmen
- Wohngeld/ Arbeitslosengeld
- sonstige Einkünfte (Kapitaleinnahmen [Zinsen, Dividenden], Einkünfte aus selbständiger Arbeit...)

monatliche Ausgaben des Haushalts =

- Miete und Nebenkosten
- Versicherung und Vorsorge
- Sparverträge
- Bausparverträge in der Ansparphase
- Bauspardarlehen*
- sonstige Darlehen*
- Leasingverträge
- Unterhaltszahlungen
- sonstige Ausgaben (Lebenshaltungskosten, Kfz-Kosten, Schul- und Ausbildungskosten...)

* ausgenommen der Belastungen aus den Darlehen zur Finanzierung der betrachteten Immobilie

2.2 Mtl. Saldo bei Immobilienerwerb = mtl. Saldo aus Haushaltsrechnung
+ monatliche Einnahmen durch Immobilienerwerb
– monatliche Ausgaben durch Immobilienerwerb

monatliche Einnahmen durch Immobilienerwerb =

- zu erwartende Mieteinnahmen aus Untervermietung
- bisherige monatliche Warmmiete, die zukünftig gespart wird
- bisherige monatliche Nebenkosten von Haus- und Grundbesitz, die zukünftig gespart werden
- gegebenenfalls: künftige staatliche Eigenheimförderung

monatliche Ausgaben durch Immobilienerwerb =

- monatliche Nebenkosten der zu finanzierenden Immobilie
- monatliche Raten aus Bauspardarlehen zur Finanzierung des Vorhabens
- monatliche Raten aus sonstigen Darlehen zur Finanzierung des Vorhabens

Quelle: Eigene Darstellung

Die große Menge der im Leistungskontext der Immobilienfinanzierung relevanten Rahmenbedingungen dominiert den idealtypischen Beratungsverlauf in diesem Bereich. So bedingt die Ableitung eines benutzeradäquaten Finanzierungskonzeptes sowohl die Deckung des Finanzierungsbedarfs als auch die Berücksichtigung der monatlichen finanziellen Leistungsfähigkeit zur Bedienung des Darlehens. Die Konkretisierung eines Finanzierungsvorschlages, beispielsweise in Form eines Annuitätendarlehens, kann im Falle der Immobilienfinanzierung alleine auf Basis der erfassten Rahmenbedingungen erfolgen. Der Finanzierungsbedarf determiniert dabei den erforderlichen Kreditbetrag. Die daraus resultierende monatliche Rate ist im Hinblick auf die Realisierbarkeit des Produktvorschlages mit dem ermittelten monatlichen Saldo abzugleichen. Die Nutzbarkeit der im Rahmen der Immobilienfinanzierung relevanten Rahmenbedingungen im Beratungsverlauf wird in Abbildung 20 dargestellt.

Abbildung 20: Nutzbarkeit der Rahmendaten im Beratungsverlauf

Leistungskontext: Immobilienfinanzierung Relevante Rahmenbedingungen	Nutzbarkeit im Beratungsverlauf
1. Finanzierungsbedarf 2. Finanzielle Leistungsfähigkeit 2.1 Monatlicher Saldo (Haushaltsrechnung) 2.2 Monatlicher Saldo bei Immobilienerwerb (Ergänzung um spezielle Haushaltsdaten)	Produktkonkretisierung (Bsp. Annuitätendarlehen) zur Deckung des Finanzierungsbedarfs unter Berücksichtigung der finanziellen Leistungsfähigkeit
3. Berufliche Situation und Vermögensstatus	Bonitätsprüfung
4. Immobiliendaten	Beleihungswertprüfung

Quelle: Eigene Darstellung

5.1.3 Mischformen der realen Beratungsmodi

Reale Beratungssituationen vereinen zumeist Kennzeichen verschiedener Dialogmodi in sich. Auch eine Kombination produkt- und kundenzentrierter Beratungsmodi im Zuge eines Beratungsgespräches ist möglich.

Zur Beratung in unterschiedlichen Bedarfsfeldern bzw. zur Vermittlung unterschiedlicher Finanzdienstleistungen lässt der Berater auf Grundlage seines Expertenwissens und seiner Erfahrungen jeweils geeignete Elemente der Gesprächsführung in den Beratungsdialog einfließen. Zudem zieht er aus der Art der Gesprächsinitiierung durch den Interessenten sowie aus dem Gesprächsverhalten des Beratenen Rückschlüsse darauf, auf welcher fachlichen und kommunikativen Ebene dieser angesprochen und beraten werden möchte.

Der ideale Berater wählt somit intuitiv eine Mischform unterschiedlicher Beratungsmodi, welche in einem gegebenen Beratungs- bzw. Leistungskontext für einen individuellen Gesprächspartner eine effiziente Dialogführung sowie die Ableitung einer idealen Leistungs- bzw. Produktempfehlung ermöglicht.

Die Entscheidung des Beraters für eine bestimmte Mischform von Beratungsmodi wird nicht einmalig zu Beginn eines Beratungsdialoges getroffen und für den gesamten Gesprächsverlauf starr beibehalten. Vielmehr nutzt der Berater im Idealfall die im Laufe des Beratungsgespräches aufgenommenen Kundenreaktionen, um die Praktikabilität der gewählten Gesprächsstrategie permanent zu verifizieren und adaptiert den Dialogmodus gegebenenfalls im Hinblick auf die individuellen Erfordernisse des Beratenen. Eine derartige flexible Anpassungsfähigkeit der Dialogführung an die kommunikativen Bedürfnisse des (potenziellen) Kunden stellt eine besondere Herausforderung an die Kompetenz des Beraters dar.

5.2 Simulation realer Beratungsmodi mit interaktiven Tools

Reale Beratungsprozesse lassen sich mit Hilfe von *Beratungssystemen* simulieren, welche die Kommunikation mit dem Kunden in den Vordergrund stellen und über die Informationsbereitstellung hinausgehende Unterstützungsleistungen generieren (vgl. Kapitel 3.1). Unterschiedliche Formen von Beratungssystemen erzeugen dabei unterschiedliche Ausprägungen der automatisierten Beratungsunterstützung. Eine Art von Beratungssystemen unterstützt beispielsweise die kundenindividuelle Konfiguration von Produkten. Andere Systeme leiten Kundenbedarfe, z.B. aus dessen persönlicher Situation oder seinen Präferenzen ab. Auch die Bewertung von Angeboten in Bezug auf die Wünsche des Kunden und die Auswahl von für den Kunden geeignetsten Alternativen kann durch Beratungssysteme geleistet werden. [Vgl. Bodendorf 1999, S.49, S.50]

Die unterschiedlichen Formen von Beratungssystemen erlauben demnach die Abbildung unterschiedlicher realer Beratungsverläufe und somit die Erzeugung entsprechender virtueller Beratungsprozesse (vgl. Kapitel 3.1). Korrespondierend zu den analysierten Modi der realen Beratung (vgl. Kapitel 5.1) werden in der Folge entsprechende Formen elementarer Beratungssysteme bzw. entsprechender Typen interaktiver Beratungstools zu deren Simulation identifiziert und in eine Systematik verschiedener Tooltypen eingeordnet.

Der Status quo der virtuellen Beratung im Online-Vertriebsweg der Finanzdienstleister, welcher im ersten Halbjahr 2001 in einer großflächig angelegten Webrecherche am Institut für Bankinformatik und Bankstrategie an der Universität Regensburg erhoben wurde[2], verifiziert die Existenz der theoretisch abgeleiteten Tooltypen und zeigt die Bandbreite ihrer praktischen Realisierungsformen.

5.2.1 Systematik der Tooltypen

Die reale Beratungsleistung umfasst neben Dialogelementen, die der Generierung einer maßgeschneiderten Leistungs- bzw. Produktempfehlung dienen, ebenso diverse, den Beratungsverlauf unterstützende Teilleistungen, welche der Generierung von rechnerisch ermittelten, in der Beratung benötigten Daten oder der Bereitstellung von fachlichen, im Themenkontext relevanten Informationen dienen. Um diesem Umstand bei der Konzeption einer Beratungssimulation Rechnung zu tragen, werden in Analogie zu den existierenden, den Beratungsverlauf bestimmenden und unterstützenden realen Leistungselementen die Toolklassen der *Beratungstools* und der *Support-Tools* definiert.

---

[2] Über 1000 Banken-Websites im deutschsprachigen Raum wurden auf interaktive Module hin untersucht. Die aufgefundenen Tools wurden katalogisiert und anhand eines Kriterienkataloges bewertet. Die Ergebnisse der Erhebung wurden im Juni 2001 in Form der ibi-Studie „Virtuelle Beratung“ veröffentlicht.

Abbildung 21: Systematik der Tooltypen – Beratungstools

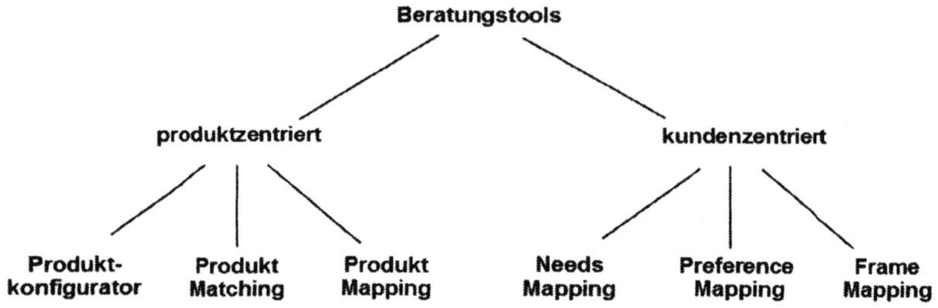

Quelle: Eigene Darstellung

Die Klasse der Beratungstools umfasst Module, in deren Ergebnis die Ableitung einer maßgeschneiderten Leistungs- bzw. Produktempfehlung steht. Entsprechend der Ausprägungen realer Beratungsprozesse lassen sich produkt- sowie kundenzentrierte Tooltypen differenzieren, welche die für reale Beratungsprozesse identifizierten Modi der produkt- und kundenzentrierten Beratung in entsprechende virtuelle Beratungsprozesse abbilden.

So dient im Bereich der produktzentrierten Beratung der Tooltyp *Produkkonfigurator* der Simulation einer Produkt-Konfiguration durch den Interessenten; mittels des Tooltyps *Produkt Matching* wird eine Generierung von Konfigurationsalternativen abgebildet; *Produkt Mapping* leistet eine Berücksichtigung von Benutzeranforderungen an Produkteigenschaften.

Im Bereich der kundenzentrierten Beratung dient der Tooltyp *Needs Mapping* der Zuordnung abstrakter Leistungsbündel zu Primärbedarfen. Die Methode *Preference Mapping* dient der Berücksichtigung von Einstellungen bzw. Präferenzen des Interessenten zur Individualisierung einer Leistungs- bzw. Produktempfehlung. Der Tooltyp *Frame Mapping* schließlich dient der Konkretisierung eines Leistungs- bzw. Produktbündels auf Basis der Entscheidungssituation des Beratenen.

Die Klasse der Support-Tools umfasst Module, die der Ableitung von im Beratungsverlauf benötigten numerischen Teil- oder Zwischenergebnissen sowie der Bereitstellung von im Beratungskontext relevanten Informationen dienen. Entsprechend werden verschiedene Arten von *Kalkulatoren* sowie der Tooltyp *Information Providing* differenziert.

Abbildung 22: Systematik der Tooltypen – Support-Tools

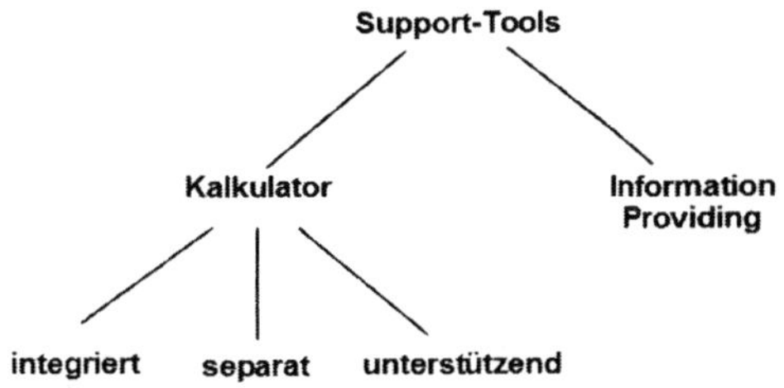

Quelle: Eigene Darstellung

5.2.2 Tooleinsatz zur Erzeugung der virtuellen Beratung

Die verschiedenen Typen von elementaren Beratungssystemen bzw. Beratungstools lassen sich, ergänzt durch jeweils erforderliche Support-Tools, einzeln oder in Kombination im Rahmen eines komplexeren *Beratungssystems* implementierten und fungieren so als Werkzeuge zur Automation von Beratungsprozessen (vgl. Kapitel 3.1).

Durchläuft der Benutzer ein idealtypisch realisiertes Beratungssystem, so entsteht ein virtueller Beratungsprozess, welcher sich in folgenden grundsätzlichen Schritten beschreiben lässt.

In der automatisierten Interaktion werden mit Hilfe geeigneter Eingabemasken die für den Beratungsverlauf erforderlichen und für die Ableitung einer maßgeschneiderten Leistungs- bzw. Produktempfehlung relevanten Benutzerdaten erfasst. Im Falle der produktzentrierten virtuellen Beratung gibt der Benutzer seine Wünsche bzw. Anforderungen an ein Produkt an. Im Falle der kundenzentrierten virtuellen Beratung erfolgt eine Erfassung der Bedarfssituation des Benutzers sowie der im jeweiligen Beratungs- bzw. Leistungskontext relevanten benutzerindividuellen Einstellungen bzw. Präferenzen und Rahmenbedingungen.

Die Benutzerdaten werden mit Hilfe allgemeiner und finanzmathematischer Berechnungsformeln sowie gegebenenfalls unter Einsatz von Regeln weiterverarbeitet.

Die Simulation komplexer Beratungsprozesse bedingt die Implementierung eines Regelwerkes zur Dialogsteuerung im Sinne der Beratungslogik. So können bestimmte Dateneingaben des Benutzers eine Verzweigung des Dialogverlaufes erfordern. Auch kann es im Beratungskontext notwendig sein, Zwischenergebnisse der Datenverarbeitung bestimmten Plausibilitätsprüfungen zu unterziehen, deren Resultate eine ergebnisabhängige Weiterführung des Beratungsverlaufes bedingen.

Die aus der Datenverarbeitung resultierende benutzerindividuelle Empfehlung kann sich zum einen auf eine Vorauswahl in Frage kommender Leistungs- bzw. Produktbündel und zum anderen auf die Konkretisierung einzelner bzw. sämtlicher Leistungen bzw. Produkte beziehen.

Generiert das Beratungssystem mehrere alternative Vorschläge, so sollte es dem Benutzer eine tabellarisch bzw. grafisch realisierte vergleichende Ergebnisdarstellung bieten, welche ihn im Abwägen zwischen den verschiedenen konkretisierten Leistungs- bzw. Produktalternativen unterstützt. Verfahren zur Reihung von Alternativen nach wählbaren Kriterien sollten zu diesem Zweck in die Beratungsanwendung implementiert werden.

5.2.3 Beratungstools

Beratungstools
Beratungstools stellen Werkzeuge zur Erzeugung virtueller Beratungsprozesse dar, welche den automatisierten Vertrieb von Leistungen zum Gegenstand haben. Ausgehend von einer Erfassung der im jeweiligen Beratungs- bzw. Leistungskontext relevanten Benutzerdaten, ermöglichen sie auf Basis einer integrierten Beratungslogik die Ableitung einer auf die individuellen Anforderungen bzw. die individuelle Bedürfnislage des Benutzers zugeschnittene Leistungs- bzw. Produktempfehlung.

In Analogie zu der Differenzierung produkt- und kundenzentrierter realer Beratungsmodi werden die Beratungstools ebenfalls in produkt- und kundenzentrierte Tooltypen differenziert, welche zur Simulation der entsprechenden Modi realer Beratungsprozesse dienen. Entsprechend der Systematik der Modi der realen Beratung lässt sich auf Basis der definierten Tooltypen eine korrespondierende Systematik der Modi der virtuellen Beratung aufstellen (vgl. Abbildung 21).

5.2.3.1 Produktkonfigurator

Ziel der Produkt-Konfiguration ist es, eine Zusammensetzung eines Produktes aus Produktkomponenten zu identifizieren, welche den Anforderungen des Benutzers entsprechen und zugleich sämtlichen Restriktionen genügen, welche sich aus der Kompatibilität der Produktkomponenten ergeben [vgl. Wilke, 1999, S.93]. Die Integration von Konfigurationsregeln in das System, welche Produktions- bzw. Fertigungsregeln beinhalten, erlaubt dabei eine Überprüfung eines individuell konfigurierten Produktes im Hinblick auf seine Realisierbarkeit [vgl. debis 1999, S.3].

Das für den Kontext materieller Produkte dargestellte Prinzip der Produktkonfiguration lässt sich auf den Kontext immaterieller Finanzprodukte übertragen. Geht es bei der Konfiguration eines materiellen Produktes um eine individuelle Zusammenstellung von Produktkomponenten, beispielsweise der Bestandteile eines PCs oder der Ausstattungskomponenten eines PKW, so erfolgt bei der Konfiguration eines Finanzproduktes eine individuelle Konkretisierung einzelner Produktparameter, beispielsweise des Betrages und der Laufzeit eines Darlehens. Für die Konfiguration von Finanzprodukten wird der Tooltyp *Produkt Konfigurator* definiert.

Produktkonfigurator
Der *Produktkonfigurator* dient der Simulation einer einfachen Beratungsleistung auf Ebene der Produktdetails und ermöglicht es dem Benutzer, durch Festlegung einzelner Parameter eines Finanzproduktes eine Produktkonkretisierung herbeizuführen.

Im Rahmen eines *Produktkonfigurators* erhält der Benutzer in Form einer Eingabemaske die Möglichkeit, seine Wünsche in Bezug auf einen oder mehrere Produktparameter einzugeben. So konfiguriert der Benutzer beispielsweise Betrag und Laufzeit eines Darlehens. Mittels finanzmathematischer Berechnungen werden aus den benutzerseitig festgelegten Parametern und unter Berücksichtigung der anbieterseitig definierten Konditionen, beispielsweise des Zinssatzes, die abhängigen Größen, hier beispielsweise die Ratenhöhe, berechnet und dem Benutzer in einem Ausgabefeld mitgeteilt. Somit wird ein im Hinblick auf die Kundenwünsche konkretisierter Produktvorschlag generiert. Ein Beispiel für einen einfachen *Produktkonfigurator* zeigt Abbildung 23.

Abbildung 23: Produktkonfigurator

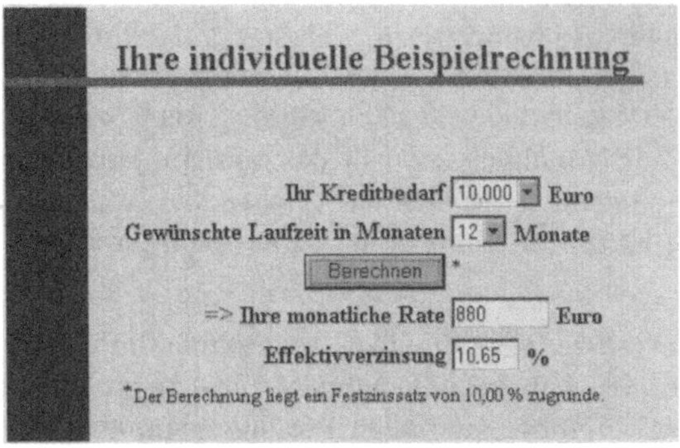

Quelle: Kreissparkasse Waiblingen: Allzweckdarlehen. http://www.kreissparkasse-waiblingen.de/, 02/02.

Wie die Betrachtung der Produkt-Konfiguration in der Mensch-Mensch-Beratung (vgl. Kapitel 5.1.1.1) gezeigt hat, sind in der Regel unterstützende Eingriffe des Beraters in die kundenseitige Konfiguration erforderlich, um deren Erfolg zu gewährleisten. Verschiedene Aspekte der Toolausgestaltung ermöglichen es in der elektronischen Welt eine steuernde Begleitung der Konfiguration zu simulieren.

Grundvoraussetzung für die Konfiguration einer der realen Angebotspalette entsprechenden Produktkonkretisierung ist es, die Wünsche des Interessenten in Bezug auf einzelne Produktparameter auf die vom Anbieter definierten Bandbreiten zu beschränken. Bietet das Kreditinstitut ein bestimmtes Sparprodukt beispielsweise nur mit Laufzeiten von 4 bis 10 Jahren an, so kann der Interessent dieses Produkt nicht mit einer Laufzeit konfigurieren, die sich außerhalb dieses Wertebereichs befindet. Nimmt in der realen Welt der Berater durch eine verbale Mitteilung gegebenenfalls die Korrektur der vom (potenziellen) Kunden gewünschten Werte im Hinblick auf die anbieterspezifisch festgelegten Wertebereiche vor, so kann dieser steuernde Eingriff in einem Konfigurationstool nachgebildet werden. Hierzu ist es erforderlich, jedes Eingabefeld zur Konfiguration von Produktparametern mit einem numerischen Wertebereich zu hinterlegen, welcher der anbieterspezifisch definierten Bandbreite für diesen Parameter entspricht und dessen Einhaltung bei Anstoß der Datenverarbeitung durch den Benutzer – sei es durch Verlassen des Eingabefeldes oder durch Klick auf einen „Berechnen"-Button – zu überprüfen. Verletzt eine Benutzereingabe einen definierten Wertebereich, so muss dies dem Benutzer in einer entsprechenden Meldung mit Korrekturaufforderung mitgeteilt werden, während eine weitere

Berechnung zunächst unterbleibt. Ein entsprechendes Beispiel aus der Web-Praxis zeigt Abbildung 24.

Abbildung 24: Produktkonfigurator: Beschränkung der Dateneingabe

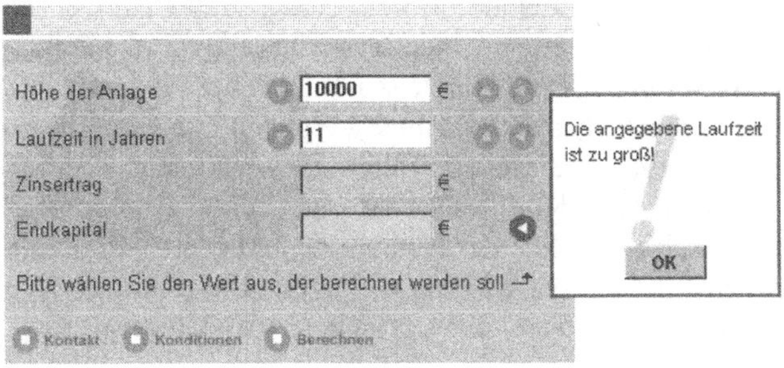

Quelle: Kreissparkasse Waldeck-Frankenberg: Sparkassenbrief. http://www.sparkasse-wa-fkb.de/, 02/02.

Mit steigender Anzahl der vom Interessenten konfigurierbaren Produktparameter steigt tendenziell das Risiko, durch die Eingabe konfligierender Ausprägungen dieser Parameter einen Fehlschlag zu erzeugen. In der realen Welt kann dieser Umstand durch steuernde Eingriffe des Beraters kompensiert werden. So teilt der Berater dem (potenziellen) Kunden im simpelsten – jedoch wenig praktikablen – Fall das Scheitern seiner Konfiguration mit und gibt gezielte Hinweise darauf, in welcher Weise er durch Variation einzelner Parameter in einem erneuten Konfigurationsversuch erfolgreich sein könnte. Der Interessent durchläuft einen iterativen Prozess von „Versuch und Irrtum". Die Chance, auf diese Weise eine realisierbare Produktkonkretisierung zu finden, sinkt mit zunehmender Anzahl an konfigurierbaren Variablen, was zu einer grundsätzlich geringen Praktikabilität dieses Vorgehens führt. Dennoch soll betrachtet werden, inwieweit ein elektronischer *Produktkonfigurator* diesen Fall der mindesten Beratungsunterstützung in einer sinnvollen Weise leisten kann:

Ermöglicht ein Konfigurationstool dem Benutzer die gleichzeitige Festlegung einer bestimmten Anzahl und Kombination an Produktparametern, durch welche die Erzeugung einer Inkompatibilität grundsätzlich möglich ist, so lässt sich der beschriebene Steuerungsmechanismus zur Konflikterkennung und Erzeugung von Änderungsvorschlägen mittels einer geeigneten Berechnungslogik und eines entsprechenden Regelwerkes implementieren. Ausprägung und Komplexität dieses Schemas können nicht pauschaliert werden, sondern sind stark vom Produktkontext sowie der Art und Anzahl der jeweils konfigurierbaren Parameter abhängig. So werden nach vollständiger Dateneingabe bei Anstoß der Berechnung durch den Benutzer beispielsweise Plausibilitätsprüfungen aktiviert, die die

Beziehungslogik oder die gemeinsame Zulässigkeit einzelner Eingabewerte untereinander überprüfen. Die Erstellung eines dieser Vorgehensweise zu Grunde liegenden Regelwerkes wird mit zunehmender Anzahl an konfigurierbaren Parametern an die Grenzen eines sinnvollen Verhältnisses von konzeptionellem Aufwand und realisierbarem Nutzen geraten. Endet die Konfliktprüfung mit dem Resultat der Nichtrealisierbarkeit, so ist dies dem Benutzer in einer entsprechenden Meldung auszugeben, welche idealerweise gezielte Hinweise auf den Grund des Scheiterns bzw. auf entsprechende Änderungsmöglichkeiten enthält. Die inhaltliche Generierung dieses Hinweises muss ebenfalls regelgestützt erfolgen und sich logisch aus der Konflikterkennung ergeben, was im Fall eines komplexen *Produkt Konfigurator*s eine weitere Herausforderung an eine zu konzipierende Regellogik darstellt. Im Konfliktfall erfolgt keine Ergebnisberechnung. Der Benutzer erhält nach Schließen der Konfliktmeldung die Möglichkeit, den Konfigurator erneut zu durchlaufen. Abbildung 25 zeigt die praktische Umsetzung eines *Produktkonfigurators*, welcher eine einfache Plausibilitätsprüfung zur Konflikterkennung beinhaltet.

Abbildung 25: Produktkonfigurator: Einfache Plausibilitätsprüfung

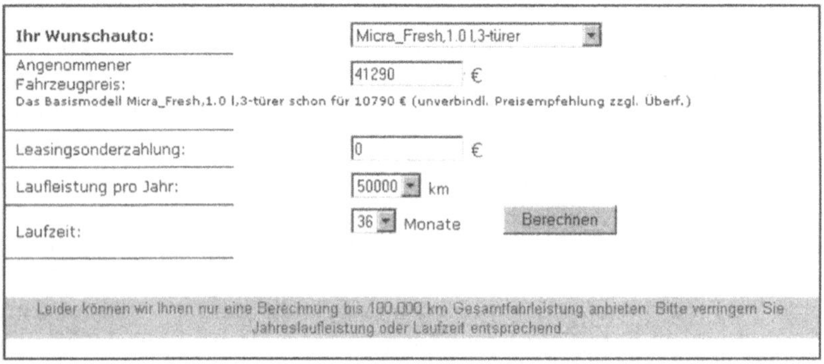

Quelle: Nissan Bank: Finanzierungsberechnung/ Leasing. http://www.nissan-bank.de/, 02/02.

Angesichts der erforderlichen, ggf. aufwendigen Regellogik zur Konflikterkennung und Hinweisgenerierung bei komplexen *Produktkonfiguratoren* mit einer hohen Anzahl an konfigurierbaren Parametern und vor dem Hintergrund der grundsätzlich schwachen Zielführung dieser Methode im Sinne eines iterativen „Versuch und Irrtum" - Prozesses, erscheint es für eine elektronifizierte Konfiguration - mehr noch als für eine reale - wenig praktikabel, dem Interessenten bzw.

dem Toolbenutzer eine hohe Anzahl an potenziell konfligierenden Eingaben zu ermöglichen.

Die praktischen Toolimplementierungen der Finanzdienstleister zeigen Versuche, das Problem der Konflikterkennung und Hinweisgenerierung durch Komplexitätsreduktion zu umschiffen. Der überwiegende Teil der im Web auffindbaren *Produktkonfiguratoren* vermeidet Eingabekonflikte durch die Beschränkung der Konfigurierbarkeit auf eine geringe Anzahl bzw. eine bestimmte, starre Kombination an Parametern, welche durch keine im Rahmen der vorgegebenen Wertebereiche mögliche Benutzereingabe zur Erzeugung einer Inkompatibilität führen kann. So erhält der Benutzer üblicherweise im Produktkontext der Kreditprodukte die Möglichkeit, die konfliktneutralen Größen Kreditbetrag und Laufzeit (vgl. beispielsweise Abbildung 23) zu bestimmen, auf deren Basis die monatliche Rate berechnet wird. Im Kontext der Sparprodukte können die Parameter Sparrate und Anlagedauer konfliktneutral bestimmt werden und dienen zur Berechnung des Endguthabens sowie der Verzinsung. Die Konfliktvermeidung durch Reduktion zu konfigurierender Parameter hat zur Folge, dass der Benutzer seine Wünsche nur zu einer geringen Anzahl und einer starr definierten Kombination an Produktparametern eingeben kann. So ermöglicht beispielsweise der in Abbildung 23 dargestellte *Produktkonfigurator* keine Eingabe der gewünschten monatlichen Rate des Darlehens.

Produktkonfiguratoren, welche dem Benutzer starke Restriktionen im Hinblick auf die Anzahl und Art der zu konfigurierenden Produktparameter auferlegen, verfehlen die Erfassung eines realitätsnahen Bildes der Wünsche des Benutzers an die Produktausprägungen und führen zu entsprechend suboptimalen Produktkonkretisierungen; derartige Tools sind denkbar weit von der Simulation einer realen Beratungssituation entfernt.

5.2.3.2 Produkt Matching

Die Generierung von Konfigurationsalternativen bei fehlgeschlagener Konfiguration, welche in der realen Welt vom personellen Berater geleistet wird, kommt einer realistischen Beratungssituation weit näher als eine unterstützende Begleitung des kundenseitigen Konfigurationsprozesses und impliziert zudem eine höhere Beratungsintensität und Zielführung.

Hierzu ist es erforderlich, auf Basis der kundenseitigen Spezifizierung des Produktes zu überprüfen, ob genau passende Produkte im Angebot verfügbar sind. Falls der Benutzerkonfiguration entsprechende Produkte existieren, werden sie dem Kunden präsentiert. Erfüllt jedoch kein im Angebot befindliches Produkt alle Anforderungen des Kunden, so müssen *ähnliche* Produkte in der Angebotspalette identifiziert werden. Anstelle der Online-Rückmeldung „Ein Ihren Wünschen entsprechendes Produkt ist nicht verfügbar, bitte modifizieren Sie Ihre Anfrage“ wird dem Kunden eine Auswahl an Alternativen präsentiert. Im Methodenkern eines derartigen Verfahrens müssen Regeln, Bedingungen und Ähnlichkeitswerte verarbeitet werden. [Vgl. Wölfing, Mehlmann 1998, S.116].

Übertragen auf ein Finanzprodukt geht es bei der Generierung von Konfigurationsalternativen darum, bei fehlgeschlagener Konfiguration alternative Konkretisierungen einzelner Produktparameter zu finden, welche den individuell bestimmten Konkretisierungen ähnlich sind. Mit dieser Zweckbestimmung wird der Tooltyp *Produkt Matching* definiert.

Produkt Matching
Der Tooltyp *Produkt Matching* dient der Simulation einer weitergehenden Beratungsleistung auf Ebene der Produktdetails, welche die Erzeugung von Konfigurationsalternativen zur Auflösung von Konfigurationskonflikten beinhaltet.

Der Benutzer eines *Produkt Matching* Tools erhält, ähnlich wie beim *Produkt Konfigurator*, in Form einer Eingabemaske die Möglichkeit, seine Wünsche in Bezug auf jeweils eine bestimmte Anzahl an Produktparametern einzugeben, durch welche er potenziell eine Inkompatibilität erzeugen kann. Entsteht durch die Benutzereingaben zu zwei oder mehr Produktparametern ein Konflikt, so lässt sich durch Anwendung einer entsprechenden Verarbeitungslogik das Auffinden ähnlicher Vorschläge aus der Angebotspalette erzielen und somit die Entscheidungslogik des realen Beraters simulieren.

Während in der realen Beratungssituation das Maß der Ähnlichkeit, die Anzahl der zu generierenden Konfigurationsalternativen sowie die Entscheidungslogik zu deren Ermittlung aus der Einschätzung des Beraters resultiert, zu welcher ihn sein Erfahrungsschatz und sein Expertenwissen befähigt, so sind bei der Konzeption eines *Produkt Matching* Tools eine komplexe Verarbeitungslogik zu verankern, die bei Konflikterkennung angestoßen wird.

Eine Verarbeitungslogik zur Identifikation ähnlicher Produktkonkretisierungen lässt sich in Ausprägung und Komplexität nicht pauschal beschreiben, da ihre Ausgestaltung nicht nur vom Produktkontext sowie der Art und Anzahl der jeweils konfigurierbaren Parameter abhängt, sondern da zudem unzählige Variationsmöglichkeiten bezüglich des zu definierenden Ähnlichkeitsmaßes sowie bezüglich der Anzahl der zu generierenden Konfigurationsalternativen denkbar sind.

Verschiedene Ausprägungen des *Produkt Matching* lassen sich nach der Anzahl der generierten Konfigurationsalternativen sowie der Anzahl der dabei angepassten Produktparameter unterscheiden und können in diversen praktischen

Realisierungsformen auf den Bankenwebsites in ihrer Existenz und Funktionalität verifiziert werden.

Eine Variante des *Produkt Matching* generiert nach Konfiguration einer nicht existierenden Kombination *eine* ähnliche Produktkonkretisierung, bei der *eine* der konfigurierten Variablen auf einen rechnerisch exakten Wert angepasst wird, welcher innerhalb einer definierten Bandbreite vom jeweils gewünschten Wert abweicht. Die hinterlegte Verarbeitungslogik ermittelt dabei, unter Konstanthaltung eines oder mehrerer konfigurierter Werte, Ausprägungen der jeweils nicht konfigurierten Variable(n), welche eine Annäherung an den anzupassenden konfigurierten Wert erzielen. Das Ähnlichkeitsmaß besteht dabei in der Definition einer maximal geduldeten positiven und/oder negativen Abweichung vom ursprünglichen Wunsch. In Abbildung 26 beispielsweise konfiguriert der Benutzer zwei Produktparameter und erzeugt dabei eine Inkompatibilität durch gleichzeitige Festsetzung des Kreditbetrages auf 10.000 EUR und der monatlichen Rate auf 500 EUR. Nach Aktivierung der Berechnung erfolgt unter Konstanthaltung einer konfigurierten Variable – hier des Kreditwunsches - und durch entsprechende Findung der nicht konfigurierten Variable – hier der Laufzeit - eine Annäherung an den exakten Ratenwunsch.

Abbildung 26: Produkt Matching: Anpassung eines Wertes

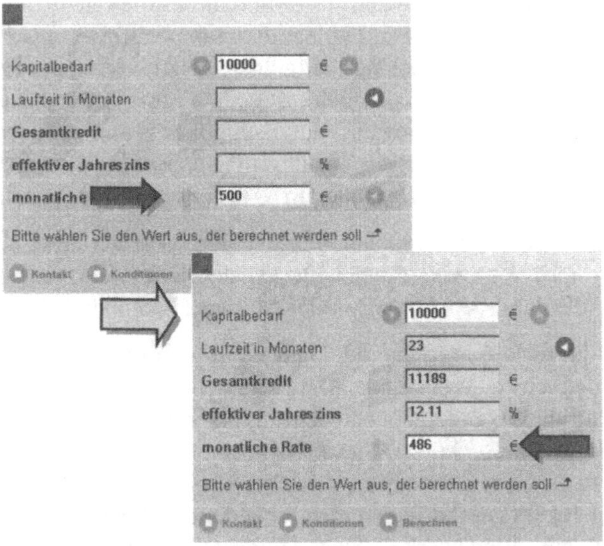

Quelle: Kreissparkasse Waldeck-Frankenberg: Allzweckdarlehen. http://www.sparkasse-wa-fkb.de/, 02/02.

Eine andere Variante des *Produkt Matching* generiert im Falle des Konfigurationskonfliktes ebenfalls *eine* abgewandelte Produktkonkretisierung, ermöglicht es dem Benutzer jedoch, *vor* deren Generierung die Wahl zu treffen, *welche* der konfigurierten Variablen bei Inkompatibilität angepasst werden soll. Der Benutzer kann den konfigurierten Variablen somit Prioritäten hinsichtlich ihrer Einhaltung zuordnen und erhält im Konfliktfall eine seinen vorrangigen Wünschen entsprechende und von seinen nachrangigen Wünschen abweichende Produktkonkretisierung.

Komplexere Formen des *Produkt Matching* ermitteln zur Auflösung von Inkompatibilitäten zwischen konfigurierten Variablen *mehrere* ähnliche Produktkonkretisierungen, welche sich jeweils in möglichst geringem Maß von der Gesamtheit der geäußerten Wünsche entfernen. Im einfacheren Fall wird hierbei *einer* der vom Benutzer konfigurierten Parameter auf den gewünschten Wert gesetzt, während unter Variation der nicht konfigurierten Variable(n) alternative ähnliche Werte für den (bzw. die) anderen konfigurierten Parameter berechnet werden. Das zu Grunde gelegte Ähnlichkeitsmaß bestimmt dabei die tolerierte Abweichung von den benutzerseitig gewünschten Ausprägungen. Im komplexeren Fall wird zur Erzeugung mehrerer ähnlicher Vorschläge der oben beschriebene Vorgang für *jeden* der vom Benutzer konfigurierten Werte durchgeführt. Ein komplexes *Produkt Matching* System wird in Abbildung 27 demonstriert. In einem zweistufigen Prozess konfiguriert der Benutzer zunächst ein Leasingprodukt, wobei die monatliche Rate als abhängige Variable berechnet wird. In einem zweiten Schritt erhält der Benutzer die Möglichkeit, die resultierende monatliche Rate wunschgemäß zu verändern. Der somit zwangsläufig erzeugte Konflikt wird mittels zweier ähnlicher Vorschläge aufgelöst, welche jeweils eine der konfigurierten Größen – hier die monatliche Rate und die Leasingsonderzahlung - wunschgemäß belassen und jeweils unterschiedliche und z.T. mehrere weitere konfigurierte Größen in gewissen Bandbreiten anpassen. Es ergeben sich zwei alternative, der Gesamtheit der geäußerten Wünsche ähnliche Vorschläge.

Die demonstrierten Beispiele sollen weniger den Versuch einer Kategorisierung denkbarer *Produkt Matching* Ausprägungen darstellen, als vielmehr einen Einblick in die Fülle der erdenklichen Varianten dieser Methode geben.

Ähnlich wie der reale Berater bei der Generierung von Konfigurationsalternativen auf unterschiedlichste Weise ein Matching von Kundenwunsch und realem Produkt herbeiführen kann und sich dabei diversen Schemata und Regeln bedient, welche durch sein individuelles Einschätzungsvermögen geprägt sind, können in Analogie dazu bei der Konzeption von *Produkt Matching* Tools verschiedenste Entscheidungsregeln geschaffen werden. In jedem Fall stellt die Konzeption eines *Produkt Matching*-Regelwerkes eine Herausforderung an das bankfachliche Expertenwissen und die Regellogik der Entwickler dar.

Gelingt jedoch – und sei es lediglich für einen einfachen Anwendungsfall - die Abbildung einer Entscheidungslogik zur Auflösung von Konfigurationskonflikten, so resultiert ein interaktives Tool, welches eine realitätsnahe Beratungssituation simulieren kann und den Benutzer effizient beim Auffinden maßgeschneiderter Produktkonkretisierungen unterstützt.

Abbildung 27: Produkt Matching: Anpassung mehrerer Werte

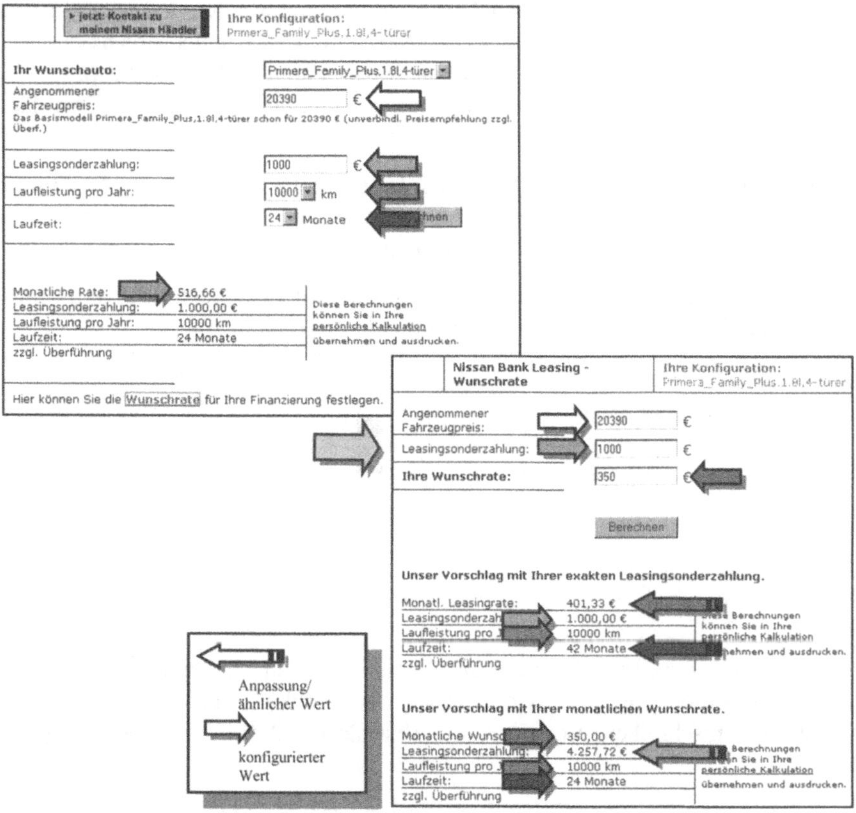

Quelle: Nissan Bank, Finanzierungsberechnung/ Leasing. http://www.nissan-bank.de/. 02/02.

5.2.3.3 Produkt Mapping

Neukunden sowie Kunden, die sich nur selten mit der Produktpalette des Anbieters auseinandersetzen, können ihre Anforderungen an die Eigenschaften eines bestimmten Produktes oft nur ungenau formulieren. Die Produktbezeichnungen und -varianten sind nicht bekannt, die produktspezifische Sprache wird nicht beherrscht [Vgl. Wölfing, Mehlmann 1998, S.118]. Der reale Berater wird dem nicht produktkundigen Interessenten idealerweise die Möglichkeit bieten, sich verbal von der produktspezifischen Terminologie zu entfernen und seine Anforderungen an das Produkt bzw. an die Produktmerkmale in Kundensprache zu artikulieren. Der Berater übersetzt die Kundenanforderungen in die Produktsprache und ermöglicht somit die Erstellung kundengerechter Angebote [vgl. Wölfing, Mehlmann 1998, S.118].

Bezogen auf ein Finanzprodukt leistet die beschriebene Übersetzungsfunktion die Transformation von in Benutzersprache formulierten Anforderungen an Produktmerkmale in konkrete Ausprägungen der Produktparameter.

Für eine Übertragung dieser Herangehensweise auf den elektronischen Vertrieb wird der Tooltyp *Produkt Mapping* definiert:

Produkt Mapping
Der Tooltyp *Produkt Mapping* dient der Simulation einer weitergehenden Beratungsleistung auf Ebene der Produktdetails, welche die Ableitung von Produktkonkretisierungen aus Benutzeranforderungen an Produktmerkmale zum Gegenstand hat.

Der Benutzer eines *Produkt Mapping* Tools erhält anstelle einer Eingabemaske zur Konfiguration von Produktdetails die Möglichkeit, seine Wünsche an das Produkt zu umschreiben. Verschiedene Abstraktionsebenen sind hierbei vorstellbar.

Im Falle geringster Abstraktion konfiguriert der Benutzer de facto weiterhin Produktparameter, indem er diesen numerische Ausprägungen zuordnet. Lediglich die den Eingabefeldern zugeordneten Eingabeaufforderungen werden der Benutzersprache angepasst. So werden die bankfachlichen Termini - wie beispielsweise Kreditbetrag, Laufzeit, Rate etc. – durch umgangssprachliche Umschreibungen ersetzt. So erhält der Benutzer beispielsweise die Fragen: „Wieviel Geld benötigen Sie?“, „In wieviel Monaten möchten Sie den Kredit zurückzahlen?“ und „In welchen monatlichen Beträgen möchten Sie den Kredit bedienen?“.

Ein höheres Abstraktionsniveau wird erzielt, wenn der Benutzer nicht nur auf seiner Kommunikationsebene angesprochen wird, sondern zudem die gewünschten Ausprägungen bezüglich der Produkteigenschaften nicht mehr in Form numerischer Werte, sondern in Form verbal umschriebener bzw. qualitativer Ausprägungen angibt, welche ihm als Antwortalternativen zu Auswahl gestellt werden. Die dem Benutzer gestellten Fragen können sich hierbei entweder auf einzelne Produktparameter beziehen – so erhält der Benutzer beispielsweise die Frage „Wie schnell möchten Sie Ihren Kredit zurückzahlen“ und wählt aus einem Menü an Antworten eine der Alternativen „schnellstmöglich“, „in mittlerer Zeitspanne“, „möglichst langsam“ – oder können auf übergreifende Produkteigenschaften abstellen – so beispielsweise auf die Risikoklasse einer Anlageform.

Die Transformation der in Form einer getätigten Auswahl erfassten Benutzeranforderungen in konkrete Produktvarianten bzw. Ausprägungen der Produktparameter erfordert eine mehr oder weniger komplexe Regellogik. Mit einem derartigen *Produkt Mapping* Tool kann es gelingen, die „Übersetzerfunktion“ des realen Beraters zwischen den in Kundensprache geäußerten Wünschen sowie passenden Produktkonkretisierungen zu deren Erfüllung ein Stück weit zu simulieren.

5.2.3.4 Needs Mapping

Im Rahmen der *kundenzentrierten Beratung* geht es darum, ausgehend von der Erfassung eines Primärbedarfes sowie unter Berücksichtigung der individuellen Einstellungen bzw. Präferenzen des Interessenten und seiner persönlichen Rahmensituation, eine Empfehlung in Form eines individualisierten bedarfsgerechten Leistungs- bzw. Produktbündels abzuleiten (vgl. Kapitel 5.1.2). Als erster Schritt der kundenzentrierten Beratung geht es demnach um die Erfassung eines Primärbedarfes. Auf Basis eines Primärbedarfes kann, ohne weitergehende Informationen zur Person des Benutzers, lediglich ein abstraktes Leistungsbündel identifiziert werden, welches grundsätzlich zur Bedarfsbefriedigung geeignet ist. Der beschriebene Einstieg in einen kundenzentrierten Beratungsprozess lässt sich durch den definierten Tooltyp *Needs Mapping* abbilden:

Needs Mapping
Der Tooltyp *Needs Mapping* dient der Abbildung des ersten Schrittes einer kundenzentrierten Beratungsleistung, bei dem es darum geht, auf Basis eines Primärbedarfes eine Zuordnung eines abstrakten bedarfsgerechten Leistungs- bzw. Produktbündels zu treffen.

Um einen situativen Primärbedarf des Benutzers festzustellen, erhält dieser im Rahmen eines *Needs Mapping* Tools eine Erfassungsmaske, welche ihm die Auswahl zwischen elementaren Bedarfssituationen bzw. Wünschen ermöglicht. Wählt der Benutzer einen Wunsch als für ihn passend aus, so erhält er ggf. auf den Folgeseiten die Möglichkeit, diesen bezüglich der Ursachen der Wunschentstehung zu konkretisieren. Die Eingabe des Zielhorizontes ermöglicht schließlich die Ableitung eines Primärbedarfes. Auf der Grundlage der Eingaben des Benutzers zu seinem Primärbedarf erfolgt eine regelgestützte Zuordnung eines zur Bedarfsbefriedigung geeigneten abstrakten Leistungsbündels, welches dem Benutzer angezeigt werden kann.

Die Konzeption eines *Needs Mapping* Tools erfordert zunächst die Definition elementarer Primärbedarfe auf Basis von Wünschen und Zielhorizonten sowie ggf. die Identifikation möglicher Ursachen der Bedarfsentstehung (vgl. Kapitel 4.3.1). Bei der Generierung geeigneter Auswahlmasken sollte eine kommunikationstechnische sowie gestalterische Aufbereitung der abstrakten Wünsche und Zielhorizonte zu ansprechenden und intuitiv verständlichen Bedarfsdarstellungen erfolgen.

Um dem Benutzer in Abhängigkeit von seiner ausgewählten Bedarfssituation ein *abstraktes* Leistungs- bzw. Produktbündel zu präsentieren, muss im Rahmen eines *Needs Mapping* Tools die entsprechende Zuordnungslogik implementiert werden. Ideal geeignet ist dabei der in Kapitel 4.3.2 beschriebene Matrizenansatz, welcher die schematische Grundlage einer bedarfsorientierten Leistungserbringung darstellt.

Soll der Benutzer eine weitergehende automatisierte Beratungsleistung erhalten, in deren Ergebnis eine individualisierte Konkretisierung des abstrakten, zur Bedarfsbefriedigung geeigneten Leistungsbündels steht, so ist die Erfassung und Verarbeitung weiterer Parameter erforderlich, welche den Benutzer im Hinblick auf seine Einstellungen bzw. Präferenzen sowie seine Entscheidungssituation charakterisieren. Die im Folgenden definierten Tooltypen *Preference Mapping* und *Frame Mapping* stellen hierfür geeignete Methoden dar.

5.2.3.5 Preference Mapping

Die benutzerindividuelle Konkretisierung eines abstrakten bedarfsgerechten Leistungsbündels kann anhand der Eigenschaften des Benutzers, beispielsweise seiner Einstellungen und Präferenzen erfolgen. Zur Simulation dieses Beratungsschrittes wird der Tooltyp *Preference Mapping* eingeführt:

Preference Mapping
Gegenstand des Tooltyps *Preference Mapping* ist es, eine abstrakte Produkt- bzw. Handlungsempfehlung im Hinblick auf die individuellen Eigenschaften des Benutzers, beispielsweise seine Einstellungen bzw. Präferenzen, zu konkretisieren und stellt damit ein Element zur Erzeugung einer kundenzentrierten virtuellen Beratungsleistung dar.

Im Idealfall erfasst ein *Preference Mapping* Tool durch gezielte Fragestellungen die im jeweiligen Produktkontext relevanten Einstellungen bzw. Präferenzen und gegebenenfalls Verhaltensweisen des Benutzers. Dieser beschreibt die für ihn zutreffenden Ausprägungen der einzelnen Eigenschaften dabei durch Auswahl von Antwortalternativen aus entsprechenden Menüs oder beispielsweise durch Justierung elektronischer Schieberegler. Die gewonnenen Benutzerdaten werden mittels eines Regelwerkes zu einem Benutzerprofil aggregiert, welches den Interessenten im Hinblick auf die zu treffende Produktentscheidung charakterisiert. Anhand der Charakterisierung erfolgt die regelgestützte Zuordnung einer den erfassten Einstellungen bzw. Präferenzen und ggf. Verhaltensweisen adäquaten Empfehlung.

Auf Grund des hohen Abstraktionsniveaus einer Beratungsleistung auf Ebene der Benutzereigenschaften resultieren aus dem Tooltyp *Preference Mapping* keine Produktkonkretisierungen auf Ebene der Produktparameter. Vielmehr lässt sich ein abstraktes bedarfsgerechtes Leistungs- oder Produktbündel auf Basis der Präferenzen des Benutzers im Hinblick auf dessen Zusammensetzung aus Teilleistungen bzw. -produkten oder Produktvarianten individuell konkretisieren. Abbildung 28 und zeigt ein idealtypisches *Preference Mapping* Tool im Leistungskontext der Kapitalanlage.

Abbildung 28: Preference Mapping

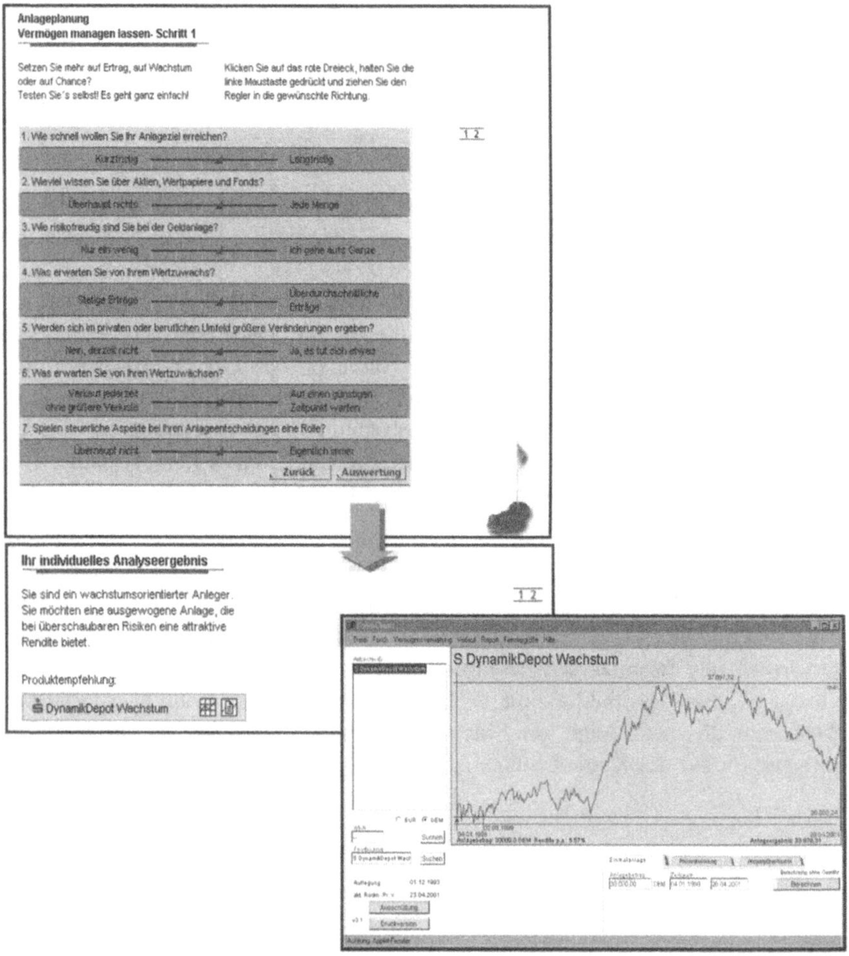

Quelle: Deka: Anlageplanung.
http://www.deka.de. 06/01.

Art und Umfang der für die Ableitung eines maßgeschneiderten Leistungs- bzw. Produktbündels relevanten Benutzereigenschaften variieren stark mit dem betrachteten Beratungs- bzw. Leistungskontext. Um die Effizienz des Tooltyps *Preference Mapping* zu gewährleisten, stellt sich als erste konzeptionelle Herausforderung die Identifikation der im jeweiligen Kontext relevanten Einstellungen, Präferenzen und gegebenenfalls Verhaltensweisen, die bei der Ableitung einer maßgeschneiderten Empfehlung Berücksichtigung finden sollen sowie deren Untergliederung in sinnvolle und aussagekräftige Ausprägungen.

So lässt sich im Leistungskontext der Kapitalanlage eine Reihe von Benutzereigenschaften identifizieren, auf deren Grundlage eine individuelle Konkretisierung eines Anlagekonzeptes bezüglich einzubeziehender Anlageformen erfolgen kann. Das zur Befriedigung des Primärbedarfes „Geldvermögen vermehren" geeignete abstrakte Leistungsbündel „Anlagekonzept mit mittlerer bis langer Fristigkeit" beispielsweise, kann auf Basis der Risikoaffinität des Benutzers sowie dessen Präferenz bezüglich der Kapitalbindung bzw. -verfügbarkeit im Hinblick auf die prozentuale Zusammensetzung aus den Anlageformen Anleihen, Rentenfonds, Aktien, Aktienfonds und Optionsscheinen näher bestimmt werden.

Auch für den Leistungskontext der Immobilienfinanzierung können bestimmte Einstellungen und Präferenzen des Benutzers die individuelle Konkretisierung eines Finanzierungskonzeptes bezüglich einzubeziehender Produktkategorien maßgeblich beeinflussen. Resultiert aus dem Primärbedarf „Immobilieneigentum aufbauen" beispielsweise das passende abstrakte Leistungsbündel „Ansparplan/ Finanzierungskonzept", so kann die Entscheidung für eine benutzeradäquate Mischung aus den Produktkategorien Annuitätendarlehen, Kapitallebensversicherung und Bausparen in Abhängigkeit vom angestrebten Zielhorizont sowie von der individuellen Risikoaversion geprägt werden.

Die nächste Herausforderung bei der Konzeption eines *Preference Mapping* Tools besteht darin, ein differenziertes Regelwerk zu erarbeiten, welches die Ausprägungen der jeweils erfassten Benutzereigenschaften in sinnvoller Weise zu einer Benutzercharakterisierung aggregiert, welche als Grundlage einer Leistungs- bzw. Produktkonkretisierung fungieren kann. So können die im Themenkontext der Kapitalanlage erfassten Ausprägungen der Benutzereigenschaften beispielsweise zur Ableitung unterschiedlicher Anlegerprofile – beispielsweise des „chancenorientierten", des „wachstumsorientierten" und des „konservativen" Anlegers - dienen.
Des Weiteren ist eine schematische und logisch konsistente Verknüpfung von Benutzerprofilen zu korrespondierenden Zusammensetzungen bzw. Ausprägungen von Leistungs- bzw. Produktbündeln erforderlich, um von den abgeleiteten Charakteristika zur Konkretisierung einer Empfehlung zu gelangen. Im Themenkontext der Kapitalanlage würde dies beispielsweise der systematischen Zuordnung jeweils einer passenden Portfoliozusammensetzung zu den definierten Anlegerprofilen entsprechen.

Die Erstellung eines *Preference Mapping* Tools ist je nach Umfang der im Produktkontext relevanten Benutzereigenschaften mit hohem bis sehr hohem konzeptionellen Aufwand verbunden. Die Identifikation der im jeweiligen Beratungs- bzw. Leistungskontext relevanten Einstellungen, Präferenzen und ggf. Verhaltensweisen, die Definition geeigneter Fragestellungen zu deren effizienter

Erfassung sowie die Generierung eines Regelwerkes zur Aggregation der Benutzerdaten im Hinblick auf eine Empfehlung können nur unter Einbeziehung eines fundierten bankfachlichen Erfahrungsschatzes sowie psychologischer Erkenntnisse über das Kundenverhalten fachlich entwickelt werden. Gelingt es, die Ableitung einer Produkt- bzw. Handlungsempfehlung auf Basis von Benutzereigenschaften zu automatisieren, so wird hiermit eine hochwertige Komponente der virtuellen Beratung geschaffen.

5.2.3.6 Frame Mapping

Wie bereits für den Fall der realen Beratungssituation geschildert, befindet sich der Beratene zum Zeitpunkt der Beratung in einer bestimmten Entscheidungssituation, welche je nach Beratungs- bzw. Leistungskontext in unterschiedlichem Maße für die Ableitung einer maßgeschneiderten Empfehlung eine Rolle spielen. Auch in der virtuellen Beratung, deren Ziel es ist, reale Beratungsprozesse bezüglich Interaktivität, Beratungslogik und Ergebnis in sinnvoller Weise zu automatisieren, ist es daher erforderlich, die im jeweiligen Kontext relevanten benutzerspezifischen Rahmendaten zu erfassen und diese in die Ableitung einer Empfehlung einzubeziehen.

Frame Mapping
Der Tooltyp *Frame Mapping* dient der individuellen Konkretisierung eines abstrakten bedarfsgerechten Leistungs- bzw. Produktbündels im Hinblick auf die Entscheidungssituation des Benutzers und stellt somit ein Element einer kundenzentrierten virtuellen Beratungsleistung dar.

Die im Rahmen des *Frame Mapping* mittels entsprechender Eingabemasken erfassten Rahmenbedingungen des Benutzers müssen in sinnvoller Weise aggregiert und unter Einsatz geeigneter Regeln in die Ableitung einer maßgeschneiderten Empfehlung einbezogen werden.

Die konzeptionelle Herausforderung bei der Generierung einer *Frame Mapping* Komponente besteht dabei darin, für jeden Beratungs- bzw. Leistungskontext einen detaillierten Katalog der jeweils relevanten Rahmenbedingungen zu schaffen, welche die Entscheidungssituation des Benutzers bestimmen; in Kapitel 5.1.2.3 wurde eine exemplarische Auflistung an Rahmendaten für den Leistungskontext der Immobilienfinanzierung erstellt. Auf Basis der Gesamtheit relevanter Rahmenbedingungen muss eine für den elektronischen Vertrieb sinnvolle Selektion getroffen werden, welche die Spezifität einer inhaltlich effizienten Darstellungsweise nicht verletzt, aber dennoch die Konkretisierung einer Leistungs- bzw.

Produktempfehlung vor dem Hintergrund eines realitätsnahen Bildes der Rahmensituation des Benutzers ermöglicht.

Die Verwendung der erfassten Rahmendaten des Benutzers für die individuelle Konkretisierung eines bedarfsgerechten Leistungsbündels erfordert je nach thematischem Kontext die Implementierung unterschiedlicher logischer Schritte. Der Leistungskontext der Immobilienfinanzierung beispielsweise bedingt unter anderem eine Erfassung der finanziellen Leistungsfähigkeit des Benutzers. Diese Informationen werden im Beratungsverlauf herangezogen, um die Realisierbarkeit des zur Finanzierung der Wunschimmobilie benötigten Darlehens im Hinblick auf den monatlichen Saldo des Benutzers zu verifizieren. In Abhängigkeit vom Ergebnis der Realisierbarkeitsprüfung erfolgt eine entsprechende Verzweigung im Beratungsverlauf.

In jedem Fall erfordert die Generierung einer idealen virtuellen Beratungsleistung die Erfassung der im jeweiligen Beratungs- bzw. Leistungskontext relevanten Rahmendaten sowie deren rechnerische und regelgestützte Verarbeitung bei der Ableitung einer benutzeradäquaten Empfehlung. Analog zur realen Beratungssituation sollte die Erfassung und Nutzung von Rahmendaten auch in der virtuellen Beratung eine ihrer im Produktkontext bestehenden Gewichtigkeit entsprechende Rolle einnehmen.

5.2.4 Support-Tools

Support-Tools
Support-Tools simulieren die Komponenten der Beratung, die nicht per se der Ableitung einer maßgeschneiderten Leistungs- bzw. Produktempfehlung dienen, sondern vielmehr eine beratungsunterstützende Funktion erfüllen, indem sie im Beratungsverlauf benötigte numerische Daten rechnerisch generieren oder im Themenkontext relevante fachliche Informationen bereitstellen.

Entsprechend lassen sich die Support Tools in verschiedene Arten von *Kalkulatoren* sowie in den Tooltyp *Information Providing* differenzieren.

5.2.4.1 Kalkulatoren

Kalkulatoren
Kalkulatoren sind Berechnungsroutinen, welche Benutzereingaben zu numerischen Ergebnissen weiterverarbeiten. Entsprechend ihres Verwendungszweckes lassen sich verschiedene Typen von *Kalkulatoren* differenzieren.

Eine Beratungsleistung im Rahmen des Finanzdienstleistungsbereichs, die zur Ableitung einer benutzeradäquaten Produktkonkretisierung dient, erfordert die Quantifizierung der Produktparameter entsprechend der Anforderungen bzw. im Hinblick auf die Bedarfe, Eigenschaften und Rahmenbedingungen des Benutzers und bedingt somit das Operieren mit numerischen Werten. Um diesem Umstand Rechnung zu tragen, lassen sich *integrierte Kalkulatoren* als integraler Bestandteil von Beratungsanwendungen implementieren, welche die zur Ermittlung einer konkreten Produktempfehlung erforderlichen (allgemeinen und) finanzfachlichen Berechnungsschritte vollziehen. So wird beispielsweise mittels eines integrierten Kalkulators auf Basis der benutzerseitigen Konfiguration des Betrages und der Laufzeit eines Kreditproduktes die daraus resultierende monatliche Rate berechnet, um die Produktkonkretisierung zu komplettieren.

Oftmals erfordert die Beratung zur Ermittlung einer Produktkonkretisierung im Finanzdienstleistungsbereich Nebenrechnungen eher allgemeinmathematischer Art, deren Ergebnisse in den weiteren Beratungsablauf eingehen. *Unterstützende Kalkulatoren* generieren derartige Zwischenergebnisse und erzeugen dadurch Inputdaten für den weiteren Beratungsverlauf. Sie werden als modulare Bausteine im Kontext komplexerer Beratungstools durchlaufen bzw. benutzergesteuert angestoßen. Als Beispiel hierfür kann eine Haushaltsrechnung genannt werden, welche im Rahmen eines Beratungsmoduls zur Ermittlung eines bedarfsgerechten Finanzierungsproduktes den monatlichen Saldo des Benutzers aus seinen summierten Einkünften und Ausgaben berechnet. Dieser monatliche Saldo kann wiederum in die Ableitung einer der finanziellen Leistungsfähigkeit des Benutzers angemessenen Empfehlung eines Kreditproduktes eingehen, dessen monatliche Rate den errechneten Saldo nicht übersteigt.

Ein unterstützender Kalkulator, wie beispielsweise eine Haushaltsrechnung, der Inputdaten für die Ableitung eines Endergebnisses, beispielsweise einer benutzeradäquaten Konkretisierung eines Finanzierungsproduktes, generiert, kann seinerseits Input aus untergeordneten unterstützenden Kalkulatoren erhalten. So kann ein System hierarchisch verschachtelter Nebenrechnungen aufgebaut und als Teil eines Beratungsmoduls implementiert werden. Auf Ebene 1 des Moduls wird in diesem Fall die übergreifende Berechnungslogik abgebildet, welche es dem Benutzer ermöglicht, auf Basis aggregierter Werte zu kalkulieren. So kann der Benutzer in der in Abbildung 29 dargestellten Haushaltsrechnung auf Ebene 1 die monatlichen Nettoeinkünfte und monatlichen Ausgaben seines Haushaltes in Form von Gesamtwerten eingeben und deren Saldo ermitteln. Die Eingabefelder der Ebene 1 können nun mit untergeordneten Detailformularen verknüpft werden, welche der Benutzer beispielsweise über einen „Details"-Button erreicht. Auf diesen untergeordneten Formularen erhält der Benutzer die Möglichkeit, detailliert aufgeschlüsselte Eingaben zu einzelnen Positionen zu tätigen, welche rechnerisch aggregiert werden. So kann das Eingabefeld „Monatliche Nettoeinkünfte" der Haushaltsrechnung mit einer untergeordneten Detailmaske mit Summenfunktion verbunden werden, welche es dem Benutzer ermöglicht, einzelne Positionen seiner monatlichen Mittelzuflüsse einzugeben, welche automatisch summiert werden. Bei Verlassen des untergeordneten Detailformulars erfolgt dann eine Übernahme des ermittelten Wertes in das zugehörige Feld der übergeordneten Ebene.

Abbildung 29: Fachkonzept einer Haushaltsrechnung

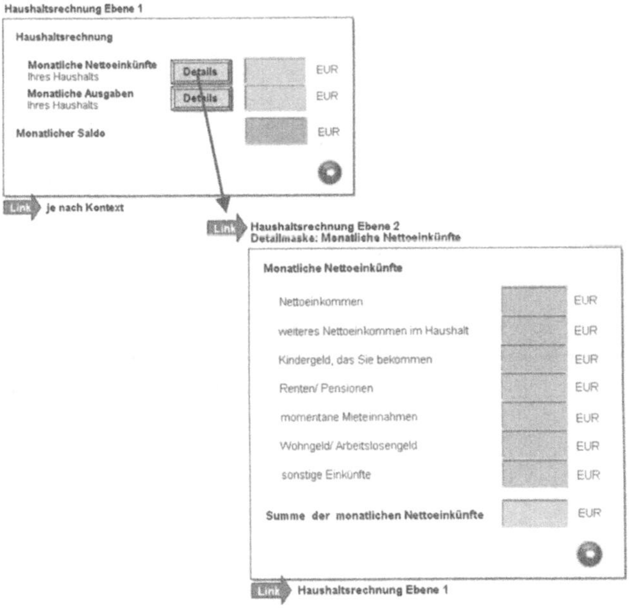

Quelle: Eigene Darstellung

Separate Kalkulatoren stellen im Beratungsverlauf logisch eigenständige Module dar, die auf Basis erfasster Benutzerdaten numerische Werte generieren, welche der Situationsdarstellung oder Vorschaurechnung dienen. Zumeist werden diese Berechnungsroutinen zur Einleitung bzw. Motivation der eigentlichen bedarfs- bzw. leistungsbezogenen Beratungsanwendung verwendet, was in Abhängigkeit vom jeweiligen Beratungs- bzw. Leistungskontext zu unterschiedlichen inhaltlichen Ausprägungen führt. So ermittelt der in Abbildung 30 gezeigte separate Kalkulator aus der Mietsituation des Benutzers dessen zukünftige Mietsumme mit dem Ziel, den Benutzer zum Durchlaufen der Beratungsanwendung zur Immobilienfinanzierung zu motivieren.

Abbildung 30: Separater Kalkulator: Vorschaurechnung auf die zukünftige Mietsumme

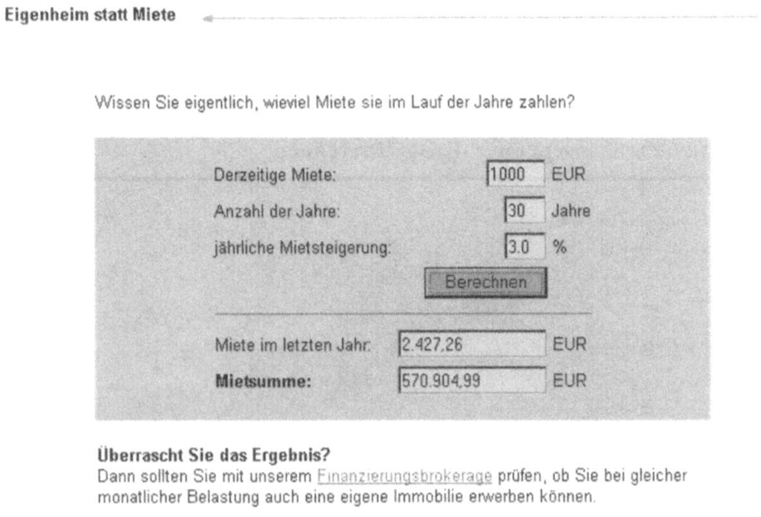

Quelle: Advance Bank: Eigenheim statt Miete. http://www.advance-bank.de. 02/02.

5.2.4.2 Information Providing

Information Providing
Information Providing Tools sind vom direkten Vertriebsziel losgelöst und dienen der Bereitstellung von fachlichen Informationen, die im Beratungsverlauf relevant sind oder der Schaffung eines Mehrwertes für den Benutzer dienen.

Die im Rahmen des *Information Providing* bereitgestellten Informationen sind idealerweise bedarfsorientiert strukturiert und dienen somit der Abdeckung des ganzheitlichen Kundenbedarfs über den reinen Leistungs- bzw. Produktkontext hinaus.

Die thematische Bandbreite der *Information Providing* Tools ist groß und differiert in Abhängigkeit vom jeweiligen Bedarfs- bzw. Leistungskontext. Im Bedarfskontext des Kfz-Erwerbs bzw. im Leistungskontext der Kfz-Finanzierung beispielsweise kann ein *Information Providing* Tool zur Ermittlung des Gebrauchtwagenwertes dem Benutzer einen Mehrwert verschaffen. So kann der Benutzer beispielsweise den erzielbaren Verkaufspreis seines Gebrauchtwagens bei der Ermittlung seines Kreditbedarfes in Abzug bringen. Im Bedarfskontext des Immobilienerwerbs kann ein *Information Providing* Tool, welches dem Benutzer die systematische Objektsuche in einer Immobiliendatenbank ermöglicht, zur ganzheitlichen Versorgung des Benutzers beitragen. Ein typisches *Information Providing* Tool im Kontext der Wertpapieranlage ermöglicht dem Benutzer den Zugriff auf aktuelle Börseninformationen, relevante Schlagzeilen sowie die Nutzung diverser interaktiver Analysemethoden zur Beobachtung und Auswertung der Entwicklung einzelner Werte bzw. eines Depots.

5.2.5 Mischformen der Tooltypen

Der reale Berater wendet im Laufe eines Beratungsgespräches in der Regel verschiedene, jeweils geeignete Modi der produkt- und kundenzentrierten Beratung an, um ein möglichst umfassendes Bild der Anforderungen bzw. der Bedarfe, Eigenschaften und Entscheidungssituation des Interessenten als Grundlage einer Leistungs- bzw. Produktempfehlung zu erlangen.

In Analogie zur Anwendung unterschiedlicher Dialogmodi in der realen Beratung lässt sich durch die Integration unterschiedlicher Tooltypen in ein *Beratungssystem* eine umfassende Erhebung von Benutzerdaten in der virtuellen Beratung erzielen. So ermöglichen die Tooltypen Konfigurator bzw. Produkt Matching eine

Erfassung der Benutzerwünsche bezüglich der Produktparameter. Der Tooltyp Preference Mapping erlaubt die Erhebung der für die Ableitung einer individuellen Empfehlung relevanten Benutzereigenschaften. Ferner ermöglicht die Methode Frame Mapping die Erfassung der im jeweiligen Beratungs- bzw. Leistungskontext bedeutsamen benutzerspezifischen Rahmendaten. Folglich sollte, entsprechend der Mischung von Beratungsmodi in der realen Beratung, in der virtuellen Beratung eine geeignete Mischung von Tooltypen Anwendung finden, um die Ableitung einer adäquaten Empfehlung auf Basis eines realitätsnahen Bildes der Anforderungen bzw. Bedingungen des Benutzers zu ermöglichen.

Am Beispiel des Beratungskontextes der Kapitalanlage wird evident, wie mittels einer geeigneten Mischung von Tooltypen eine individuelle Konkretisierung eines bedarfsgerechten Leistungsbündels erzielt werden kann: Mit Hilfe des *Needs Mapping* lässt sich zunächst dem erfassten Primärbedarf „Geldvermögen vermehren" das zur Befriedigung geeignete, abstrakte Leistungsbündel „Anlagekonzept mit mittlerer bis langer Fristigkeit" zuordnen. Der Tooltyp *Preference Mapping* erlaubt es weiterhin, dieses abstrakte Leistungsbündel auf Basis der Risikoaffinität des Benutzers sowie dessen Präferenz bezüglich der Kapitalbindung bzw. -verfügbarkeit im Hinblick auf die prozentuale Zusammensetzung aus den Anlageformen Anleihen, Rentenfonds, Aktien, Aktienfonds und Optionsscheinen näher zu bestimmen. Um eine individuelle Konkretisierung des Anlagekonzeptes bezüglich der Höhe der zu investierenden Beträge zu erlangen, kann eine Erfassung des gewünschten Anlagebetrages mittels des Tooltyps *Produktkonfigurator* erfolgen. Schließlich sollte die Realisierbarkeit des konkreten Anlagekonzeptes angesichts der finanziellen Situation des Benutzers durch Einbeziehung einer *Frame Mapping* Komponente verifiziert werden.

Während in der realen Welt der Berater auf der Grundlage seines Expertenwissens und seiner Erfahrungen jeweils geeignete Elemente der Gesprächsführung in den Beratungsdialog einfließen lässt, erfordert die Auswahl einer geeigneten Tooltypenmischung bei der Konzeption eines Beratungssystems eine fundierte Entscheidungsgrundlage. Auf Basis bestimmter Eigenschaften einzelner Beratungs- bzw. Leistungsbereiche lassen sich auf systematische Weise Gestaltungsrichtlinien für den Einsatz jeweils geeignete Tooltypen ableiten (vgl. Kapitel 6.2).

Die Leistung des realen Beraters bei der Gesprächsgestaltung geht allerdings noch über eine, am jeweiligen Beratungs- bzw. Leistungskontext orientierte Auswahl passender Dialogmodi hinaus. So zieht der Berater aus der Art der Gesprächsinitiierung durch den Interessenten sowie aus dem Gesprächsverhalten des Beratenen Rückschlüsse darauf, auf welcher fachlichen und kommunikativen Ebene dieser angesprochen und beraten werden möchte. Die zu Beginn des Beratungsdialoges getroffene Entscheidung für eine bestimmte Mischung an Dialogmodi wird im Gesprächsverlauf anhand der Kundenreaktion verifiziert und gegebenenfalls mehrfach adaptiert. So ermöglicht der Berater es dem Interessenten, seine

Anforderungen wahlweise eher in Produkt- oder Kundensprache zu artikulieren. Zudem unterstützt der Berater den (potenziellen) Kunden situativ durch gezielte Informationen zu Fachtermini und logischem Beratungsverlauf, sofern er ein entsprechendes Erfordernis aus dem Kommunikationsverhalten des Beratenen erkennt. Wenngleich die kommunikative Anpassungsfähigkeit als Alleinstellungsmerkmal der Mensch-Mensch-Kommunikation derzeit nicht in praktikabler Weise automatisierbar ist, lassen sich dennoch Gestaltungsrichtlinien ableiten, welche die Generierung eines dem Dialogverhalten des Benutzers angepassten elektronischen Dialoges ermöglichen (vgl. Kapitel 6.3).

6 Gestaltungsrichtlinien für ein Beratungssystem

Die verschiedenen Typen von Beratungstools lassen sich, ergänzt durch jeweils erforderliche Support-Tools, einzeln oder in Kombination im Rahmen eines *Beratungssystems* implementieren und werden so zu Werkzeugen für die Generierung einer virtuellen Beratungsleistungen (vgl. Kapitel 5.2.2).

Wesentlich für die Gewährleistung der Effizienz der Online-Kommunikation zwischen Benutzer und Beratungssystem ist die Berücksichtung bestimmter Gestaltungsrichtlinien bei der fachlichen Toolkonzeption. Ziel hierbei ist es, die kommunikativen Leistungen des realen Beraters zu simulieren, welcher je nach Kontext und kommunikativer Disposition des (potenziellen) Kunden einen passenden Ansatzpunkt für den Beratungsdialog wählt sowie situativ geeignete Modi der Dialogführung anwendet und den Beratenen zudem nach Notwendigkeit mit unterstützenden Informationen versorgt. Entsprechend werden im Folgenden Gestaltungsrichtlinien für den Tooleinsatz abgeleitet, welche neben der Flexibilisierung des Einstiegspunktes eines Beratungssystems die Wahl einer im Beratungs- bzw. Leistungskontext passenden Tooltypenmischung sowie die Ableitung von Maßnahmen für eine benutzeradäquate Toolausgestaltung zum Gegenstand haben (vgl. Abbildung 31).

Abbildung 31: Gestaltungsrichtlinien für ein Beratungssystem

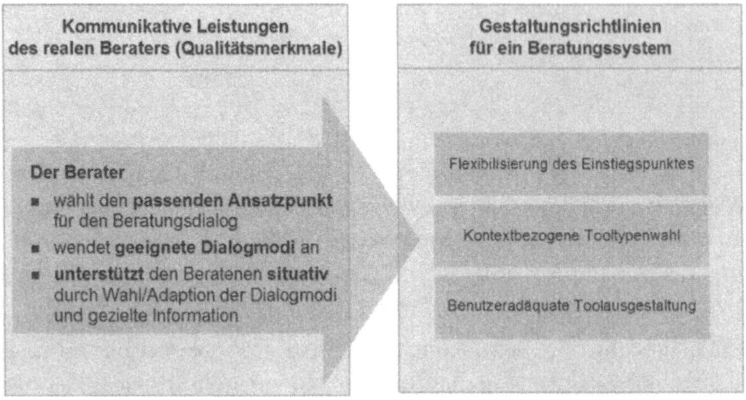

Quelle: Eigene Darstellung

6.1 Flexibilisierung des Einstiegspunktes

Flexibilisierung des Einstiegspunktes
In der *realen* Beratung wählt der Berater je nach Beratungskontext und kommunikativer Disposition des (potenziellen) Kunden einen passenden Ansatzpunkt für den Beratungsdialog. In der *virtuellen* Beratung wird das Nutzungsverhalten des Interessenten in Bezug auf Beratungsmodule durch seine Beratungsorientierung bzw. Selbständigkeit und durch die Überschaubarkeit der Leistungspalette bestimmt. Entsprechend sollte ein System von modularen Beratungskomponenten zur Ermittlung bedarfsgerechter Leistungsbündel, sowie zur Leistungsvorauswahl und Leistungskonkretisierung implementiert werden, welches dem Benutzer den Einstieg in verschiedene Stufen seines Prozesses vom Bedarf bzw. Leistungswunsch bis zur Leistungskonkretisierung ermöglicht.

6.1.1 Ansatzpunkte der Beratungsunterstützung

Mögliche Ansatzpunkte für einen Beratungsdialog ergeben sich – sowohl in der realen als auch in der virtuellen Beratung - aus dem Customer Buying Cycle (vgl. Kapitel 4.2.1.1), welcher den Kundenprozess beschreibt.

So kann die Beratung in der Phase Anregung ansetzen, in der es darum geht, die Bedarfslage des (potenziellen) Kunden zu erfassen und ein abstraktes bedarfsgerechtes Leistungsbündel zu ermitteln. Ferner bietet die Phase Evaluation mögliche Ansatzpunkte für die Beratung. Hierbei geht es darum, auf Basis der Daten des Interessenten eine auf seine individuellen Anforderungen und Bedingungen zugeschnittene, individualisierte Leistungs- bzw. Produktempfehlung zu generieren. Diese kann sich zum einen auf eine *Vorauswahl* in Frage kommender Leistungen und zum anderen auf die *Konkretisierung* einzelner bzw. sämtlicher Leistungen bzw. Produkte beziehen.

Bei der *Leistungsvorauswahl* geht es darum, ein abstraktes Leistungsbündel auf Basis der im jeweiligen Beratungskontext relevanten Benutzerdaten auf Ebene der Leistungs- bzw. Produktkategorien oder -varianten zu individualisieren. Es lässt sich eine produktzentrierte und kundenzentrierte Leistungsvorauswahl unterscheiden, je nachdem, ob die Individualisierung auf Basis der Anforderungen des Beratenen an das Produkt oder auf Basis seiner individuellen Bedarfslage bzw. seiner persönlichen Eigenschaften sowie Rahmensituation erfolgt.

Bei der *produktzentrierten Leistungsvorauswahl* spielt sich die Selektion passender Leistungsbausteine innerhalb eines bestimmten Leistungskontextes ab und basiert auf Wünschen bzw. Anforderungen des Benutzers an ein Leistungsbündel bzw. eine Leistung. So kann für den Spar- und Anlagebereich auf Basis der Anforderungen des Benutzers an bestimmte Produkteigenschaften, beispielsweise die Ratenkonditionen und die Verfügbarkeit, eine entsprechende Auswahl an in Frage kommender standardisierten Spar- und Anlageprodukten abgeleitet werden (vgl. Abbildung 32).

Abbildung 32: Produktzentrierte Leistungsvorauswahl

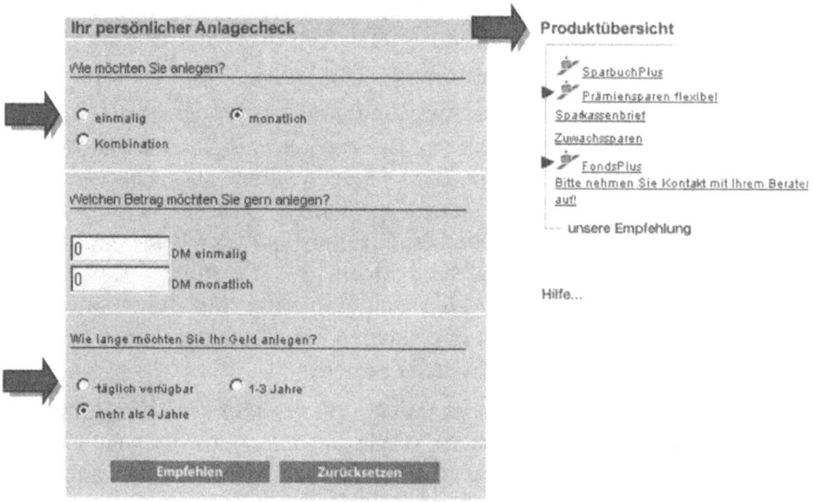

Quelle: Kreissparkasse Hildesheim: Ihr persönlicher Anlagecheck. http://www.ksk-hildesheim.de/, 02/02.

Ausgangspunkt der *kundenzentrierten Leistungsvorauswahl* stellt zunächst die leistungsbereichsübergreifende Auswahl an Leistungs- bzw. Produktkategorien dar, welche dazu geeignet sind, einen bestimmten Primärbedarf des (potenziellen) Kunden zu befriedigen. Dieses bedarfsgerechte Leistungsbündel gilt es dann, unter Berücksichtigung der im jeweiligen Kontext relevanten Eigenschaften und Rahmenbedingungen des Interessenten, individuell einzugrenzen.

Für den Bedarfskontext der privaten Altersvorsorge beispielsweise kann auf Basis der individuellen Eigenschaften und Rahmenbedingungen des Beratenen eine Selektion in Frage kommender Vorsorgeprodukte der Leistungsbereiche Wertpapieranlage, Bausparen und Immobilienfinanzierung, Versicherungsleistungen etc. erfolgen, welche zum Schließen der individuellen Versorgungslücke in der Rentenphase dienen können.

Ziel der *Leistungskonkretisierung* ist es, einzelne Leistungen bzw. Produkte im Hinblick auf die Anforderungen bzw. Eigenschaften und Rahmenbedingungen des Benutzers mit konkreten Werten der Produktparameter zu füllen und somit eine maßgeschneiderte Lösung zu generieren. So erfolgt die Konkretisierung eines bestimmten standardisierten Anlageproduktes beispielsweise durch die Festlegung des Anlagebetrages auf 10.000 Euro, der Laufzeit auf 5 Jahre und des Zinssatzes auf 5 Prozent.

Die Leistungskonkretisierung kann im Beratungsverlauf der Leistungsvorauswahl folgen und sich auf einzelne oder sämtliche ermittelten, grundsätzlich für den Benutzer in Frage kommenden Leistungsbündel bzw. Leistungen beziehen. Ebenso kann der Beratungsprozess unter Umgehung der Leistungsvorauswahl unmittelbar bei der Konkretisierung einer bestimmten Leistung im Hinblick auf die Anforderungen des Benutzers ansetzen.

6.1.2 Determinanten der Beratungsunterstützung

Der im jeweiligen Kunden-CBC zu wählende Ansatzpunkt der Beratungsunterstützung, wird maßgeblich von der Disposition des (potenziellen) Kunden determiniert, welcher mit mehr oder weniger konkreten Vorstellungen im Hinblick auf einen Primärbedarf oder den Leistungserwerb und somit mit einem bestimmten Beratungsbedarf an den Anbieter herantritt.

Ein Teil der (potenziellen) Kunden informiert sich selbständig über die Leistungspalette des Anbieters, trifft eigenständig eine bedarfsgerechte Leistungsvorauswahl und kommt mit der Nachfrage nach einem konkreten Produkt(bündel) auf den Anbieter zu. So möchte der informierte Interessent beispielsweise seine Wunschimmobilie mittels eines Annuitätendarlehens finanzieren. Im Fall des *selbständigen* Interessenten wird der Beratungsdialog in der Regel unmittelbar in der Evaluationsphase bei der Leistungskonkretisierung ansetzen und allenfalls eine rechnerische Gegenüberstellung alternativer konkretisierter Leistungsvarianten (beispielsweise des Annuitätendarlehens in Kombination mit einer Kapitallebensversicherung) umfassen.

Ein anderer Teil der (potenziellen) Kunden dagegen hat weniger konkrete Vorstellungen im Hinblick auf den Leistungserwerb und fordert eine umfassendere Beratungsleistung. So tritt der *beratungsorientierte* Interessent in der Regel mit einem mehr oder weniger konkreten Primärbedarf an den Anbieter heran, nach dessen Befriedigung er strebt; er möchte beispielsweise ein Eigenheim besitzen. Im Fall des beratungsorientierten Interessenten wird die Beratungsleistung tendenziell in der Anregungsphase bei der Ermittlung eines bedarfsgerechten Leistungsbündel bzw. in der Evaluationsphase bei der Ableitung einer bedarfsgerechten Vorauswahl in Frage kommender Leistungsbausteine ansetzen. Erst nach erfolgter Selektion wird die Beratungsleistung zur Konkretisierung einzelner Alternativen übergehen. So wird im Zuge eines Beratungsdialoges beispielsweise zunächst aus einer detaillierten Erfassung der Bedarfssituation, der Präferenzen und Rahmendaten des Interessenten ein Annuitätendarlehen in Kombination mit einer Kapitallebensversicherung als passende Finanzierungsform identifiziert. Dieses

Leistungsbündel wird anschließend entsprechend der individuellen Anforderungen und Bedingungen des Beratenen maßgeschneidert konkretisiert.

Neben der Selbständigkeit bzw. Beratungsorientierung des (potenziellen) Kunden spielt für die Entscheidung über den sinnvollen Ansatzpunkt der Beratungsunterstützung ferner der Umfang der im jeweiligen Beratungs- bzw. Leistungskontext relevanten und anbieterspezifisch verfügbaren Leistungs- bzw. Produktpalette eine Rolle. So steigt die Notwendigkeit einer beratungsunterstützten Bestimmung eines bedarfsgerechten Leistungsbündels sowie einer individualisierten Leistungsvorauswahl mit steigender Anzahl der im Beratungskontext relevanten Leistungen, da sich die Fähigkeit des Interessenten, selbsttätig eine passende Auswahl zu treffen, mit der erschwerten Überschaubarkeit der alternativen Möglichkeiten vermindert. Geht es im Leistungskontext der Immobilienfinanzierung beispielsweise lediglich um die Vermittlung eines Annuitätendarlehens, so kann sich die Beratungsleistung auf die Leistungskonkretisierung, d.h. die maßgeschneiderte Anpassung dieses Finanzierungsproduktes im Hinblick auf die individuellen Anforderungen und Bedingungen des Interessenten beschränken. Werden dagegen unterschiedliche Konzepte der Immobilienfinanzierung angeboten, welche die Leistungskategorien Annuitätendarlehen, Kapitallebensversicherung und Bausparen kombinieren, so kann eine beratungsunterstützte Leistungsvorauswahl zur Identifikation eines benutzerindividuell passenden Bündels aus Finanzierungsprodukten Sinn machen.

Der Umfang der im jeweiligen Beratungskontext relevanten Produktpalette wird maßgeblich durch den Grad der Kundenzentriertheit bzw. der Bedarfsorientierung des jeweiligen Beratungsprozesses bestimmt. Ein eng gefasster produktzentrierter Beratungskontext, der sich auf einen einzelnen Leistungsbereich des Anbieters bezieht, wird in der Regel eine geringere Anzahl an zur Auswahl stehenden Leistungen umfassen als ein weit gefasster kundenzentrierter Beratungskontext, der auf Ebene der Primärbedarfe des Benutzers operiert. So erfordert die Befriedigung eines primären Kundenbedarfes zumeist die Zuordnung produktbereichsübergreifender Leistungsbündel, welche eine Vielzahl an Teilleistungen umfassen (vgl. Kapitel 4.3.2).

6.1.3 Bestimmung idealer Ansatzpunkte der Beratungsunterstützung

Mit den Determinanten der Beratungsunterstützung lässt sich eine Matrix aufspannen, in deren Feldern sich die unterschiedlichen Ansatzpunkte der Beratungsunterstützung nach ihrer Notwendigkeit verorten lassen. Die Achsen beschreiben dabei die Disposition des (potenziellen) Kunden mit den Ausprägungen *selbständig* und *beratungsorientiert* einerseits sowie den Umfang der im jeweiligen Beratungskontext relevanten Leistungspalette andererseits. Die Intensität der

Einfärbung der Matrix repräsentiert die resultierende Notwendigkeit, die Beratungsunterstützung frühzeitig im Kundenprozess anzusetzen und die Beratungsleistung dabei am Kunden und seiner Bedarfssituation auszurichten.

Abbildung 33: Bestimmung idealer Ansatzpunkte der Beratungsunterstützung

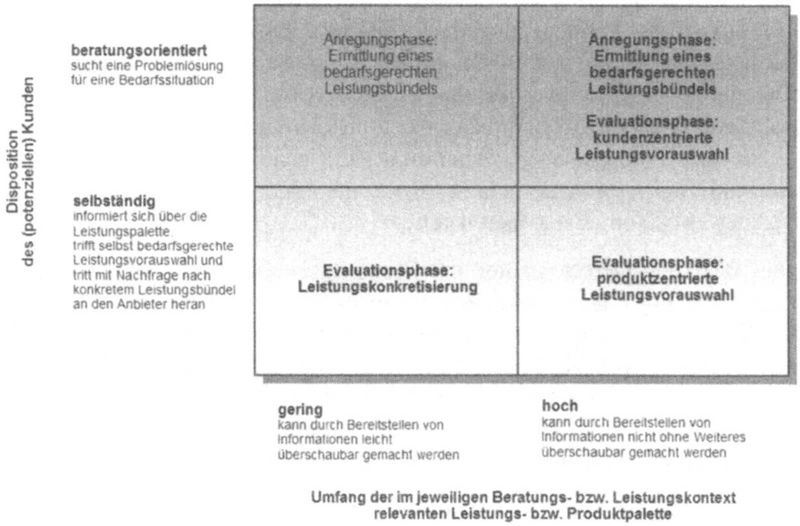

Quelle: Eigene Darstellung

Mit zunehmender Beratungsorientierung des (potenziellen) Kunden steigt die Notwendigkeit, dem Interessenten eine auf seine Bedarfssituation fokussierte Problemlösung zu bieten. Eine steigende Anzahl an im jeweiligen Beratungskontext relevanten Leistungs- bzw. Produktbündeln erhöht die Notwendigkeit einer beratungsunterstützten Leistungsvorauswahl. Sofern der Interessent selbständig und informiert ist, wird er tendenziell eigenständig eine Produktentscheidung treffen, welche sich beispielsweise auf bestimmte für ihn relevante Leistungsbereiche oder -bündel bezieht. Wird ein informierter Interessent mit einer umfangreichen Leistungspalette konfrontiert, kann eine produktzentrierte Leistungsvorauswahl, welche sich auf einen kundenseitig ausgewählten Leistungsbereich beschränkt, dennoch sinnvoll sein.

6.1.4 Flexibilisierung des Einstieges in der virtuellen Beratung

Mit Hilfe der verschiedenen, an Produktdetails bzw. an Kundenbedarfen ausgerichteten Tooltypen lassen sich produkt- wie kundenzentrierte Beratungsprozesse am Vorbild realer Beratungsabläufe ausgerichtet simulieren (vgl. Kapitel 5.2.1). Die verschiedenen möglichen Ansatzpunkte und Abstraktionsgrade der Beratungsunterstützung, d.h. die Ermittlung eines bedarfsgerechten Leistungsbündels, die produkt- und kundenzentrierte Leistungsvorauswahl sowie die Leistungskonkretisierung lassen sich dabei durch geeignete Auswahl an Tooltypen und entsprechende logische Ausgestaltung der Module abbilden. So lässt sich eine produktzentrierte Leistungsvorauswahl durch Elemente des *Produkt Konfigurators* bzw. *Produkt Mapping* (vgl. Abbildung 32), eine kundenzentrierte Leistungsvorauswahl beispielsweise durch Elemente des *Preference Mapping* (vgl. Abbildung 28) automatisiert bereitstellen.

Die auf Basis der Determinanten der Beratungsunterstützung abgeleiteten idealen Ansatzpunkte einer Beratungsleistung gelten in der realen wie in der elektronischen Welt. Während allerdings in der realen Welt der personelle Berater in Abhängigkeit von der kommunizierten Disposition und Informiertheit des Beratenen den jeweils geeigneten Ansatzpunkt für ein Beratungsgespräch findet, wählt der Interessent in der elektronischen Kommunikation selbst den gewünschten Einstiegspunkt in den virtuellen Beratungsprozess.

Entsprechend seiner Disposition wird der (potenzielle) Kunde, der sich beispielsweise auf der Website des Finanzdienstleisters bewegt, ein bestimmtes Nutzungsverhalten interaktiver Beratungsfunktionalitäten zeigen. So wird sich ein selbständiger Benutzer des elektronischen Finanzdienstleistungsangebotes aktiv über die Produktpalette informieren, selbsttätig eine Vorauswahl der für ihn in Frage kommenden Leistungsbündel treffen und unmittelbar in ein Beratungstool zur Konkretisierung der ausgewählten Leistungen bzw. Produkte einsteigen. Ein Benutzer mit höherer Beratungsorientierung dagegen wird ein Tool präferieren, welches ihm eine an seinen primären Bedarfen orientierte, umfassendere virtuelle Beratungsleistung bietet. So kommt diesem Benutzer ein Beratungssystem entgegen, welches, ausgehend von einer Erfassung eines Primärbedarfes sowie seiner Präferenzen und seiner Rahmensituation, zunächst eine Vorauswahl der für ihn in Frage kommenden Leistungsbündel ermittelt. Der beratungsorientierte Benutzer wird erst nach der toolgestützten Leistungsvorauswahl zu Tools der Leistungskonkretisierung übergehen.

Neben seiner Selbständigkeit bzw. Beratungsorientierung wird die Entscheidung des (potenziellen) Kunden über die Nutzung bereitgestellter Beratungsfunktionalitäten vom Umfang bzw. von der Überschaubarkeit der im jeweiligen Beratungskontext elektronisch angebotenen Leistungs- bzw. Produktpalette abhängen. So wird der Wunsch des Benutzers, Tools zur automatisierten Leistungsvorauswahl zu durchlaufen, mit der Anzahl der im jeweiligen Beratungskontext relevanten bzw. verfügbaren Leistungen steigen. Wird beispielsweise ein komplexes Immobilienfinanzierungskonzept angeboten, so wird der Benutzer ein Modul als sinnvoll empfinden, welches ihm die Ermittlung eines auf seine individuellen Anforderungen und Bedingungen zugeschnittenen Bündels aus den Elementen Annuitätendarlehen, Kapitallebensversicherung und Bausparen ermöglicht.

Ziel des Anbieters in der virtuellen Beratung sollte es sein, dem (potenziellen) Kunden, der die Nutzung interaktiver Beratungstools selbst gemäß seiner Disposition und der Überschaubarkeit der Leistungspalette bestimmt, entsprechend wählbare Ansatzpunkte der Beratungsunterstützung zu bieten. Um Benutzern unterschiedlicher Dispositionen in Beratungsprozessen unterschiedlichen Abstraktionsgrades eine möglichst umfassende Unterstützungsleistung zu bieten, sollte der Anbieter ein System von Beratungsmodulen implementieren, welches dem Benutzer den Einstieg in verschiedene Stufen seines Prozesses auf dem Weg vom Bedarf bzw. Leistungswunsch zur Leistungskonkretisierung und die Inanspruchnahme entsprechender Grade der Beratungsunterstützung ermöglicht.

6.2 Kontextbezogene Tooltypenwahl

Kontextbezogene Tooltypenwahl

In der *realen* Beratung wendet der Berater je nach Beratungs- bzw. Leistungskontext in der Regel verschiedene Modi der produkt- und kundenzentrierten Beratung an, um ein möglichst umfassendes Bild der Anforderungen bzw. der Bedarfe, Eigenschaften und Entscheidungssituation des Interessenten als Grundlage einer Leistungs- bzw. Produktempfehlung zu erlangen.
Um auch in der *virtuellen* Beratung die Ableitung einer Empfehlung auf Basis eines realitätsnahen Bildes der Anforderungen und Bedingungen des Benutzers zu gewährleisten, sollte eine im jeweiligen Beratungs- bzw. Leistungskontext geeignete Mischung an Beratungstooltypen im Rahmen eines Beratungssystems implementiert werden. Komplexitätsgrad und Kommunikationsbedarf als leistungsspezifische Charakteristika erlauben die Bestimmung der jeweils zu integrierenden Tooltypen.

6.2.1 Komplexitätsgrad und Kommunikationsbedarf

Finanzdienstleistungen unterscheiden sich hinsichtlich ihres *Komplexitätsgrades* und ihres *leistungsspezifischen Kommunikationsbedarfes*.

Der *Komplexitätsgrad* einer Leistung bzw. eines Produktes resultiert aus der Anzahl der jeweils anbieterspezifisch bereitgestellten Leistungs- bzw. Produktvarianten sowie aus dem Umfang der durch die finanzfachliche Definition determinierten Leistungs- bzw. Produktparameter. So kann der Anbieter beispielsweise verschiedene Varianten eines Immobilienfinanzierungskonzeptes bereitstellen, welche sich in ihrer Zusammensetzung aus den Komponenten Annuitätendarlehen, Kapitallebensversicherung und Bausparen unterscheiden. Jede dieser Leistungskomponenten wird wiederum durch bestimmte Parameter bestimmt, die sich aus der finanzfachlichen Leistungsdefinition ergeben. So definiert sich ein Annuitätendarlehen beispielsweise durch den Kreditbetrag, die Anfangstilgung, den Nominalzins, die resultierende Annuität bzw. die periodische Rate sowie durch die Effektivverzinsung und die Laufzeit. Während es sich somit bei einem Konzept der Immobilienfinanzierung um eine vergleichsweise komplexe Leistung handeln kann, weist beispielsweise ein standardisiertes Sparprodukt, welches sich lediglich über die Parameter monatliche Sparrate und Zinssatz definiert, einen geringeren Komplexitätsgrad auf. Die Finanzdienstleistungen eines Anbieters lassen sich in ihrer anbieterspezifischen Ausprägung entsprechend ihres Komplexitätsgrades in eine eindeutige Rangfolge bringen.

Der *leistungsspezifische Kommunikationsbedarf* bezeichnet den kommunikativen Aufwand, der beim Vertrieb einer Leistung verrichtet werden muss, um zu einer Leistungs- bzw. Produktempfehlung zu gelangen, welche der Person des Interessenten angemessen sowie angesichts der im Beratungskontext relevanten individuellen Entscheidungssituation realisierbar ist. Der Kommunikationsbedarf bei der Vermittlung einer Finanzdienstleistung wird somit zum einen durch die Benutzereigenschaften, beispielsweise die Einstellungen, Präferenzen und ggf. Verhaltensweisen des Interessenten, determiniert, sofern und insoweit diese für die Ableitung einer maßgeschneiderten Empfehlung eine Rolle spielen. Zum anderen bestimmt der Umfang der benutzerindividuellen Rahmenbedingungen den Grad des Kommunikationsaufwandes, insoweit sie die Entscheidungssituation des Interessenten im jeweiligen Beratungskontext beschreiben. Die Finanzdienstleistungen eines Anbieters lassen sich auch entsprechend ihres leistungsspezifischen Kommunikationsbedarfs in eine Rangfolge bringen.

Definiert man eine Matrix, die durch die Parameter *Komplexitätsgrad der Leistung* und *leistungsspezifischer Kommunikationsbedarf* aufgespannt wird und deren qualitative Ausprägungen jeweils in die Bereiche niedrig, mittel und hoch unterteilt werden, so lässt sich die Leistungspalette eines Finanzdienstleisters entsprechend der anbieterspezifischen Ausprägungen der einzelnen Leistungen in dieser Matrix verorten. Eine exemplarische Einordnung von abstrakten Finanzdienstleistungen wird in Abbildung 34 demonstriert.

Abbildung 34: Finanzdienstleistungen nach Komplexitätsgrad und Kommunikationsbedarf

Quelle: Eigene Darstellung

Die getroffene exemplarische Verortung soll für ausgewählte Leistungsbereiche erläutert werden: Standardisierte Sparprodukte beispielsweise lassen sich auf Basis einer relativ geringen Anzahl an Parametern, so der monatlichen Sparrate und des Zinssatzes sowie gegebenenfalls eines Bonussystems, der Laufzeit und des Endkapitals vollständig beschreiben und weisen somit einen geringen bis mittleren produktspezifischen Komplexitätsgrad auf. Der mit der Vermittlung eines standardisierten Sparproduktes verbundene Kommunikationsbedarf ist gering. Denn für die Konkretisierung eines Sparvertrages ist es nicht erforderlich, Eigenschaften des Interessenten, wie seine Einstellungen oder Präferenzen zu berücksichtigen. Auch tangiert die individuelle Rahmensituation des Interessenten in nur sehr eingeschränktem Maße die Abschlussfähigkeit des Produktes. Ein Konsumkredit, der in seiner finanzfachlichen Definition durch die wenigen Parameter Kreditbetrag, Laufzeit, Nominalzins (in Abhängigkeit der Laufzeit) und Rate beschrieben werden kann, weist einen mittleren bis geringen Komplexitätsgrad auf, ist allerdings mit einem vergleichsweise höherem Kommunikationsbedarf verbunden, da zur Verifikation der Realisierbarkeit einer Kreditempfehlung für den Interessenten dessen grundsätzliche Kreditwürdigkeit sowie seine finanzielle Leistungsfähigkeit im Hinblick auf die Kreditbedienung zu erfassen sind. Eine Kapitalanlage in Form einer Investition in ein bedarfsgerecht strukturiertes Wertpapierportfolio kann in Abhängigkeit der Varietät der vom Anbieter bereitgestellten Wertpapier- und Fondstypen einen mittleren bis hohen produktspezifischen Komplexitätsgrad aufweisen. Auch der Kommunikationsbedarf zur Ableitung eines maßgeschneiderten Anlagekonzeptes ist als mittel bis hoch anzusehen. So spielt zur Entscheidung über die grundsätzliche prozentuale Portfoliozusammensetzung das Anlegerprofil des Interessenten als aggregierte Größe aus verschiedenen, im Themenkontext der Kapitalanlage relevanten Einstellungen, Präferenzen und Zielen eine wesentliche Rolle. Das Financial Planning als Finanzdienstleistung höchsten Komplexitätsgrades und höchsten Kommunikationsbedarfes integriert die Leistungsbausteine sowie die kommunikativen Erfordernisse zahlreicher anderer Produktbereiche. So dient die private Finanzplanung der Ableitung eines umfassenden Konzeptes zur Optimierung der individuellen Finanzsituation des Benutzers hinsichtlich Liquidität, Geld- sowie Sachvermögen und erfordert damit neben der Berücksichtigung der individuellen Einstellungen, Präferenzen und Ziele des Beratenen eine umfassende Erhebung und Analyse seines momentanen Vermögensstatus sowie seiner derzeitigen und zukünftig zu erwartenden Lebenssituation.

6.2.2 Notwendigkeit des Tooltypeneinsatzes

In Analogie zur Verortung einzelner Finanzdienstleistungen nach ihrem Komplexitätsgrad und produktspezifischen Kommunikationsbedarf kann die Komplexitätsgrad-/ Kommunikationsbedarfs-Matrix zur Verortung der einzelnen Beratungstooltypen bezüglich der Notwendigkeit ihres Einsatzes verwendet werden (vgl. Abbildung 35).

Abbildung 35: Beratungstooleinsatz nach Komplexitätsgrad und Kommunikationsbedarf

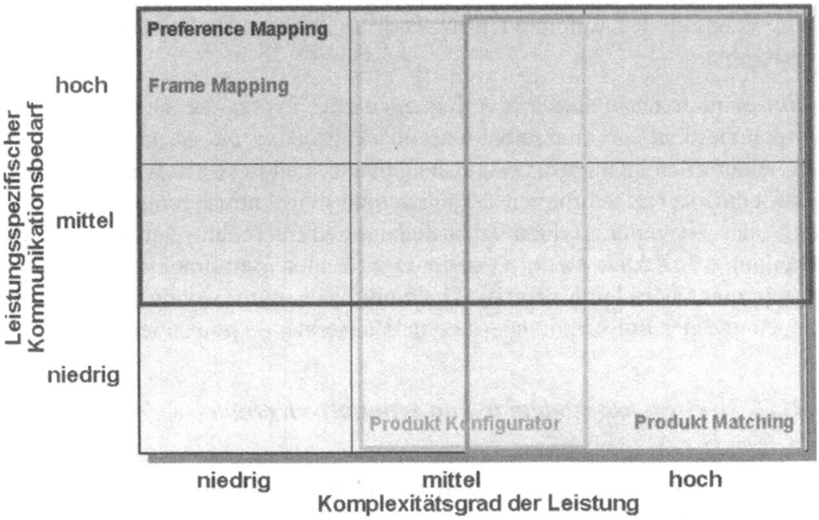

Quelle: Eigene Darstellung

Steigender Komplexitätsgrad der Leistung erhöht die Notwendigkeit des *Produkt Konfigurator-* bzw. *Produkt Matching* - Einsatzes gegenüber dem *Preference Mapping*, da bei den Methoden *Produkt Konfigurator* bzw. *Produkt Matching* durch Operieren auf Ebene der Leistungsdetails eine größere Anzahl an Parametern betrachtet werden kann als bei Ableitung einer Empfehlung aus den Einstellungen bzw. Präferenzen und ggf. Verhaltensweisen des Benutzers. Bei hohem bis sehr hohem Komplexitätsgrad kann jedoch die Fähigkeit des Benutzers, sämtliche Produktdetails zu überblicken und bedarfsgerecht zu konfigurieren, ihre Grenze erreichen. Um einen zu hohen und wenig praktikablen Detaillierungsgrad zum umgehen, kann die Methode *Preference Mapping* sinnvoll kombiniert werden.

Bei mittlerem bis hohem Komplexitätsgrad der Leistung ist der Tooltyp *Produkt Matching* gegenüber dem *Produkt Konfigurator* zu präferieren, da die Identifikation ähnlicher Leistungskonkretisierungen aus der Angebotspalette wiederholte und aufwendige Konfigurationsfehlschläge seitens des Benutzers vermeidet.

Der leistungsspezifische Kommunikationsbedarf wird durch die im Leistungskontext relevanten Benutzereigenschaften und/oder die jeweils zu erfassenden benutzer- sowie leistungsspezifischen Rahmenbedingungen bestimmt. Entsprechend erhöht ein steigender produktspezifischer Kommunikationsbedarf zum einen die Notwendigkeit des *Preference Mapping*, da diese Methode es ermöglicht, die im

Produktkontext relevanten Einstellungen bzw. Präferenzen und gegebenenfalls Verhaltensweisen des Interessenten zu erfassen und diese Charakteristika regelgestützt im Hinblick auf die Ableitung einer Empfehlung zu aggregieren. Zum anderen sind mit Hilfe der Methode *Frame Mapping* die im Leistungskontext relevanten Rahmenbedingungen entsprechend ihrer Notwendigkeit als Basis einer maßgeschneiderten Empfehlung im Tool zu erfassen und entsprechend weiterzuverarbeiten.

Verortet man nach diesen Überlegungen die Typen der Beratungstools in der Komplexitätsgrad-/Kommunikationsbedarfs-Matrix, so ist erkennbar, dass mit steigendem Komplexitätsgrad und steigendem leistungsspezifischem Kommunikationsbedarf nur Mischformen der Tooltypen den Anforderungen bei der Vermittlung der jeweiligen Finanzdienstleistungen gerecht werden können (vgl. Abbildung 35). Dies steht in Analogie zu realen Beratungssituationen, in denen mittels einer Mischung diverser Dialogmodi ein umfassendes Bild der Anforderungen und der Entscheidungssituation des Beratenen gewonnen wird.

6.2.3 Bestimmung idealer Tooltypenmischungen

Ein Matching der komplementären Matrizen erlaubt das „Ablesen" der für eine jeweils betrachtete Finanzdienstleistung idealerweise anzuwendende Tooltypenmischung. Abbildung 36 zeigt die Bestimmung idealer Tooltypenmischungen für exemplarisch verortete Finanzprodukte.

Ein Beratungssystem zur Vermittlung einer konkreten bedarfsgerechten Kapitalanlage beispielsweise, sollte Elemente des *Preference Mapping* enthalten. Denn zur Entscheidung über die grundsätzliche prozentuale Portfoliozusammensetzung spielt das Anlegerprofil des Interessenten als aggregierte Größe aus verschiedenen, im Themenkontext der Kapitalanlage relevanten Einstellungen, Präferenzen und Zielen eine wesentliche Rolle. Wie in Kapitel 5.2.3.5 beschrieben, kann auf Basis der Benutzereigenschaften allerdings nur eine individuelle Konkretisierung auf Ebene der Produktkategorien abgeleitet werden. Um zu einer Präzisierung der Anlageempfehlung hinsichtlich Anlagehöhe zu gelangen, sollte die Beratungsanwendung somit zudem entsprechende Elemente des *Produkt Konfigurators* bzw. des *Produkt Matching* aufweisen.

Abbildung 36: Bestimmung idealer Tooltypenmischungen

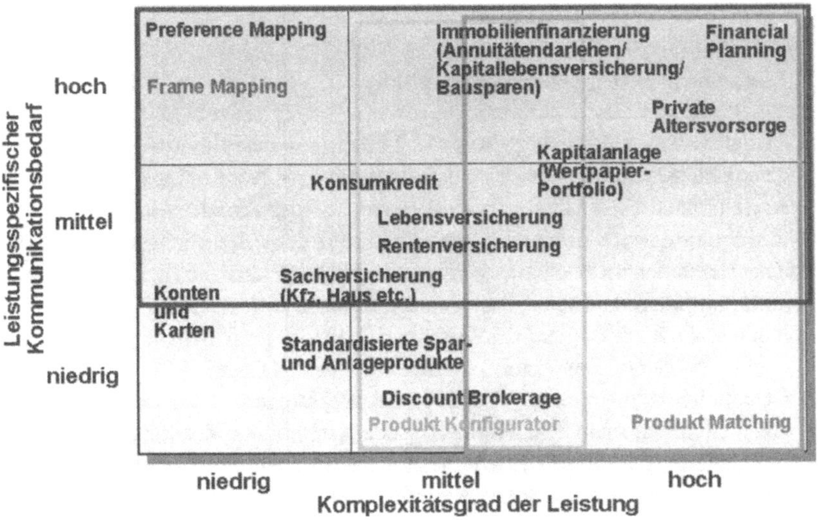

Quelle: Eigene Darstellung

Die hier generierte Vorgehensweise ermöglicht es, auf systematische Weise eine Entscheidung für die im betrachteten Beratungs- bzw. Leistungskontext geeignete Art der elektronischen Dialogführung abzuleiten und diese Erkenntnisse bei der Konzeption eines Beratungssystems zu nutzen. Ähnlich wie in der realen Beratungssituation kann mittels eines Tools geeigneter Tooltypenmischung auch in der virtuellen Beratungssituation eine den leistungsspezifischen Notwendigkeiten adäquate Kommunikation geführt werden, welche die Gewinnung eines umfas-senden Bildes der Anforderungen und Bedingungen des Benutzers erlaubt. Die Leistung des realen Beraters, eine Entscheidung im Hinblick auf im Beratungs- bzw. Leistungskontext geeignete Elemente der Gesprächsführung zu treffen, wird somit ansatzweise simuliert.

6.3 Benutzerorientierte Toolausgestaltung

Benutzerorientierte Toolausgestaltung
In der *realen* Beratung gehen die Leistungen des Beraters bei der Gesprächsgestaltung über eine kontextbezogene Auswahl an Dialogmodi hinaus. So zieht der reale Berater aus der Art der Gesprächsinitiierung durch den Interessenten sowie aus dem Gesprächsverhalten des Beratenen Rückschlüsse darauf, auf welcher fachlichen und kommunikativen Ebene dieser angesprochen und beraten werden möchte. Die zu Beginn des Beratungsdialoges getroffene Entscheidung für eine bestimmte Mischung an Dialogmodi wird im Gesprächsverlauf anhand der Kundenreaktionen verifiziert und gegebenenfalls mehrfach adaptiert. Zudem unterstützt der Berater den (potenziellen) Kunden situativ durch gezielte Informationen zu Fachtermini und logischem Beratungsverlauf, sofern er ein entsprechendes Erfordernis aus dem Kommunikationsverhalten des Beratenen erkennt. In der *virtuellen* Beratung sollten die Leistungen des realen Beraters bezüglich einer kundenadäquaten Gesprächsgestaltung in Form einer den kommunikativen Anforderungen des Benutzers angepassten, elektronischen Dialoggestaltung nachempfunden werden. Der Dialogtyp des Benutzers, welcher sich aus dessen leistungsbezogenem Kenntnisstand und seiner Internetversiertheit bestimmt, determiniert die zu treffenden Maßnahmen der Toolausgestaltung. Diese können sich auf eine benutzeradäquate Modifikation in der Tooltypenwahl sowie auf die Bereitstellung einer entsprechend adaptierten inhaltlichen und benutzerführenden Hilfefunktion beziehen. Verschiedene Ansatzpunkte der benutzerindividuellen Toolausgestaltung führen zu jeweils unterschiedlichen Stufen der Simulation realer Anpassungsfähigkeit.

6.3.1 Der Dialogtyp der Toolbenutzer

Das in Kapitel 6.2 beschriebene Verfahren zur Auswahl geeigneter Tooltypenmischungen für eine Beratungssimulation basiert ausschließlich auf den spezifischen

Leistungseigenschaften. Die (potenziellen) Kunden, die ein Beratungssystem im Internet nutzen, unterscheiden sich jedoch in ihrer Fähigkeit, dieses in zielführender Weise zu bedienen, respektive in ihren Anforderungen an einen automatisierten interaktiven Beratungsdialog zur Ableitung einer maßgeschneiderten Empfehlung. Entsprechend ihres *leistungsbezogenen Kenntnisstandes* sowie ihrer *Internetversiertheit* lassen sich die potenziellen Nutzer eines Beratungssystems in unterschiedliche *Dialogtypen* differenzieren, welche jeweils bestimmte Anforderungen an die Toolausgestaltung implizieren.

Der *leistungsbezogene Kenntnisstand* des Benutzers definiert sich dabei darin, inwieweit diesem die verfügbaren Varianten und definierenden Parameter des jeweiligen Leistungs- bzw. Produktbereiches bekannt sind und in welchem Grad er entsprechend die produktspezifische Sprache beherrscht. Ein Benutzer mit geringem leistungsbezogenen Kenntnisstand hat keinen Überblick über die Varianten und Parameter des jeweiligen Produktbereiches und kann seine Anforderungen an das Produkt folglich nicht auf Ebene der Produktdetails und in produktspezifischer Terminologie artikulieren. Mit steigendem leistungsbezogenen Kenntnisstand wächst die Fähigkeit des Benutzers, seine Wünsche bezüglich der Produktdetails zunächst in Benutzersprache zu umschreiben und schließlich direkt zu äußern.

Die *Internetversiertheit* spiegelt die Erfahrung des Benutzers im Umgang mit dem Medium Internet und in der Nutzung interaktiver Funktionalitäten wider. Ein Benutzer mit geringer Internetversiertheit wird aufgrund seiner mangelnden Erfahrung mit dem Online-Medium hohe Barrieren des Einstiegs in ein elektronisches Beratungssystem sowie Schwierigkeiten bei der Toolbedienung aufweisen. Bedienungsprobleme können auch bei Benutzern auftreten, die das Medium Internet bislang vorrangig als Mittel der einfachen Informationsbeschaffung verwendet haben und daher wenig mit interaktiven Funktionalitäten vertraut sind. Lediglich bei Benutzern mit hoher Internetversiertheit und ausreichender Erfahrung im Umgang mit interaktiven Anwendungen sind geringe bzw. keinerlei Probleme bezüglich des Tooleinstiegs und der Toolbedienung zu erwarten.

Anhand der Parameter *leistungsbezogener Kenntnisstand* und *Internetversiertheit* lässt sich eine Matrix aufspannen, welche eine Verortung von potenziellen Nutzern einer Beratungsanwendung hinsichtlich ihres Dialogtyps ermöglicht. Die Untergliederung der qualitativen Kriterien in die Ausprägungen gering, mittel und hoch ermöglicht eine Charakterisierung des Benutzers hinsichtlich seiner Fähigkeit zur Führung eines automatisierten Beratungsdialoges (vgl. Abbildung 37).

Abbildung 37: Dialogtypenmatrix

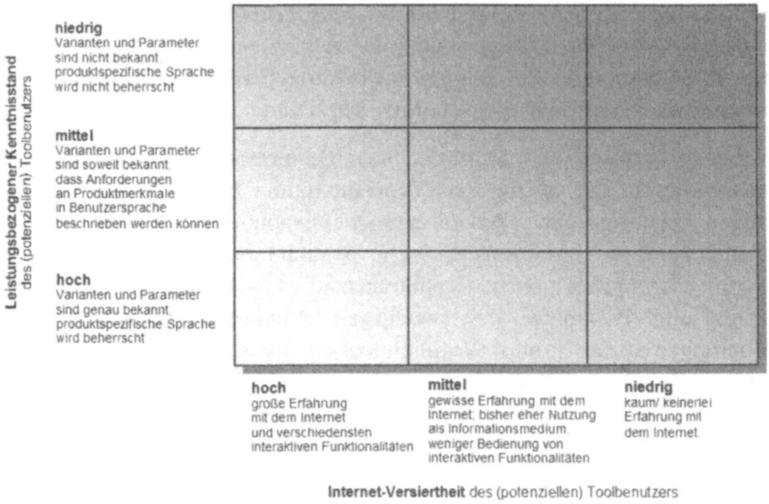

Quelle: Eigene Darstellung

6.3.2 Maßnahmen der benutzerorientierten Toolausgestaltung

Verschiedene Maßnahmen der Toolausgestaltung können ergriffen werden, um Benutzern unterschiedlicher Dialogtypen eine ihren jeweiligen Fähigkeiten angemessene elektronische Kommunikation zu ermöglichen.

Abnehmender *leistungsbezogener Kenntnisstand* impliziert eine verminderte Fähigkeit des Benutzers seine Anforderungen an die jeweilige Finanzdienstleistung auf Ebene der Produktdetails und in produktspezifischer Terminologie mitzuteilen. Um diesem Umstand unterstützend entgegenzuwirken, kann dem Benutzer eine entsprechend differenzierte *inhaltliche Hilfefunktion* geboten werden, welche durch Erläuterung der im jeweiligen Leistungskontext relevanten Begrifflichkeiten ein fachliches Verständnis vermittelt. Als weitere Maßnahme zur Kompensation einer geringen Produktkenntnis kann bei Beratungssystemen, die in ihrer Typenmischung Elemente der *Produkt Konfiguration* bzw. des *Produkt Matching* beinhalten, ein teilweiser oder vollständiger Ersatz dieser Methoden durch Elemente des *Produkt Mapping* angewandt werden. Der Benutzer erhält hierbei die Möglichkeit, seine Anforderungen an die Leistung in Benutzersprache zu artikulieren und somit eine Verwendung der produktspezifischen Terminologie zu umgehen.

Mit abnehmender *Internet-Versiertheit* steigen tendenziell die Schwierigkeiten des Benutzers, sich im bedienerischen Ablauf einer Beratungsanwendung zu orientieren und das Tool selbständig in zielführender Weise zu durchlaufen. Neben diversen grundsätzlichen Gestaltungskriterien, welche zur Gewährleistung einer idealen *Usability* eines Beratungssystems beitragen, kann ein Benutzer mit mangelnder Internet-Versiertheit insbesondere durch eine differenzierte *benutzerführende Hilfefunktion* unterstützt werden, welche in Form einer Bedienungsanleitung gezielte Hinweise zum funktionalen Toolablauf bereitstellt.

Die angesprochenen Formen der benutzerindividuellen Toolausgestaltung – eine mehr oder weniger differenzierte Ausgestaltung der inhaltlichen und benutzerführenden Hilfefunktion sowie eine Schwerpunktsetzung in der gewählten Tooltypenmischung – können hinsichtlich ihrer Notwendigkeit zur Unterstützung eines Benutzers im Hinblick auf dessen leistungsbezogenen Kenntnisstand und dessen Internet-Versiertheit in der Dialogtypenmatrix verortet werden (vgl. Abbildung 38). Hiermit wird die Basis für eine Ableitung von Maßnahmenbündeln zur benutzeradäquaten Toolausgestaltung bei der Konzeption eines Beratungssystems generiert.

Abbildung 38: Maßnahmen der benutzerorientierten Toolausgestaltung

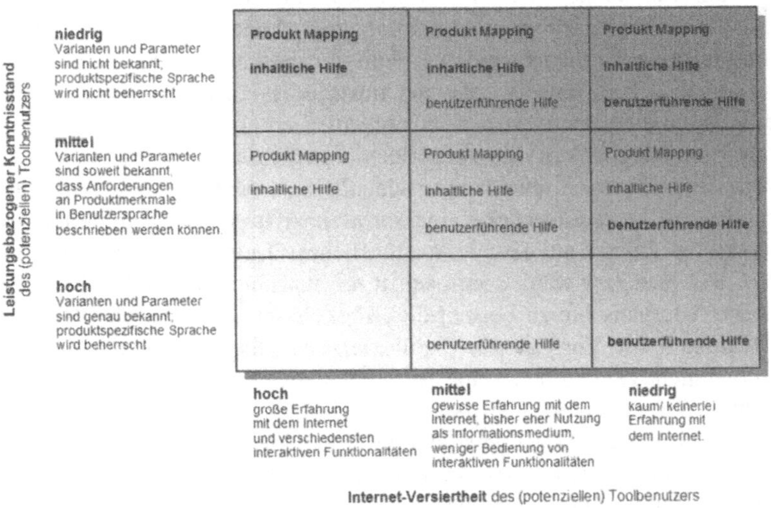

Quelle: Eigene Darstellung

Während die Eigenheiten und Einsatzmöglichkeiten des Tooltyps *Produkt Mapping* bereits in Kapitel 5.2.3.3 beschrieben wurden, sollen die Gestaltungsanforderungen an eine *inhaltliche* und *benutzerführende Hilfefunktion* als Maßnahmen der benutzeradäquaten Toolausgestaltung an dieser Stelle näher betrachtet werden.

6.3.2.1 Inhaltliche Hilfefunktion

Ziel einer inhaltlichen Hilfefunktion ist es, dem Benutzer situativ benötigte fachliche Erläuterungen im Toolkontext verwendeter Begriffe bereitzustellen. Eine unmittelbare und effektive Unterstützung des Benutzers bei inhaltlichen Fragen und Problemen ist entscheidend für den reibungslosen Ablauf des interaktiven Dialogs und kann Verzögerungen oder sogar einen Abbruch eines elektronischen Beratungsablaufs verhindern.

Wesentliches Kriterium bei der Gestaltung einer inhaltlichen Hilfefunktion ist die Abdeckung des im jeweiligen Beratungskontext bestehenden *Informationsbedarfs*. So werden idealerweise fachliche Erläuterungen zu sämtlichen im Tool verwendeten und im weiteren thematischen Zusammenhang relevanten, fachspezifischen und nicht allgemein gebräuchlichen Begriffen bereitgestellt. Um dem Benutzer eine individuell wählbare *Informationsbreite* zu bieten, sollten die einzelnen Begriffserklärungen untereinander sinnvoll durch Links verknüpft werden. Beinhaltet eine Erläuterung beispielsweise ihrerseits erklärungsbedürftige Begriffe, so sollte der Benutzer von dieser Stelle aus auf entsprechende weitere Erläuterungen zugreifen können. Der Anwender bestimmt somit selber, in welcher Breite er den vorhandenen Informationsumfang zur Abdeckung seines individuellen Informationsbedarfs nutzen möchte. Um Nutzern unterschiedlicher fachlicher Wissensniveaus eine jeweils adäquate inhaltliche Hilfestellung zu bieten, sollte insbesondere die *Informationstiefe* der inhaltlichen Hilfefunktion adaptiv gestaltet werden. Eine Möglichkeit dies zu erzielen besteht darin, dem Benutzer die Wahl zwischen Informationen jeweils unterschiedlichen Detaillierungsgrades zu bieten. Beispielsweise kann ausgehend von einer jeweils stark aggregierten Begriffserklärung der Zugriff auf jeweils ausführlichere Detailinformationen ermöglicht werden. Der Benutzer wählt somit selbst die von ihm situativ benötigte Informationstiefe. Alternativ hierzu besteht die Möglichkeit, das fachliche Wissensniveau des Benutzers im Vorfeld der Toolbenutzung direkt oder mittels geeigneter Indikatorfragen zu erheben, eine automatisierte Einstufung des Benutzers in bestimmte Wissensstufen – so beispielsweise des produktbezogenen Laien, des fachlich informierten Anwenders oder des Produktexperten - vorzunehmen und in der Beratungsanwendung eine in der Informationstiefe adäquate Version der inhaltlichen Hilfestellung zu bieten.

Weiteres grundlegendes Kriterium einer idealen inhaltlichen Hilfefunktion ist die Bereitstellung einer hohen *Qualität der Information*. Neben der grundlegenden Anforderung der fachlichen *Korrektheit* der gebotenen Inhalte ist in diesem Zusammenhang vor allem die *Verständlichkeit* der inhaltlichen Darstellung von Bedeutung. Wesentlich hierfür sind gut strukturierte und sorgfältig formulierte verbale Erläuterungen, welche an geeigneten Stellen durch tabellarische und grafische Darstellungen sinnvoll untermauert werden.

Schließlich wird die Effizienz einer inhaltlichen Hilfefunktion maßgeblich durch die Art des *Zugriffs* auf die bereitgestellten Erläuterungen bestimmt. Idealerweise sollte der Benutzer die im Tooldurchlauf benötigten fachlichen Informationen direkt aus dem Toolkontext heraus aufrufen und zugleich mit den Toolinhalten betrachten können. Die Anforderung des unmittelbaren Zugriffs auf die inhaltliche Hilfefunktion setzt eine logische Verknüpfung der im Tool verwendeten Begriffe mit entsprechenden Erläuterungen voraus und erfordert die Anzeige der Hilfetexte in einem gesonderten, die aktuelle Seite überlagernden Browserfenster oder in einem in die aktuelle Seite integrierten Textfeld. Eine Option besteht in der Formatierung der im Tool verwendeten Begriffe als Hyperlinks zu entsprechenden Erläuterungen, welche Teil eines Online-Lexikons sind. Klickt der Benutzer auf einen begrifflichen Link, so erhält er die jeweils relevante Passage des Online-Lexikons in einem Popup-Fenster, d.h. einem gesonderten, die aktuelle Seite überlagernden Browserfenster, angezeigt. Eine alternative Möglichkeit zur Realisierung eines unmittelbaren Zugriffs auf inhaltliche Erläuterungen besteht in der Nutzung des mouse over - Effektes. Bewegt der Benutzer den Mauszeiger über einen entsprechend formatierten Begriff, so wird eine entsprechende Begriffserklärung in einem in die aktive Seite integrierten Textfeld angezeigt. Beide Varianten ermöglichen es dem Benutzer die benötigten Erläuterungen optisch gleichzeitig mit den Toolinhalten zu erfassen. Mangelhafte Varianten des Zugriffs dagegen stellen die vom Benutzer angeforderten Hilfetexte durch Austausch des Content-Bereichs dar, was eine simultane Erfassung von Toolkontext und Erläuterung verhindert und ein Zurücknavigieren zum Tool erfordert.

6.3.2.2 Unterstützung der Datenermittlung

Der automatisierte Beratungsdialog erfordert vom Benutzer zahlreiche Dateneingaben. Die inhaltliche Hilfefunktion im Sinne der Bereitstellung fachlicher Begriffserläuterungen kann unter Umständen in verschiedenen Fällen nicht ausreichen, um den Benutzer bei der Eingabe von Daten in die Felder des interaktiven Beratungsmoduls ausreichend zu unterstützen. Um zu vermeiden, dass der Benutzer den Webbesuch unterbricht bzw. abbricht, um ihm nicht bekannte Eingabewerte – beispielsweise durch das anderweitige Einholen von Auskunft, durch das Konsultieren von Unterlagen oder mittels der Durchführung von Nebenrechnungen – in Erfahrung zu bringen bzw. zu berechnen, sollten im Rahmen des Beratungssystems möglichst weitreichende Unterstützungsleistungen bei der

Datenermittlung geboten werden. Diese Form der Bedienungsunterstützung kann als spezielle und weitreichende Form einer inhaltlichen Hilfefunktion betrachtet werden und lässt sich, je nach thematischem Kontext und Grad der Unterstützungsleistung, in verschiedenen Ausprägungen realisieren.

So kann der Benutzer bei der Tätigung bestimmter Eingaben durch die *Erläuterung* der bei verschiedenen Ausgangssituationen möglichen bzw. passenden Eingabewerte unterstützt werden. Dieses Procedere ist anwendbar, sofern es sich bei den möglichen Eingabewerten um diskrete numerische Werte handelt, die sich in Form einer Entscheidungstabelle bestimmten Ausprägungen einzelner Parameter zuordnen lassen. Im Falle des Eingabefeldes „staatliche Eigenheimzulage" beispielsweise, kann die Bereitstellung einer tabellarischen Übersicht über die bei bestimmten Voraussetzungen (Anzahl der bereits geförderten Objekte, Einkommen, Anzahl der Kinder, Familienstand und Objektalter) zu erwartenden Förderungsbeträge die Dateneingabe erleichtern.

Die Eingabe von an bestimmte Voraussetzungen geknüpften diskreten numerischen Werten kann über die Bereitstellung einer Entscheidungstabelle hinaus durch eine *automatisierte Wertermittlung* unterstützt werden. Hierbei wird dem Benutzer eine Unterroutine zur Verfügung gestellt, welche auf Basis der eingegebenen benutzerspezifischen Voraussetzungen mittels geeigneter Regeln den jeweils zutreffenden Wert aus einer oder mehreren hinterlegten Entscheidungstabellen ermittelt und ggf. rechnerisch aggregiert. So kann beispielsweise der Eingabewert zur „staatlichen Eigenheimzulage" automatisiert auf Grundlage der Benutzereingaben zu den hierfür relevanten Parametern – d.h. der Anzahl der bereits geförderten Objekte, des Einkommens, der Anzahl der Kinder, des Familienstandes und des Objektalters – ermittelt werden. Der Benutzer sollte hierbei idealerweise die Wahl erhalten, den Eingabewert direkt einzutragen oder die automatisierte Wertermittlung in Anspruch zu nehmen. Ein praktikabler Weg um dies zu erzielen ist die Formatierung der Datenfelder in Form kombinierter Eingabe-/ Ausgabefelder, welche wahlweise der direkten Dateneingabe oder der Übernahme bzw. Ausgabe eines ermittelten Wertes dienen.

Bestimmte numerische Daten, die der Benutzer aller Voraussicht nach nicht spontan angeben kann, lassen sich auf Basis anderer Parameter, die dem Benutzer üblicherweise eher bekannt sind, sowie mit Hilfe pauschalierter Durchschnittsfaktoren näherungsweise berechnen. In diesen Fällen sollte das Beratungstool den Anwender mit Schätzfunktionen in Form unterstützender Kalkulatoren zur *Berechnung von Näherungswerten* bei der Dateneingabe unterstützen. So können die „zu erwartenden monatlichen Nebenkosten" eines zu finanzierenden Objektes auf Grundlage einer Benutzereingabe zur „Wohnfläche" näherungsweise durch Multiplikation mit einer Nebenkostenpauschale errechnet werden. Ferner lassen sich beispielsweise die mit einem Eigenheimerwerb verbundenen „Erwerbsnebenkosten" (Grunderwerbsteuer, Notar- und Grundbuchkosten, Maklercourtage) auf

Basis des vom Benutzer angegebenen „Kaufpreises“ unter Anwendung durchschnittlicher Prozentsätze schätzen. Auch hier sollte der Benutzer in Form kombinierter Eingabe-/Ausgabefelder die Wahl zwischen direktem Eintrag eines ihm gegebenenfalls bekannten Wertes und Übernahme bzw. Ausgabe eines berechneten Näherungswertes erhalten.

Erfordert der Beratungsverlauf vom Benutzer die Eingabe numerischer Werte, welche aus einer Aggregation von Einzelwerten gebildet werden können, so sollte das Tool dem Benutzer idealerweise funktionale Unterstützung zur *Ermittlung aggregierter Daten* bieten. Hierbei wird das jeweilige Datenfeld mit einem untergeordneten Detailformular mit Kalkulationsfunktion – beispielsweise Summenfunktion – verknüpft. Der Benutzer kann wahlweise einen aggregierten Wert eingeben oder auf Wunsch in das untergeordnete Formular navigieren und dort detaillierte Einzelpositionen eingeben, welche automatisch aggregiert – beispielsweise summiert – werden. Der jeweils aggregierte Wert wird beim Verlassen des Detailformulars in das zugehörige übergeordnete Feld übernommen. Neben der Erleichterung der Kalkulation kann ein derartiges Detailformular auch als Strukturierungshilfe fungieren, welche – ähnlich einer Checkliste – eine hohe Vollständigkeit der Datenerfassung unterstützt. So können dem Benutzer in der Detailmaske je nach thematischem Zusammenhang bereits eine inhaltliche Vorstrukturierung für seine Eingaben in Form einer Gliederung oder exemplarische Einträge als Anhaltspunkte gegeben werden. Ein Beispiel für Datenaggregation stellen die Eingabewerte „monatliche Einnahmen“ und „monatliche Ausgaben“ einer Haushaltsrechnung dar. Hier kann jeweils ein untergeordnetes Formular mit Summenfunktion dem Benutzer eine sinnvolle Hilfestellung zur vollständigen Erfassung sämtlicher Teilbeträge bieten (vgl. Abbildung 29).

6.3.2.3 Benutzerführende Hilfefunktion

Ziel der benutzerführenden Hilfefunktion ist es, dem Benutzer im Sinne einer Bedienungsanleitung Unterstützung beim *funktionalen* Durchlaufen des Beratungssystems zu bieten.

Wesentlich hierbei ist die Abdeckung des im jeweiligen Toolkontext bestehenden *Supportbedarfs*, welcher sowohl durch die speziellen im Tool realisierten Elemente der Dateneingabe, Navigation und Steuerung als auch durch die Internetversiertheit des Benutzers determiniert wird. Als Basis des Supports sollten im Rahmen eines Beratungstools grundlegende Hinweise zur Bedienung interaktiver Funktionalitäten bereitgestellt werden, um auch Benutzern geringer Internetversiertheit den Einstieg in die virtuelle Beratung zu ermöglichen. Diese sehr allgemeine funktionale Hilfestellung kann sich beispielsweise auf Erklärungen zum grundsätzlichen Vorgehen bei der Dateneingabe (Wechsel zwischen den Eingabefeldern durch Mausklick oder mittels der Tab-Taste) sowie auf Erläuterungen zum grundsätzlichen Durchlaufen von Inhalten bzw. Anstoßen von

Funktionalitäten (Bedienung von Links bzw. Buttons) beziehen. Im Wesentlichen sollte sich der Support auf die Erläuterung der speziellen, im Tool realisierten Navigations- und Steuerelemente beziehen. Verschiedene Navigationskonzepte können implementiert werden, um dem Benutzer das Durchlaufen der einzelnen Seiten bzw. Schritte des Content zu ermöglichen. So können unterschiedlich ausgestaltete Arten von Navigationsmenüs sowie Navigationsbuttons das Fortkommen im Tool ermöglichen. Ferner lassen sich diverse Steuerelemente einsetzen, über welche der Benutzer die Dateneingabe vornimmt. Denkbar sind beispielsweise „Schieberegler" zur Justierung sowie Buttons zur Inkrementierung und Dekrementierung von Eingabewerten. Auch mit der Maus manipulierbare Diagramme (beispielsweise Balken- oder Kurvendarstellungen) können der Dateneingabe dienen. Der Benutzer sollte Erläuterungen zur Bedienung der konkreten, im Tool bereitgestellten funktionalen Elemente abrufen können, um einen reibungslosen bzw. optimierten Tooldurchlauf zu gewährleisten. Dies gilt insbesondere für Beratungsanwendungen, welche vielfältige und kreativ gestaltete funktionale Elemente bieten, die selbst dem versierten Internetnutzer nicht geläufig sein könnten.

Neben der Abdeckung des Supportbedarfs spielt die Art des *Zugriffs* auch im Kontext der benutzerführenden Hilfefunktion eine wesentliche Rolle für die Effizienz der Unterstützungsleistung. Idealerweise sollte der Benutzer die Bedienungshinweise zugleich mit der Tooloberfläche betrachten können. Hierfür stehen – analog wie bei der inhaltlichen Hilfefunktion beschrieben – verschiedene technische Möglichkeiten bereit. So können einzelnen Navigations- und Steuerelementen bzw. einzelnen Eingabefeldern Hilfebuttons zugeordnet werden, bei deren Betätigung eine entsprechende Erläuterung als Teil einer „Online-Gebrauchsanleitung" in einem Popup-Fenster angezeigt wird. Auch lassen sich einzelne funktionale Elemente bzw. Eingabefelder mit mouse over - Effekt versehen. Bei Mauskontakt erscheinen entsprechende Bedienungshinweise in einem in die Seite integrierten Textfeld.

6.3.3 Ansatzpunkte der benutzerorientierten Toolausgestaltung

Die beschriebenen Maßnahmen der benutzerindividuellen Toolausgestaltung – eine mehr oder weniger differenzierte Ausgestaltung der inhaltlichen und benutzerführenden Hilfefunktion sowie eine Schwerpunktsetzung in der gewählten Tooltypenmischung bezüglich der Methode *Produkt Mapping* – dienen der Implementierung einer dem Dialogverhalten des Benutzers angepassten Online-Kommunikation. Wenngleich die kommunikative Anpassungsfähigkeit des realen Beraters, der den Dialogmodus und den Supportlevel im Gesprächsverlauf situativ im Hinblick auf das fachliche Wissensniveau und die kommunikativen Bedürfnisse des Beratenen adaptiert, ein Alleinstellungsmerkmal der Mensch-Mensch-

Kommunikation darstellt, bilden die mit Hilfe der Entscheidungsmatrix (vgl. Abbildung 38) abgeleiteten Maßnahmen der benutzerorientierten Toolausgestaltung dennoch eine Basis für eine benutzeradäquate Gestaltung eines elektronischen Dialoges. Verschiedene *Ansatzpunkte* der benutzerorientierten Toolausgestaltung führen zu jeweils unterschiedlichen Stufen der Simulation der realen Anpassungsfähigkeit.

Im simpelsten Fall wird als Ansatzpunkt der benutzerorientierten Toolausgestaltung eine *Einschätzung* des Dialogtyps der (Mehrheit der) potenziellen Nutzer *vor Toolkonzeption* gewählt. Der Finanzdienstleister versucht dabei, den zu erwartenden leistungsbezogenen Kenntnisstand sowie die zu erwartende Internetversiertheit der Gruppe bestehender und potenzieller Kunden, welche das geplante Beratungssystem vermutlich nutzen werden, zu prognostizieren. Je nach Resultat der Einschätzung werden die passenden Maßnahmen der benutzerorientierten Toolausgestaltung bei der Toolkonzeption berücksichtigt. Beinhaltet das Modul - auf Grundlage seines Leistungsbezuges – Elemente des *Produkt Konfigurators* bzw. des *Produkt Matching*, so wird entsprechend des zu vermuteten leistungsbezogenen Kenntnisstandes potenzieller Anwender ein entsprechender Schwerpunkt auf die Methoden des *Produkt Mapping* gesetzt. Auch der Differenzierungsgrad der inhaltlichen sowie benutzerführenden Hilfefunktion wird entsprechend am prognostizierten Dialogtyp der potenziellen Benutzer ausgerichtet. Der beschriebene Ansatzpunkt stellt den einfachsten Weg einer benutzerorientierten Toolausgestaltung dar, ist jedoch aufgrund der pauschalen Einschätzung sämtlicher Toolnutzer in ihrem Dialogverhalten unter Umständen nur sehr schwach an den tatsächlichen kommunikativen Bedürfnissen einzelner Benutzer ausgerichtet.

Um diesen Schwachpunkt zu relativieren, kann bei der Ausgestaltung der inhaltlichen sowie der benutzerführenden Hilfefunktion durch eine abgestufte und für den Benutzer wählbare Informationstiefe eine Adaptierbarkeit des elektronischen Dialoges an die individuellen kommunikativen Erfordernisse einzelner Anwender erzielt werden. Dieses Vorgehen erscheint vor allem in den Fällen sinnvoll, in denen die seitens des Finanzdienstleisters vorgenommene Einschätzung des Dialogtyps der potenziellen Toolanwender kein klares Bild ergibt.

Bei einer differenzierteren Herangehensweise bezüglich einer benutzerindividuellen Toolausgestaltung wird der Dialogtyp des Benutzers *vor dem Tooleinstieg* mittels direkter Fragen oder durch Indikatorfragen ermittelt. So beantwortet der Benutzer online eine kurze Abfolge von einleitenden Fragen, welche eine Einschätzung seines produktbezogenen Kenntnisstandes sowie seiner Internetversiertheit ermöglichen. Durch die regelgestützte Aggregation der eingegebenen Antworten wird der Benutzer hinsichtlich seines Dialogtyps kategorisiert und in eine entsprechend ausgestaltete Version des Beratungssystems übergeleitet. So erhält ein Benutzer geringen produktbezogenen Kenntnisstandes beispielsweise eine Toolversion, welche anstelle der *Produkt Konfiguration* die Eingaben der Anforderungen in Benutzersprache ermöglicht bzw. welche besonders differenzierten inhaltlichen Support in Form einer thematischen Einführung sowie detaillierter fachlicher Erläuterungen bietet. Diese Form der benutzerorientierten Toolausgestaltung erfordert die Konzeption verschiedener Versionen einer Beratungsanwendung, welche durch modular aufgebaute Elemente inhaltlicher sowie benutzerführender Hilfefunktionen ergänzt werden kann. Wenngleich die Realisierung eines Beratungssystems mit benutzerabhängig aufrufbaren Dialogversionen und adaptierbaren Supportelementen gegenüber einer einschichtigen Toolversion mit deutlichem Mehraufwand in Konzeption und Implementierung verbunden ist, lässt sich mit diesem Vorgehen eine den kommunikativen Bedürfnissen des individuellen Benutzers angepasste elektronische Dialogführung erzielen.

Die geschilderte Herangehensweise stellt dem Benutzer nach einer einmalig vor Beginn des elektronischen Beratungsdialoges ermittelten Einschätzung seines Dialogtyps eine entsprechend adaptierte Dialogversion zur Verfügung. Die gewählte Mischung an Dialogmodi bzw. Tooltypen sowie der gewählte inhaltliche und benutzerführende Supportlevel bleiben für den gesamten Tooldurchlauf erhalten. Verglichen mit der Leistung eines realen Beraters stellt dieses Vorgehen allerdings nur einen ersten Ansatz individueller Dialoggestaltung dar. So nimmt der reale Berater in der Mensch-Mensch-Kommunikation einen permanenten Abgleich der anfangs getroffenen Entscheidung bezüglich der Dialoggestaltung mit den aus dem Gesprächsverhalten erkannten fachlichen und kommunikativen Erfordernissen des Beratenen vor und unternimmt gegebenenfalls mehrfach Anpassungen in der Gesprächsführung. In der Theorie lässt sich ein weiterer Ansatzpunkt der benutzerorientierten Dialogausgestaltung erdenken, welcher eine Übertragung der durch den realen Berater vorgenommenen situativen Adaption von Dialogmodus und Supportleistung auf die elektronische Kommunikation möglich erscheinen lässt. Erforderlich hierfür ist eine implizite Erfassung des Dialogtyps aus dem Eingabe- und Nutzungsverhalten des Benutzers während des Tooldurchlaufs. So ist es vorstellbar, mittels geeigneter Methoden, aus der Nutzung der inhaltlichen Hilfefunktion im Rahmen der Dateneingabe sowie aus der Korrektheit bzw. Fehlerhaftigkeit der Benutzereingaben bezüglich der Produktparameter eine Einstufung des Benutzers hinsichtlich seines produktbezogenen Kenntnisstandes vorzunehmen. Ebenso ist es denkbar, aus dem erfassten clickstream Rückschlüsse auf die Internetversiertheit des Benutzers zu ziehen. In seiner Eigenschaft als bidirektionaler Kommunikationskanal (vgl. Kapitel 3.2) bildet das Medium Internet die geeignete technische Basis, um das Verhalten des Benutzers während des interaktiven Dialoges abzugreifen und gewonnene Erkenntnisse für die individuelle Gestaltung der weiteren elektronischen Kommunikation zu nutzen. Auf Basis der technischen Möglichkeiten ist somit die Schaffung eines im höchsten Maße innovativen Beratungssystems vorstellbar, welches sich in Dialogmodus und Supportlevel dynamisch den kommunikativen Anforderungen des Benutzers anpasst. Die Simulation der kommunikativen Anpassungsfähigkeit erfordert die permanente Erfassung der Interaktionsdaten des Benutzers sowie deren Auswertung zur Bestimmung des Dialogtyps nach jeweils einer bestimmten Anzahl an Interaktionsschritten. Ergibt die wiederholte Bestimmung des Dialogtyps eine Abweichung von der bisherigen Einstufung des Benutzers, so können mittels geeigneter Regeln jeweils passende Dialog- und Supportelemente angestoßen werden, welche einen im Hinblick auf die situativ ermittelten kommunikativen Anforderungen modifizierten weiteren Beratungsverlauf erzeugen. Neben der Instrumentalisierung der technischen Gegebenheiten des Mediums Internet und der Entwicklung eines Verfahrens zur Ableitung der kommunikativen Benutzeranforderungen aus dem Interaktionsverhalten sind mit der Generierung eines dynamisch anpassbaren elektronischen Beratungsverlaufes weitere konzeptionelle Herausforderungen verbunden. So muss der gesamte logische und kommunikative Beratungsverlauf nebst den zugehörigen Supportkomponenten in ein System modularer Dialogbausteine zerlegt werden, welche jeweils entsprechend der unterschiedlichen kommunikativen Benutzeranforderungen in unterschiedlichen Ausprägungen bereitgestellt werden. Um die Module zu einem den Benutzeranforderungen angepassten Beratungsverlauf zusammenzusetzen, ist ein komplexes Regelwerk zu konzipieren, welches die situative Aktivierung der Dialogbausteine in Abhängigkeit vom jeweils ermittelten Dialogtyp steuert.

7 Fachkonzept einer bedarfsorientierten virtuellen Beratungsleistung

Gegenstand einer virtuellen Beratungsleistung zur bedarfsorientierten Begleitung des Kundenprozesses ist es, den (potenziellen) Kunden im elektronischen Vertrieb mittels eines geeigneten elektronifizierten Anbieterprozesses auf dem Weg zur Befriedigung eines gesamtheitlichen Primärbedarfes voranzubringen.

Die erarbeiteten Determinanten der Beratungsqualität (vgl. Kapitel 4) stellen die Grundprinzipien einer bedarfsorientierten Begleitung von Kundenprozessen dar. Verschiedene Typen interaktiver Tools wurden als Werkzeuge zur Simulation realer Beratungsabläufe identifiziert (vgl. Kapitel 5). Ferner wurden verschiedene kontext- und benutzerorientierte Gestaltungsrichtlinien für den passenden Einsatz und die ideale Ausgestaltung von Beratungsanwendungen im Hinblick auf die Effizienz der generierten Online-Kommunikation abgeleitet (vgl. Kapitel 6).

Aufbauend auf den gewonnenen Erkenntnissen soll die fachliche Konzeption einer idealtypischen virtuellen Beratungsleistung erfolgen, welche eine bedarfsorientierte Begleitung des Kundenprozesses im Online-Vertriebsweg der Finanzdienstleister ermöglicht und einen kontext- sowie benutzeradäquaten Dialogverlauf gewährleistet.

Die Realisierung einer virtuellen Beratungsleistung zur bedarfsorientierten Begleitung des Kundenprozesses erfordert neben der Fachkonzeption und Implementierung eines umfassenden bedarfsorientierten *Beratungssystems* ferner die Entwicklung und Umsetzung eines Konzeptes zur effizienten *Motivation* von Teilprozessen. Beide Aspekte sind Gegenstand des im Folgenden entwickelten Konzeptes.

7.1 Bedarfsorientiertes Beratungssystem – Generisches Fachkonzept

Gegenstand eines umfassenden *bedarfsorientierten Beratungssystems* ist es, dem Benutzer über eine Abfolge von Prozessschritten, welche sich an den Phasen des Customer Buying Cycle orientieren, ausgehend von der Erfassung elementarer Primärbedarfe bzw. Wünsche, die automatisierte Generierung einer benutzerindividuell angepassten, bedarfsgerechten Leistungs- bzw. Produktkonkretisierung zu ermöglichen.

In Form eines *generischen Fachkonzeptes* wird im Folgenden ein von primären Kundenbedarfen ausgehendes und am Kundenprozess ausgerichtetes Beratungssystem in strukturellem Aufbau, Beratungslogik sowie bezüglich angewandter Gestaltungsrichtlinien beschrieben. Das generische Konzept bietet den Leitfaden für die Verortung und inhaltliche Ausgestaltung der modularen Komponenten, welche den virtuellen Beratungsverlauf zur Erfassung und Befriedigung der elementaren Primärbedarfe bestimmen.

7.1.1 Die Gesamtstruktur

Die Gesamtstruktur des Beratungssystems zur bedarfsorientierten Begleitung des Kundenprozesses wird in Abbildung 39 dargestellt. In Form eines logischen Ablaufschemas werden die einzelnen Seiten der Anwendung, welche jeweils einzelne modulare Komponenten beinhalten, bezüglich ihrer logischen Verknüpfung im Tooldurchlauf in abstrakter Form dargestellt. Die modularen Komponenten des Beratungssystems dienen der Erfassung, Verarbeitung und Ausgabe von Daten und stellen zum Teil ihrerseits interaktive Tools dar. Der dargestellte *Strukturbaum* zeigt den Weg, den der Benutzer bei Auswahl jeweils *einer* Option der ihm zur Wahl gestellten Alternativen durch die modularen Komponenten der Beratungsanwendung nimmt.

Das *Navigationskonzept* auf Ebene der Gesamtstruktur sieht unterschiedliche Möglichkeiten für die Weiterleitung des Benutzers über die Schritte des Beratungsverlaufes vor. Auf Seiten der Datenerfassung, so den Seiten „Wunsch erfassen“, „Ursache des Wunsches erfassen“ und „Zielhorizont erfassen“, bestimmt der Benutzer selbst durch *Auswahl* einer Option den anzusteuernden Zweig des Beratungssystems. Wählt er beispielsweise auf der Seite „Wunsch erfassen“ den Wunsch W1 aus, so gelangt er über Verlinkung zu der entsprechenden weiterführenden Seite „Ursachen des Wunsches W1 erfassen“. Seiten, welche in Form modularer Komponenten der Informationsbereitstellung dienen oder welche interaktive Tools zu Anregungs- bzw. Evaluationszwecken beinhalten, verlässt der Benutzer durch Betätigung von Navigationselementen, welche ihn zum jeweils folgenden Schritt im Beratungsverlauf leiten. Die modularen Komponenten, welche dem Benutzer im Rahmen der Anregung, Evaluation und auch der After Sales Phase geboten werden, können ihrerseits aus mehreren Schritten der Datenerfassung, Datenverarbeitung und Datenausgabe bestehen und enthalten eine entsprechende interne Navigationslogik, deren Darstellung allerdings nicht Gegenstand des abstrakten Gesamtschemas ist. So kann im Rahmen eines interaktiven Tools neben einer Weiterleitung durch Auswahl oder Weiternavigation eine regelgesteuerte Weiterleitung des Benutzers zu bestimmten Zweigen des Tools in Abhängigkeit von generierten (Zwischen-)Ergebnissen der Datenverarbeitung erfolgen.

Die Gesamtstruktur des bedarfsorientierten Beratungssystems ist darauf ausgerichtet, den Benutzer ideal über die Phasen des *Customer Buying Cycle* zu begleiten, welche er ausgehend von der Erkennung eines Wunsches bzw. eines *Primärbedarfes* über die Evaluation von zur Bedarfsbefriedigung geeigneten Alternativen bis zur Formierung eines Sekundärbedarfes nach konkretem Leistungserwerb durchläuft. Auch die Unterstützung der Kaufinitiierung sowie die Begleitung der After Sales Phase sind Gegenstand des entwickelten Toolkonzeptes. Die Gesamtstruktur des bedarfsorientierten Beratungssystems ist somit am *Modell des Anbieterprozesses* (vgl. Kapitel 4.2.2) zur phasenweisen Begleitung des Kundenprozesses ausgerichtet.

Abbildung 39: Generisches Fachkonzept eines bedarfsorientierten Beratungssystems

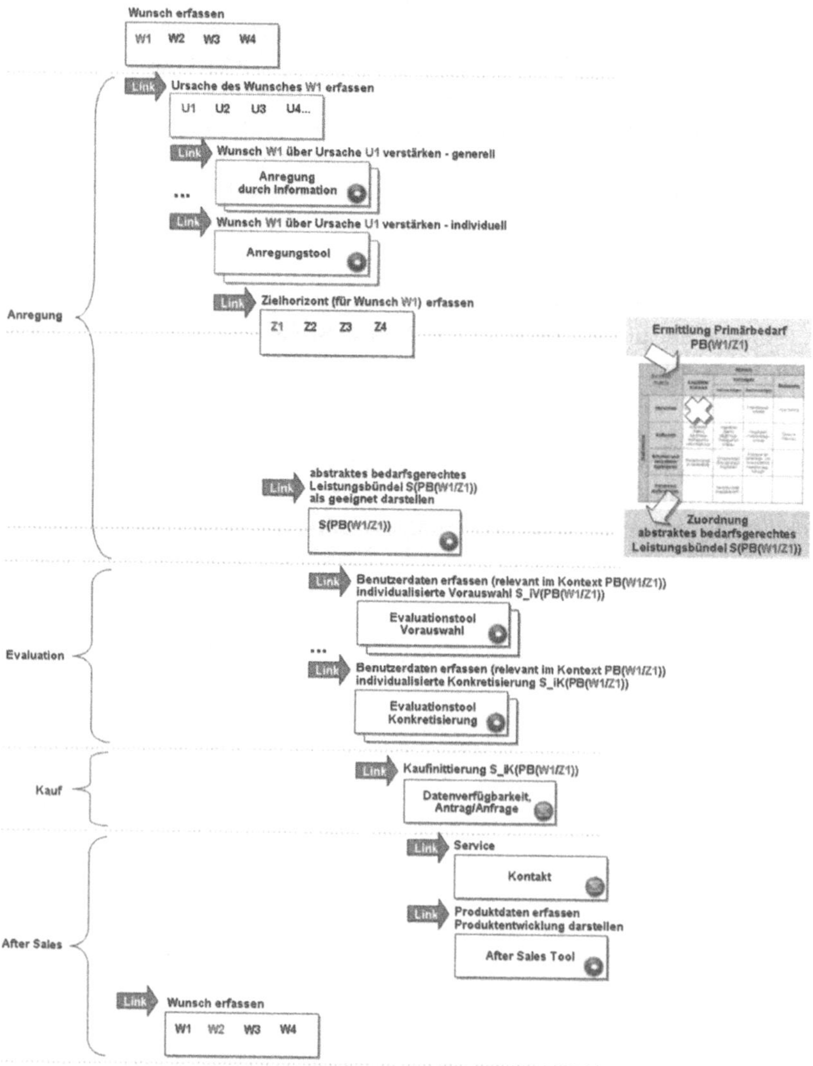

Quelle: Eigene Darstellung

7.1.2 Der Beratungsverlauf

Ausgehend von der Erfassungsseite „Wunsch erfassen“, auf der der Benutzer die Wahlmöglichkeit zwischen elementaren Wünschen erhält, erfolgt nach Auswahl eines Wunsches (z.B. W1) eine Weiterleitung des Benutzers in den zugehörigen Zweig des Modulteils, welcher der *Anregung*, d.h. der Intensivierung des kommunizierten Wunsches (W1) dient. Hierbei erhält der Benutzer zunächst auf der Seite „Ursache des Wunsches W1“ erfassen die Möglichkeit, aus verschiedenen dargestellten Ursachen, welche der Entstehung des ausgewählten Wunsches (W1) zu Grunde liegen könnten, eine Auswahl zu treffen. Nach erfolgter Auswahl einer Wunschursache (z.B. U1) gelangt der Benutzer auf eine Abfolge von Seiten, welche der Verstärkung des ausgewählten Wunsches (W1) über eine Verdeutlichung der gewählten Wunschursache (U1) dienen. Ausgehend von ggf. mehreren Seiten der generellen Anregung, auf welchen der Benutzer eine textuell und idealerweise grafisch aufbereitete Darstellung der Wunschursache (U1) erhält, gelangt der Benutzer auf Seiten der individuellen Anregung. Hier finden sich interaktive Anregungstools, in deren Ergebnis die individuelle Relevanz der Wunschursache (U1) für den Benutzer dargestellt wird. Nach Durchlaufen der Anregungsseiten eines benutzerseitig gewählten, auf einen bestimmten Wunsch (W1) und eine bestimmte Wunschursache (U1) zugeschnittenen Zweiges, steuert der Benutzer den nächsten Hauptschritt des Beratungsmoduls an: Auf der Seite „Zielhorizont (für Wunsch W1) erfassen“ erhält er die Möglichkeit, einen im Kontext des ausgewählten Wunsches relevanten Zielhorizont (z.B. Z1) auszuwählen.

Mit der erfolgten Auswahl von Wunsch (W1) und Zielhorizont (Z1) hat der Benutzer nach der in Kapitel 4.3.1 getroffenen Definition einen *Primärbedarf* (PB(W1/Z1)) kommuniziert, nach dessen Befriedigung er strebt. Die *Servicematrix* bietet an dieser Stelle die ideale Basis, um dem ermittelten Primärbedarf des Benutzers ein *abstraktes bedarfsgerechtes Leistungsbündel* (S(PB(W1/Z1))) zuzuordnen (vgl. Kapitel 4.3.2.3). Als abschließendes Element der Anregungsphase gelangt der Benutzer auf eine Seite, auf welcher ihm das ermittelte abstrakte bedarfsgerechte Leistungsbündel als geeignet dargestellt wird, um den angestrebten Primärbedarf zu befriedigen.

Die individuelle Konkretisierung des abstrakten bedarfsgerechten Leistungsbündels im Hinblick auf die Anforderungen bzw. Bedingungen des Benutzers ist Gegenstand des folgenden Abschnittes des virtuellen Beratungsverlaufes, welcher der Unterstützung der Phase *Evaluation* dient. Je nach thematischem Kontext findet der Benutzer auf den folgenden Seiten entsprechend ausgestaltete Evaluationstools. Die individuelle Konkretisierung des abstrakten bedarfsgerechten Leistungsbündels kann dabei in zwei Stufen erfolgen. Ausgehend von einer Erfassung an Benutzerdaten, die im Kontext des betrachteten Primärbedarfes

(PB(W1/Z1)) Relevanz besitzen, beispielsweise bestimmter individueller Präferenzen und/ oder Rahmendaten, kann zunächst eine *individualisierte Vorauswahl* des abstrakten bedarfsgerechten Leistungsbündels (S_iV(PB(W1/Z1))) generiert werden. Hierbei wird das abstrakte bedarfsgerechte Leistungsbündel, welches dem betrachteten Primärbedarf durch Anwendung der Servicematrix zugeordnet wurde, auf Ebene verfügbarer Leistungskategorien oder -varianten an die individuellen Anforderungen bzw. Bedingungen des Benutzers adaptiert. Schließlich ist es Ziel in ggf. weiteren Toolkomponenten bzw. -schritten der Evaluationsphase, auf Basis der im jeweiligen Kontext relevanten Benutzerdaten, eine *individualisierte Konkretisierung* der ermittelten bedarfsgerechten Leistungen S_iK(PB(W1/Z1)) abzuleiten und damit eine abschlussfähige Empfehlung zu generieren.

Nach erfolgreichem Durchlaufen des Evaluationstools zur individuellen Konkretisierung eines Leistungsbündels gelangt der Benutzer auf die Seite „Kaufinitiierung", welche ihm die Initiierung des *Kaufes* der abschlussfähigen Leistung S_iV(PB(W1/Z1)) ermöglicht. Wesentlich ist es hierbei, dem Benutzer die mühelose Kontaktaufnahme zum Anbieter zu ermöglichen, in deren Zuge er die im virtuellen Beratungsverlauf generierten sowie ggf. weitere persönliche Daten übermitteln und einen Antrag auf Abschluss der gewünschten Leistung stellen bzw. ein entsprechendes Angebot anfordern kann.

Dem Benutzer, der eine Leistung erworben hat, stehen im Rahmen des Beratungssystems weitere modulare Bausteine zur Verfügung, welche ihm in der *After Sales Phase* leistungsbezogene Unterstützung bieten. So erhält der Benutzer idealerweise die Möglichkeit, auf der Seite „Service" den Kontakt zu einem Servicebereich zu initiieren, um dort Hilfe bei Problemen und Fragen in Zusammenhang mit der Leistungsnutzung anzufordern. Ferner findet der Benutzer After Sales Tools, welche nach Erfassung von Produktdaten eine Beobachtung der Produktentwicklung ermöglichen. Neben der Nutzung der unterstützenden Module in Bezug auf eine erworbene Leistung stellt sich dem Benutzer in der After Sales Phase erneut die Möglichkeit, auf der Seite „Wunsch erfassen" einen Wunsch auszuwählen, welcher im Zuge seines Kundenprozesses situativ Relevanz erlangt und damit in einen neuen Durchlauf des Beratungssystems zur bedarfsgerechten Begleitung des Kundenprozesses überzugehen.

7.1.3 Berücksichtigung von Gestaltungsrichtlinien

Der Benutzer eines Beratungssystems möchte - in Abhängigkeit von seiner Informiertheit bzw. Beratungsorientierung sowie in Abhängigkeit von der Überschaubarkeit der im jeweiligen Kontext verfügbaren Leistungspalette – selbst den passenden Einstiegspunkt in den virtuellen Beratungsprozess bestimmen (vgl.

Kapitel 6.1). Der streng modulare Aufbau des konzipierten Beratungssystems bildet die notwendige Voraussetzung, um dem Benutzer die Möglichkeit zu bieten, je nach individueller Disposition an geeigneten Stellen in das Gesamtmodul einzusteigen und die verschiedenen, im Beratungsverlauf verorteten logischen Komponenten wahlweise zu nutzen. So sieht das konzipierte Beratungssystems beispielsweise bestimmte Navigationselemente vor, welche es dem Benutzer nach Auswahl eines Wunsches auf der Seite „Wunsch erfassen“ ermöglichen, die modularen Komponenten der Anregungsphase zu überspringen und unmittelbar zu den Tools der Evaluationsphase überzugehen. Auch die zur Unterstützung der Evaluationsphase vorgesehenen Tools der Leistungsvorauswahl und vor allem der Leistungskonkretisierung sind im Rahmen des Gesamtauftrittes als gesondert ansteuerbar vorgesehen. Hiermit wird dem informierten und selbständigen Benutzer die Möglichkeit eröffnet, an Stelle eines komplexen bedarfsorientierten Beratungsverlaufes auf eine für ihn effiziente, produktorientierte Beratung zuzugreifen.

In jedem Beratungs- bzw. Leistungskontext ist eine bestimmte Mischung an Beratungstooltypen ideal geeignet, um eine maßgeschneiderte Empfehlung unter Berücksichtung der jeweils relevanten Benutzerdaten abzuleiten (vgl. Kapitel 6.2). Dies wird vor allem bei der Detailkonzeption der im Rahmen des Beratungssystems zu implementierenden *Evaluationstools* berücksichtigt, welche den Benutzer über die Stufen der Leistungsvorauswahl und der Leistungskonkretisierung von einem abstrakten bedarfsgerechten Leistungsbündel zu einer maßgeschneiderten Lösung führen.

Durch eine gestalterische Ausrichtung an den kommunikativen Bedürfnissen der potenziellen Toolbenutzer kann eine ideale Usability einer Beratungsanwendung erzielt werden (vgl. Kapitel 6.3). Dies ist im Rahmen des konzipierten Beratungssystems vor allem bezüglich der vorgesehenen *Evaluationstools*, aber auch bezüglich der *Anregungs-* und *After Sales Tools* von Bedeutung. Entsprechend sind im Vorfeld der Toolkonzeption Überlegungen zum Dialogtyp der potenziellen Toolbenutzer seitens des Anbieters anzustellen. Entsprechende Maßnahmen einer benutzeradäquaten Toolausgestaltung sind in die Konzeption des Beratungssystems einzubeziehen.

7.2 Bedarfsorientiertes Beratungssystem – Detailkonzept für den Kontext Immobilienerwerb

Die Grundstruktur des konzipierten bedarfsorientierten Beratungssystems zeigt eine konsequente Ausrichtung an den Grundprinzipien der Begleitung des Kundenprozesses über die Phasen des Customer Buying Cycle sowie der bedarfsorientierten Leistungserbringung (vgl. Kapitel 7.1). Durch die inhaltliche und logische Ausgestaltung seiner einzelnen modularen Komponenten gilt es, eine ideale Abdeckung elementarer Bedarfssituationen zu erzielen und somit die Begleitung komplexer Kundenprozesse zu ermöglichen.

Im Folgenden sollen die einzelnen modularen Komponenten als Bestandteil der Gesamtanwendung fachlich beschrieben werden.

Die Fachkonzeption modularer Komponenten, welche den virtuellen Beratungsverlauf bestimmen, erfordert neben der fachlichen Beschreibung der Benutzeroberfläche die Definition bestimmter Dialogbausteine und Datenverarbeitungsschritte, welche im jeweiligen Beratungskontext geeignet sind, um die relevanten Daten des Interessenten in korrekter Abfolge zu erfassen und diese im Hinblick auf das Ergebnis einer maßgeschneiderten Empfehlung zu verarbeiten. Die im Rahmen der Datenverarbeitung erforderlichen allgemeinen und finanzmathematischen Berechnungsformeln sowie Regeln sind zu identifizieren und in ihrer Funktionsweise im Beratungsverlauf zu beschreiben. Ferner umfasst die Fachkonzeption modularer Komponenten, welche ihrerseits der Abbildung komplexer Beratungsprozesse dienen, die Definition eines Regelwerkes, welches die Steuerung des automatisierten Beratungsverlaufes im Sinne der Beratungslogik, d.h. die situative Verzweigung des Dialoges in Abhängigkeit von erfassten Daten sowie von Ergebnissen einzelner Datenverarbeitungsschritte ermöglicht.

Das nachfolgende Fachkonzept modularer Komponenten eines bedarfsorientierten Beratungssystems dient eher der Verdeutlichung einer logischen Beratungsfolge als denn der Generierung einer Vorlage für die softwaretechnische Umsetzung, welche einen höheren Detaillierungsgrad erfordern würde. Der virtuelle Beratungsverlauf wird anhand des herausgegriffenen Wunsches *Sachvermögen/ Immobilieneigentum* exemplarisch beschrieben und auszugsweise bis ins Detail konzipiert.

Ein in das Fachkonzept integriertes *Navigationskonzept* beschreibt die Bewegungsmöglichkeiten des Benutzers zwischen den Seiten bzw. den modularen Komponenten des Beratungssystems. Hierbei wird zwischen einer übergreifenden und einer internen Navigation unterschieden. Die Elemente der übergreifenden Navigation ermöglichen es dem Benutzer stets zur jeweils vorherigen Auswahlmöglichkeit des Gesamtberatungsverlaufes zurückzukehren und einen anderen Ast der Beratungsanwendung einzuschlagen; auch das Überspringen mancher Toolschritte ist vorgesehen. Die Instrumente der internen Navigation dienen dem Fortschreiten in den Schritten des Beratungsverlaufes, bei denen es sich auch um die Seitenabfolge einer untergeordneten modularen Komponente, beispielsweise eines integrierten Beratungstools handeln kann. Innerhalb einer modularen Komponente kann der Benutzer über die interne Navigation auch schrittweise zurücknavigieren.

7.2.1 Elementare Wünsche – Der Ausgangspunkt

Die bedarfsorientierte Begleitung des Kundenprozesses im Online-Vertrieb bedingt eine konsequente Strukturierung der auf der Website präsentierten Inhalte sowie vor allem der automatisierten Beratungsprozesse anhand elementarer Bedarfssituationen des Benutzers. Fühlt sich der Benutzer durch den Anbieter in seinen individuellen Primärbedarfen angesprochen und verstanden, wird der das Angebot als für sich passend empfinden und bereit sein, den jeweils bereitgestellten Anbieterprozess zu durchlaufen.

Um zu gewährleisten, dass sich möglichst viele (potenzielle) Benutzer mit ihren individuellen Bedarfen in der Struktur der konzipierten bedarfsorientierten Beratungsanwendung wieder finden, wird ein hoher Grad an Abdeckung potenzieller Primärbedarfe angestrebt. Auf Basis des gewonnenen Verständnisses elementarer Primärbedarfe als elementare Wünsche, die zu bestimmten Zielhorizonten angestrebt werden (vgl. Kapitel 4.3.1), werden daher die identifizierten elementaren Wünsche, als Ausgangspunkte primärer Bedarfe, zu optionalen Einstiegspunkten der Beratungsanwendung definiert.

Der Benutzer erhält somit auf der Einstiegsseite des Beratungssystems „Wunsch erfassen“ in Form entsprechend ausgestalteter Einstiegsszenarien die Wahl zwischen den elementaren Wünschen „Liquidität/ Konsum“, „Geldvermögen“, „Sachvermögen/ Immobilieneigentum“ sowie „Sicherung“ (vgl. Abbildung 40). Durch Auswahl eines auf ihn zutreffenden Wunsches steigt der Benutzer in einen von vier Hauptsträngen des virtuellen Beratungsverlaufes ein, in dessen Fortschritt er über verschiedene modulare Komponenten von der Verstärkung des ausgewählten Wunsches über die Konkretisierung eines zugehörigen Primärbedarfes bis zur Vorauswahl und Konkretisierung passender Leistungsbündel gelangt, welche der Bedarfsbefriedigung bzw. der Wunscherfüllung dienen.

Abbildung 40: Einstiegsseite: Wunsch erfassen

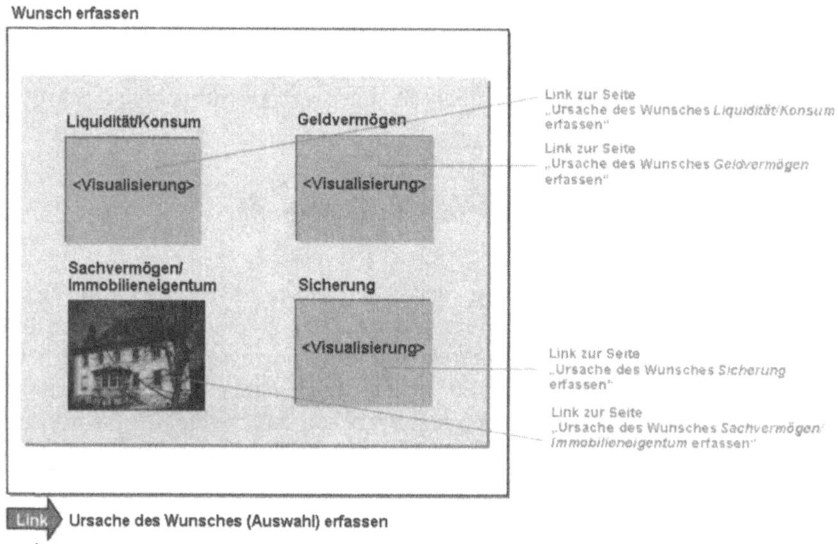

Quelle: Eigene Darstellung

Die Schaffung benutzeransprechender und an elementaren Wünschen ausgerichteter Einstiegsszenarien auf der Seite „Wunsch erfassen“ bedingt die kommunikationstechnische sowie gestalterische Aufbereitung der fachlich als „Liquidität/ Konsum“, „Geldvermögen“, „Sachvermögen“ und „Sicherung“ bezeichneten Wünsche. So sollte mittels geeigneter Verbalisierung sowie mittels grafischer und ggf. multimedialer Aufbereitung das Erregen von Aufmerksamkeit sowie eine intuitive Verständlichkeit der dargestellten Wunschsituationen beim Benutzer erzielt werden.

Die verbal und darstellerisch aufbereiteten Wunschsituationen sind als Hyperlinks zu der jeweils entsprechenden fortführenden Seite des Beratungssystems zu formatieren, über welche der Benutzer in den seinem gewählten Wunsch entsprechenden Ast des virtuellen Beratungsverlaufes gelangt.

7.2.2 Modulare Komponenten der Phase Anregung

7.2.2.1 Wunschursachen - Ansatzpunkte der Anregung

Jedem elementaren Wunsch können unterschiedliche Ursachen der Wunschentstehung zu Grunde liegen, welche in einem bislang unerfüllten konkreteren Wunsch oder in einer zu lösenden Problemlage bestehen können (vgl. Kapitel 4.3.1). Um den (potenziellen) Kunden, der nach Bedarfsbefriedigung bzw. Wunscherfüllung strebt, wirkungsvoll anzuregen, sollte der Anbieter an den Ursachen der Wunschentstehung ansetzen und diese dem Benutzer in ihrer grundsätzlichen sowie individuellen Relevanz verdeutlichen. Die Praktikabilität und Effektivität dieser Vorgehensweise der bedarfsorientierten Anregung lässt sich aus dem Verhalten des Kunden in seinem Prozess begründen (vgl. Kapitel 4.2.2.1).

Um im Rahmen des konzipierten bedarfsorientierten Beratungssystems Anregungsmechanismen zu platzieren, welche an den Ursachen der Wunschentstehung ausgerichtet sind, wird dem Benutzer nach Auswahl eines Wunsches auf der Seite „Wunsch erfassen" in einem folgenden Schritt die Möglichkeit geboten, eine Wunschursache anzugeben. Zu diesem Zweck wird der Benutzer, der einen Wunsch ausgewählt hat, auf die entsprechende Seite „Ursache des Wunsches (Auswahl) erfassen" weitergeleitet, welche jeweils mögliche Ursachen für die Entstehung des ausgewählten Wunsches als Auswahlmöglichkeit beinhaltet. Die inhaltliche Konzeption der vier Seiten „Ursache des Wunsches *Liquidität/ Konsum* erfassen", „Ursache des Wunsches *Geldvermögen* erfassen", „Ursache des Wunsches *Sachvermögen/ Immobilieneigentum* erfassen" sowie „Ursache des Wunsches *Sicherung* erfassen" bedingt im Vorfeld die Identifikation verschiedener konkreter Wünsche und Problemlagen, welche typischerweise zur Entstehung der jeweiligen elementaren Wünsche führen können (vgl. Kapitel 4.3.1).

So kann der Wunsch nach Immobilienvermögen auf dem Streben nach „Wohnen in den eigenen 4 Wänden" beruhen. Aber auch die zu lösende Problemlage bislang hoher Mietzahlungen sowie die Suche nach Abschreibungsmöglichkeiten zur Steuerersparnis können den Wunsch nach Immobilienerwerb verursachen. Auch das Streben nach einem materiellen Wert als Inflationsschutz kann Ursache für den Wunsch nach Immobilieneigentum sein. Entsprechend findet der Benutzer auf der Seite „Ursachen des Wunsches *Sachvermögen/ Immobilieneigentum* erfassen" die Auswahlmöglichkeiten „Mietfrei Wohnen", „ Steuern sparen", „Inflationsschutz" und „Die eigenen 4 Wände" als potenzielle Ursachen für den Wunsch nach Sachvermögen in Form des Immobilieneigentums (vgl. Abbildung 41).

Abbildung 41: Ursache des Wunsches *Immobilieneigentum* erfassen

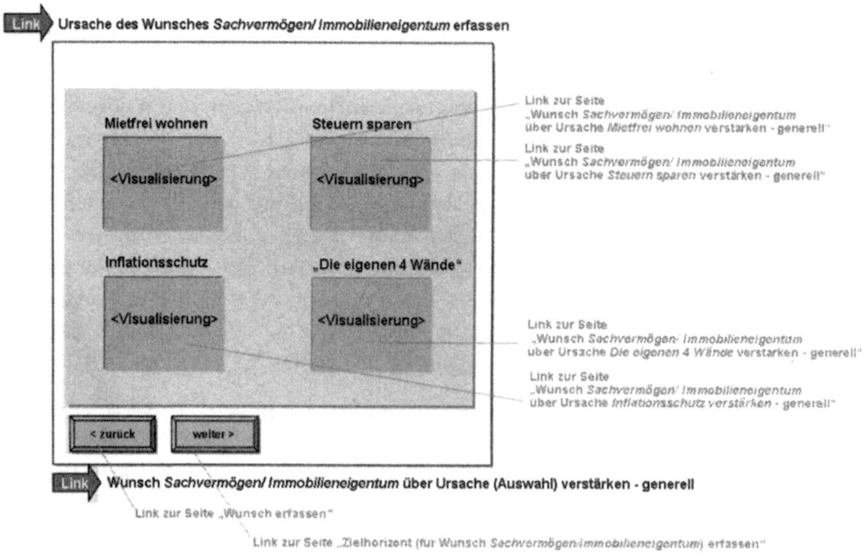

Quelle: Eigene Darstellung

Durch Auswahl einer Wunschursache auf einer der Seiten „Ursache des Wunsches (Auswahl) erfassen“ gelangt der Benutzer zu Seiten, auf denen er eine Verstärkung des ausgewählten Wunsches über die ausgewählte Wunschursache erfährt.

Neben der Auswahl einer Option stehen dem Benutzer auf den Seiten „Ursache des Wunsches (Auswahl) erfassen“ weitere Navigationsmöglichkeiten für eine Bewegung in der Beratungsanwendung zur Verfügung. Zum einen erhält der Benutzer die Möglichkeit, die Module der Anregungsphase zu überspringen und zum nächsten logischen Schritt im Beratungsverlauf überzugehen. So gelangt der Benutzer über einen „weiter“-Button im Navigations-Frame zur Seite „Zielhorizont (für Wunsch (Auswahl)) erfassen“, auf welcher er seinen Wunsch zum Primärbedarf konkretisieren kann. Zum anderen bietet ein „zurück“-Button dem Benutzer die Option, auf die Seite „Wunsch erfassen“ zurückzugelangen, um ggf. einen alternativen Weg einzuschlagen.

7.2.2.2 Generelle und individuelle Anregung

Nach Erfassung eines Wunsches und dessen Ursache lassen sich, je nach thematischem Kontext, verschiedene Mechanismen der generellen und individuellen Anregung einsetzen (vgl. Kapitel 4.2.2.1). Zumeist macht es Sinn, den Benutzer zunächst auf Seiten zu führen, auf denen die von ihm ausgewählte Wunschursache in ihrer *grundsätzlichen* Relevanz verdeutlicht wird. So können die negativen Konsequenzen einer generellen Problemlage oder die positiven Aspekte eines konkreten Wunsches erläutert werden. Dabei kann die Wahrnehmung der Wunschursache beim Benutzer neben einer geeigneten verbalen Beschreibung vor allem durch grafische bzw. multimediale Aufbereitung der Inhalte intensiviert werden. Der generellen Anregung sollten sich, sofern im thematischen Kontext sinnvoll, modulare Komponenten der *individuellen* Anregung anschließen. Gegenstand dieser Module ist es, die individuelle Relevanz der ausgewählten Wunschursache für den Benutzer zu verdeutlichen. Mittel hierfür sind interaktive Module, welche beispielsweise in Form von Kalkulatoren Situationsdarstellungen und Vorschaurechnungen auf Basis von Daten des Interessenten generieren und deren numerische Ergebnisse die Demonstration individueller Problemlagen erlauben.

Im Folgenden sollen für die verschiedenen Ursachen des Wunsches *Sachvermögen/ Immobilieneigentum* unterschiedliche Mechanismen der generellen und individuellen Anregung beschrieben und auszugsweise exemplarisch fachlich konzipiert werden.

Im Falle der Wunschursache *Mietfrei Wohnen* können die Seiten der *generellen Anregung* beispielsweise eine Darlegung der grundsätzlichen Problematik bisheriger sowie zukünftig zu erwartender durchschnittlicher Mietsteigerungen enthalten. Auch die grundsätzliche Problematik hoher kumulierter Mittelabflüsse zu Gunsten eines Vermieters kann exemplarisch demonstriert werden.

Eine *individuelle Anregung* für die Wunschursache *Mietfrei Wohnen* kann mittels eines modularen Mietrechners erzielt werden (vgl. Abbildung 42). Dieses Modul generiert auf Basis der Benutzereingaben zur Höhe seiner derzeitigen Mietzahlungen, zum geplanten Zeitraum für den Fortbestand des Mietverhältnisses sowie zur geschätzten jährlichen Mietsteigerung zwei numerische Ergebnisse, welche eine individuelle Problemlage des Benutzers beschreiben. Zum einen wird errechnet, wie sich die zu erwartende prozentuale Mietsteigerung zum Ende des angegebenen Zeitraumes auf die persönliche monatliche Mietzahlung des Benutzers auswirken wird. Zum anderen zeigt die ermittelte kumulierte Mietsumme über den Zeitablauf die persönlichen Mittelabflüsse, welche der Benutzer im Laufe der Jahre zu Gunsten des Vermieters zu verzeichnen hat. Die Anregungswirkung des Mietrechners kann durch grafische Darstellung der ermittelten Ergebnisse komplettiert werden. Wesentlich für die Effektivität der Anregungswirkung ist es ferner, dem Benutzer eine verbale Interpretation der numerischen Ergebnisse des Mietrechners sowie folgernde Hinweise im Hinblick auf die Intensivierung des Wunsches *Sachvermögen/ Immobilienerwerb* zu bieten. So sollte der Benutzer am Ende des Mietrechners den Ratschlag erhalten, die zu erwartenden Mittelabflüsse doch besser in ein Eigenheim zu investieren.

Abbildung 42: Mietrechner

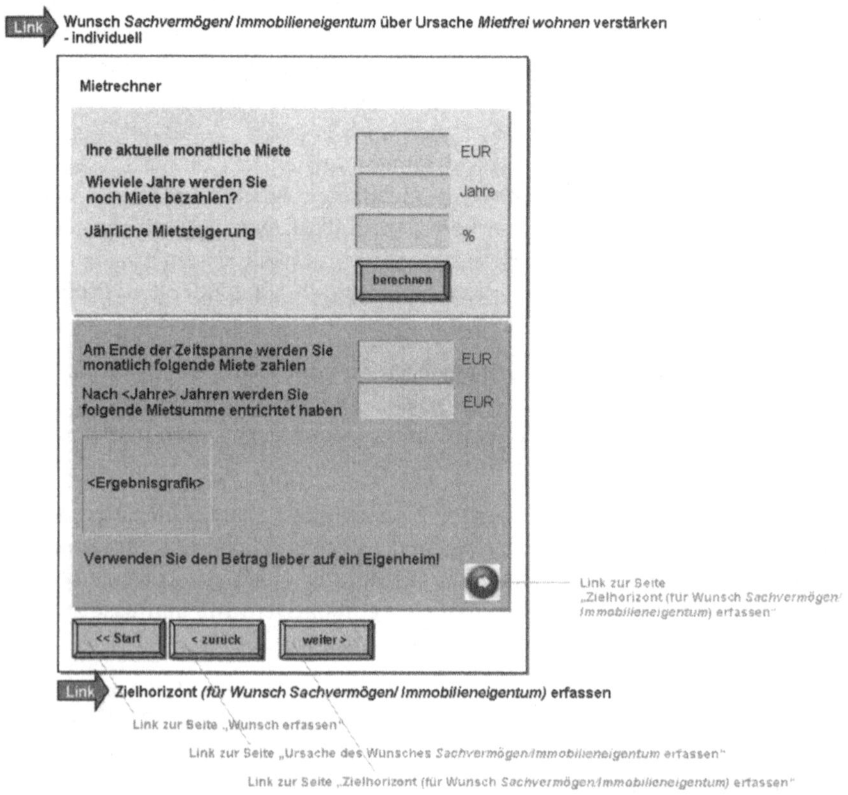

Quelle: Eigene Darstellung

Eine Fachkonzeption modularer Komponenten, welche der Verarbeitung von Benutzerdaten zu Ergebnissen dienen, bedingt eine Beschreibung sämtlicher Details, welche der Entwickler zur softwaretechnischen Umsetzung der konzipierten Module benötigt. Neben der Beschreibung der Tools in ihrer grundsätzlichen

Funktionsweise, der fachlichen Darstellung der Tooloberfläche sowie der Verortung der modularen Bausteine in der Navigationslogik der Gesamtanwendung sind daher ferner detaillierte Angaben zu Art, Wertebereich sowie funktionalem Zusammenhang der einzelnen Felder sowie zur allgemeinen und finanzmathematischen Berechnungslogik zu erstellen.

Für den Mietrechner soll eine detaillierte Beschreibung von Feldern und Berechnungslogik exemplarisch demonstriert werden. Die Konzeption der weiteren modularen Komponenten soll sich jedoch auf eine Beschreibung der grundsätzlichen Funktionsweise, der fachlichen Oberflächengestaltung sowie der Verortung der Module in der Navigationslogik beschränken.

Abbildung 43: Mietrechner: Feldbeschreibungen

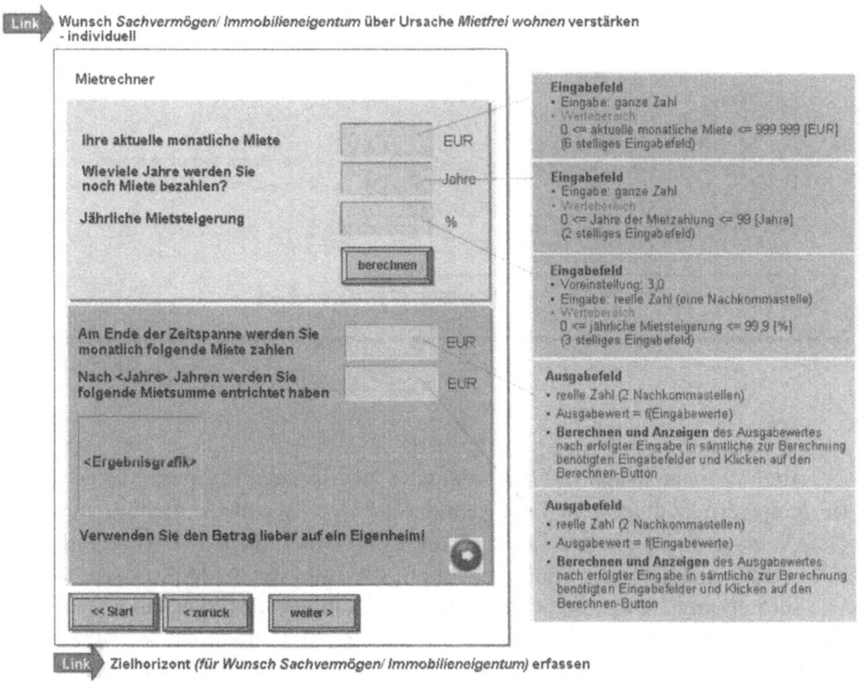

Quelle: Eigene Darstellung

Abbildung 44: Mietrechner: Formeln

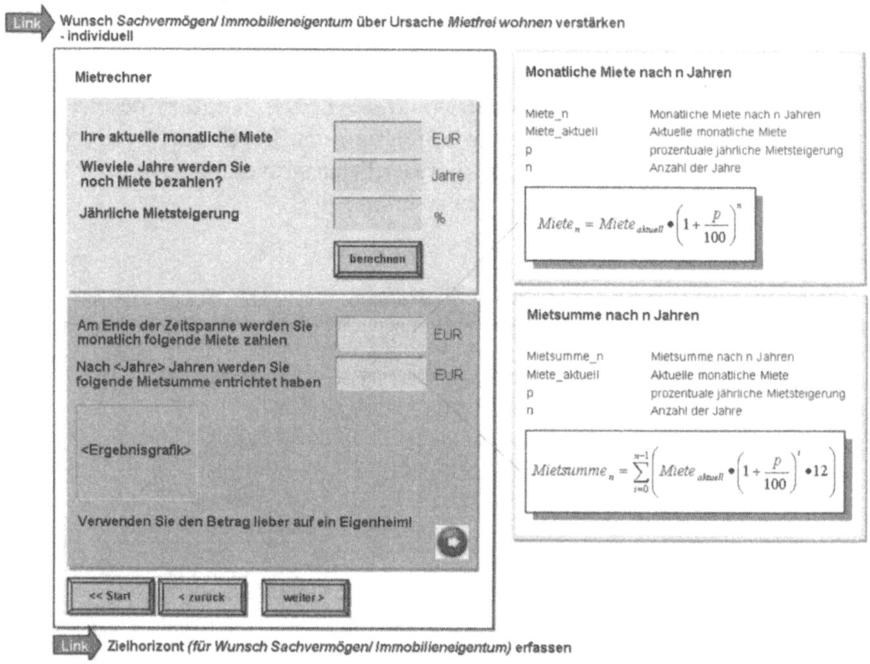

Quelle: Eigene Darstellung

Für die Wunschursache *Inflationsschutz* erfolgt im Rahmen der konzipierten Beratungsanwendung neben der generellen informativen Anregung eine individuelle Anregung des Benutzers durch einen Inflationsrechner (vgl. Abbildung 45). Hier erhält der Benutzer die Möglichkeit, die inflationsbedingte Entwertung eines von ihm eingegebenen, heute vorhandenen Geldbetrages über einen zu wählenden Zeitraum bei einer geschätzten Inflationsrate zu betrachten. Hiermit wird dem Benutzer die individuelle Relevanz der Inflationsproblematik für in seinem Eigentum befindliches Geldvermögen verdeutlicht. Als Schlussfolgerung aus der individuellen Problemlage im Hinblick auf eine Verstärkung des Wunsches *Sachvermögen/ Immobilienerwerb* sollte der Benutzer auf die Wertbeständigkeit einer Immobilie hingewiesen werden.

Abbildung 45: Inflationsrechner

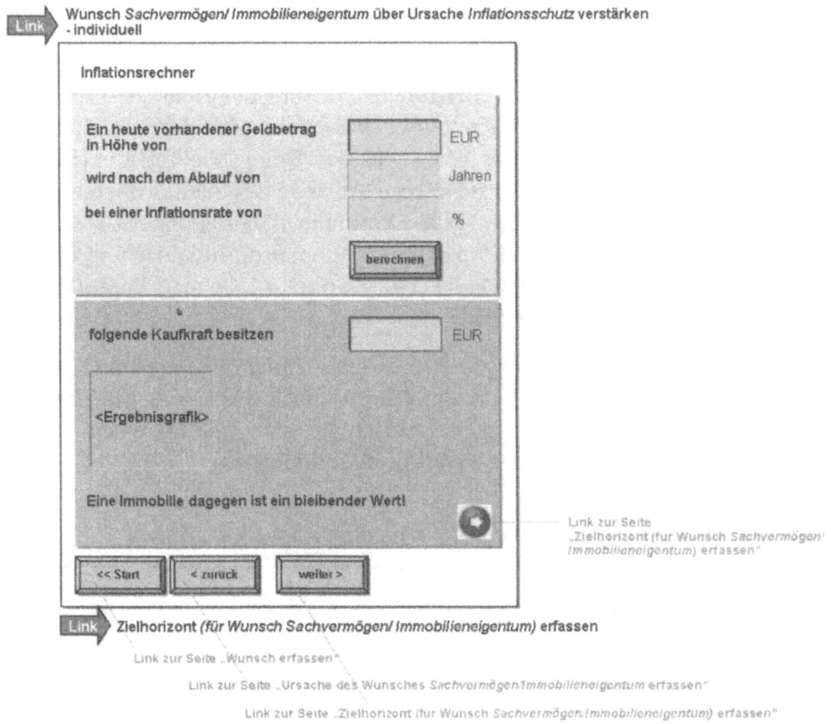

Quelle: Eigene Darstellung

Für die weiteren Ursachen *Steuern sparen* und *Die eigenen 4 Wände* lassen sich nach dem demonstrierten Schema analoge Mechanismen der generellen und individuellen Anregung konzipieren. Die Problemlage hoher Steuerzahlungen lässt sich generell und auch individuell durch ein Modul zur Schätzung der persönlichen Steuerbelastung kommunizieren. Die Darstellung des Immobilienerwerbs als Problemlösung zur Realisierung einer Steuerersparnis kann eine Verstärkung des Wunsches nach *Sachvermögen/ Immobilieneigentum* herbeiführen. Der Wunsch nach Wohnen in den eigenen 4 Wänden kann schließlich durch eine generelle Vorteilhaftigkeitsdarstellung der gewünschten Situation intensiviert werden.

7.2.2.3 Zielhorizont erfassen und Primärbedarf ableiten

Nach dem Durchlaufen oder Überspringen der modularen Komponenten zur Wunschverstärkung gelangt der Benutzer zum nächsten logischen Schritt im virtuellen Beratungsverlauf, bei dem es darum geht, für den ausgewählten Wunsch einen zugehörigen Zielhorizont anzugeben. So wird der Benutzer nach Auswahl eines Wunsches und ggf. nach dem Durchlaufen von Modulen zur Erfassung und Verstärkung von Ursachen dieses Wunsches, zur Seite „Zielhorizont (für Wunsch (Auswahl)) erfassen" geleitet, welche eine Auswahl an Zielhorizonten bietet, die für den ausgewählten Wunsch in Frage kommen. Überlegungen zu elementaren Wünschen und möglichen Zielhorizonten, zu denen die Realisierung der jeweiligen Wünsche angestrebt werden kann (vgl. Kapitel 4.3.1), sind Voraussetzung zur inhaltlichen Konzeption dieser Seiten.

Der Benutzer, der den Wunsch *Sachvermögen/ Immobilieneigentum* ausgewählt hat, findet auf der Seite „Zielhorizont (für Wunsch *Sachvermögen/ Immobilieneigentum*) erfassen" eine Auswahl zwischen den Zielhorizonten *Herstellen, Aufbauen* sowie *Erhalten/ Vermehren* (vgl. Abbildung 46).

Abbildung 46: Zielhorizont für Wunsch *Immobilieneigentum* erfassen

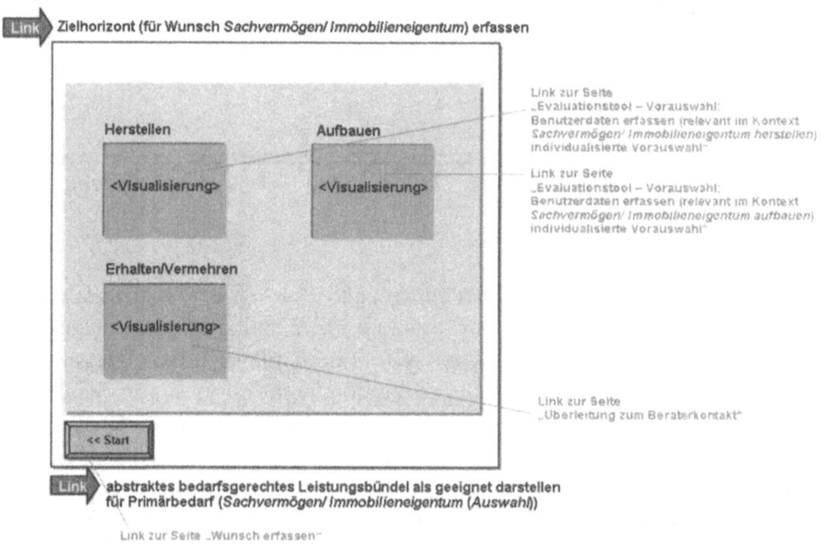

Quelle: Eigene Darstellung

Von der Seite „Zielhorizont (für Wunsch (Auswahl)) erfassen" aus erhält der Benutzer die Möglichkeit, zur Ausgangsseite „Wunsch erfassen" zurück zu navigieren und dort ggf. einen anderen Wunsch auszuwählen. Ein Überspringen der Auswahl eines Zielhorizontes ist im Sinne einer bedarfsorientierten Leistungszuordnung nicht vorgesehen.

Nachdem der Benutzer einen Wunsch und einen Zielhorizont ausgewählt hat, lässt sich aus diesen Informationen ein Primärbedarf formieren, nach dessen Befriedigung der Interessent strebt. Mittels einer einfachen Regel werden im Rahmen der konzipierten Beratungsanwendung der angegebene Wunsch und der angegebene Zielhorizont zu einem Primärbedarf verbunden.

So verfolgt der Benutzer mit dem Wunsch *Sachvermögen/ Immobilieneigentum* und dem Zielhorizont *herstellen* den Primärbedarf *Sachvermögen/ Immobilieneigentum herstellen*, d.h. er strebt nach unmittelbarer Verwirklichung des Immobilienerwerbs. Der Benutzer mit dem Primärbedarf *Sachvermögen/ Immobilieneigentum aufbauen* dagegen ist bereit, einen bestimmten Zeitraum auf die Realisierung des Immobilieneigentums hinzuarbeiten und über diesen Zeitraum hinweg geeignete Maßnahmen zur Zielerreichung zu ergreifen. Der Benutzer mit dem Primärbedarf *Sachvermögen/ Immobilieneigentum erhalten/ vermehren* besitzt bereits einen bestimmten Status an Sachvermögen, nach dessen Optimierung er strebt.

7.2.2.4 Vom Primärbedarf zum abstrakten Leistungsbündel

Um von der Erfassung eines Primärbedarfs zu einer zugehörigen Leistungsempfehlung zu gelangen, muss in einem ersten Schritt dem ermittelten Primärbedarf ein abstraktes Leistungsbündel zugeordnet werden, welches grundsätzlich geeignet ist, den Wunsch zu erfüllten bzw. den Bedarf zu befriedigen. Schematische Grundlage bietet die Servicematrix, in deren Feldern abstrakte Leistungsbündel zur Abdeckung von Primärbedarfen verortet sind (vgl. Kapitel 4.3.2.3).

Für den Primärbedarf *Sachvermögen/ Immobilieneigentum herstellen* sowie *aufbauen* liefert das entsprechende Feld der Servicematrix Beratungsleistungen rund um den Erwerb von Sachvermögen bzw. Immobilien. Während im Falle des Bedarfs Sachvermögen/ Immobilieneigentum *herstellen* ein bedarfsgerechtes Finanzierungskonzept eine passende Leistung auf abstrakter Ebene darstellt, umfasst das abstrakte bedarfsgerechte Leistungsbündel für den Bedarf Sachvermögen/ Immobilieneigentum *aufbauen* einen bedarfsgerechten Ansparplan mit Verfügbarkeit des Endkapitals entsprechend dem konkreten Zielhorizont, welcher ggf. mit einem entsprechenden Finanzierungskonzept zu kombinieren ist. Auch die Integration eines Bausparplanes mit einer dem Zielhorizont entsprechenden Ansparphase und einer am Immobilienwunsch orienterten Bauspar- bzw. Darlehenssumme ist möglich. Für den Primärbedarf *Sachvermögen/ Immobilieneigentum erhalten und optimieren* sieht das abstrakte

Leistungsbündel Informationen und Beratungsleistungen rund um den Kontext der Erhaltungsinvestitionen in bestehendes Sachvermögen sowie den Erwerb von weiterem Sachvermögen vor; als Produktkomponente kommt hier ggf. ein bedarfsgerechtes Finanzierungskonzept in Frage.

Zum Abschluss der Anregungsphase wird der Benutzer, der einen Wunsch und einen Zielhorizont ausgewählt hat, auf die Seite „abstraktes bedarfsgerechtes Leistungsbündel als geeignet darstellen" geleitet. Hier werden dem Benutzer in verbaler und kommunikationstechnischer Aufbereitung, auf Basis der Servicematrix ermittelte, abstrakte bedarfsgerechte Leistungsbündel als ideal geeignet präsentiert, um den ausgewählten Wunsch zum angegebenen Zielhorizont zu erfüllen bzw. den resultierenden Primärbedarf zu befriedigen. Abbildung 47 und Abbildung 48 stellen die entsprechenden Seiten für den Primärbedarf *Sachvermögen/ Immobilieneigentum herstellen* bzw. *aufbauen* fachlich dar.

Abbildung 47: Abstraktes bedarfsgerechtes Leistungsbündel – *Immobilieneigentum herstellen*

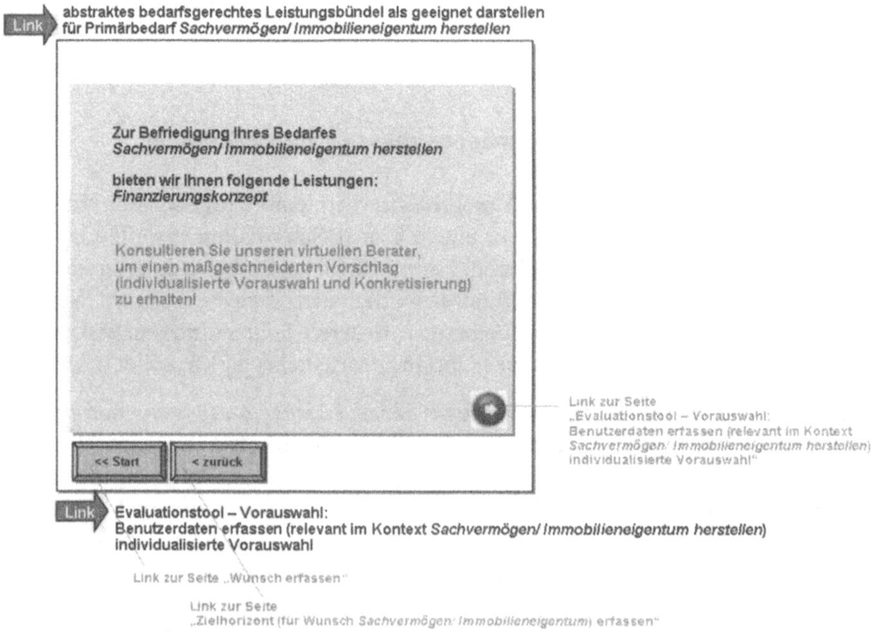

Quelle: Eigene Darstellung

Abbildung 48: Abstraktes bedarfsgerechtes Leistungsbündel – *Immobilieneigentum aufbauen*

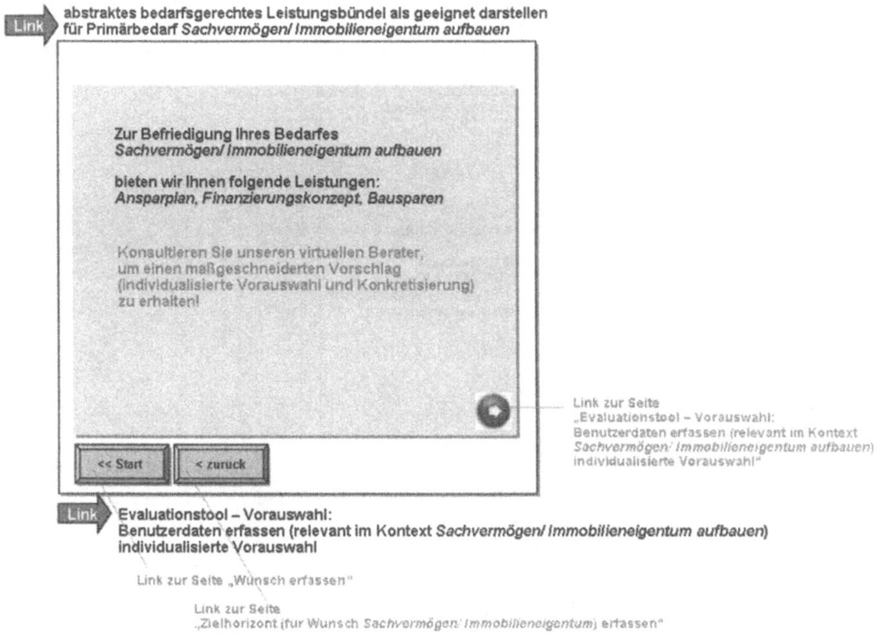

Quelle: Eigene Darstellung

Hiermit wird der erste Schritt vollzogen, um den Interessenten nach der Erfassung und ggf. Intensivierung eines Wunsches bzw. Primärbedarfes auf die Leistungen des Anbieters zu lenken. Bei Verlassen dieser Seite gelangt der Benutzer zu modularen Komponenten der Evaluationsphase, in deren Zuge die individuelle Konkretisierung des abstrakten bedarfsgerechten Leistungsbündels im Hinblick auf die Anforderungen und Bedingungen des Benutzers erfolgt.

Für den Primärbedarf *Sachvermögen/ Immobilieneigentum erhalten/ vermehren* ist eine Fortsetzung des virtuellen Beratungsverlaufes zur Konkretisierung eines bedarfsgerechten Leistungsbündels wenig sinnvoll. So erfordert die Generierung einer maßgeschneiderten Empfehlung für diesen Fall unter anderem eine detaillierte Erfassung des Status an Geld- und Sachvermögen des Benutzers sowie die darauf aufbauende Ableitung einer individuellen Optimierungsstrategie. Der hohe Kommunikationsbedarf dieses Beratungskontextes lässt den Einsatz realer Beratungskompetenz sinnvoll erscheinen (vgl. Kapitel 9). Nach der Darstellung des abstrakten bedarfsgerechten Leistungsbündels für den Primärbedarf Sachvermögen/ Immobilieneigentum erhalten/ vermehren findet der Benutzer daher im vorliegenden Fachkonzept einen Link zu einer Kontaktaufnahmeseite, die ihm die Initiierung eines Beratungsgespräches ermöglicht (vgl. Abbildung 49).

Abbildung 49: Abstraktes bedarfsgerechtes Leistungsbündel – ***Immobilieneigentum erhalten/ vermehren***

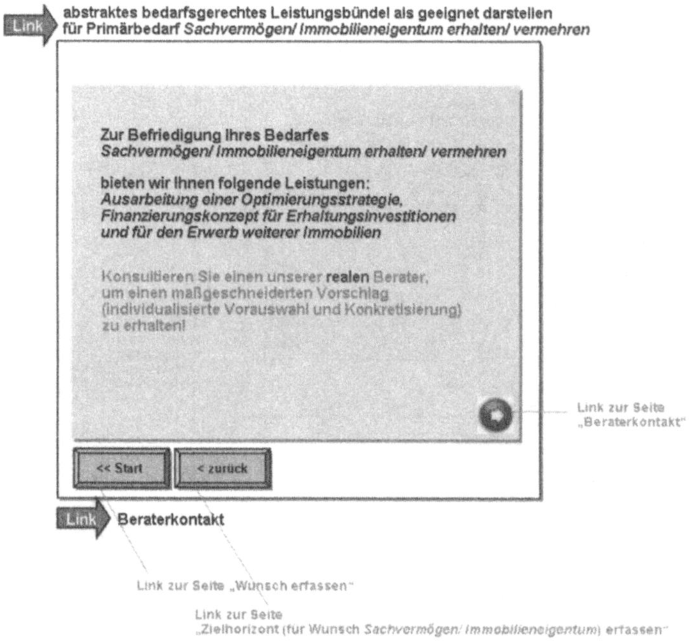

Quelle: Eigene Darstellung

7.2.3 Modulare Komponenten der Phase Evaluation

Folgt der Benutzer dem logischen Beratungsverlauf, so gelangt er auf Seiten, welche je nach thematischem Kontext entsprechend ausgestaltete Evaluationstools enthalten, welche der individuellen Konkretisierung des abstrakten, grundsätzlich zur Befriedigung seines Primärbedarfes geeigneten Leistungsbündels dienen. Die Ableitung einer maßgeschneiderten Leistungs- bzw. Produktempfehlung kann dabei in zwei Stufen erfolgen.

7.2.3.1 Individualisierte Vorauswahl bedarfsgerechter Leistungskategorien

Der Benutzer kann zunächst ein Evaluationstool zur Generierung einer *individualisierten Vorauswahl* bedarfsgerechter Leistungskategorien erhalten. Hierbei erfolgt nach Erfassung von Benutzerdaten, die im Kontext des betrachteten Primärbedarfes Relevanz besitzen, beispielsweise bestimmter individueller Präferenzen und/ oder Rahmendaten, eine benutzeradäquate Adaption des aus der Servicematrix abgeleiteten abstrakten bedarfsgerechten Leistungsbündels auf Ebene der Leistungskategorien oder -varianten. Zur Generierung einer entsprechenden Toolkomponenten gilt es zunächst, die anbieterseitig bereitgestellten Leistungselemente zu identifizieren, welche zu benutzerindividuell adaptierten Leistungsbündeln aggregiert werden sollen. In Abhängigkeit vom Leistungskontext ist eine Auswahl an zu erfassenden Benutzerdaten zu treffen, welche eine individuelle Zusammenstellung der Leistungselemente determinieren. Die Realisierung der Datenerfassung bedingt die Konzeption passender Fragestellungen und ggf. jeweils zugehöriger wählbarer Antwortalternativen sowie deren Umsetzung in einer geeigneten Erfassungsmaske. Die Ableitung einer individualisierten Vorauswahl passender Leistungselemente erfordert schließlich die Anwendung geeigneter Regeln, welche im Rahmen der Toolkonzeption zu definieren und bei der Toolimplementierung softwaretechnisch umzusetzen sind.

Exemplarisch sollen für die Primärbedarfe *Sachvermögen/ Immobilieneigentum herstellen* und *Sachvermögen/ Immobilieneigentum aufbauen* entsprechende Evaluationstools zur Ermittlung einer individualisierten Vorauswahl bedarfsgerechter Leistungselemente konzipiert werden.

Im Fall des Primärbedarfs *Sachvermögen/ Immobilieneigentum herstellen* ist es Ziel der modularen Komponenten zur individualisierten Vorauswahl, das aus der Servicematrix abgeleitete abstrakte bedarfsgerechte Leistungsbündel *Finanzierungskonzept* auf Basis einer Erfassung relevanter Benutzerdaten an die individuellen Anforderungen bzw. Bedingungen des Benutzers zu adaptieren.

Zunächst gilt es, einzelne Leistungselemente zu identifizieren, welche der Anbieter zur Formierung des jeweiligen abstrakten Leistungsbündels bereitstellt. Im betrachteten Fall setze sich das abstrakte Leistungsbündel *Finanzierungskonzept* des Finanzdienstleisters aus den Elementen *Annuitätendarlehen, Kapitallebensversicherung* sowie *Vor- bzw. Zwischenfinanzierung bestehender Bausparverträge* zusammen.

In einem weiteren Schritt ist eine Auswahl an zu erfassenden Benutzerdaten zu treffen, auf deren Basis eine individuelle Zusammenstellung der Leistungselemente erfolgen soll. Im Fall des Primärbedarfes *Sachvermögen/ Immobilieneigentum herstellen* ist beispielsweise das Vorhandensein eines Bausparvertrages sowie die Zuteilungsreife dieses Vertrages für die zu wählende Finanzierungsform von

Bedeutung. Ferner spielt die Präferenz des Benutzers für Sicherheit für die Individualisierung des Leistungsbündels *Finanzierungskonzept* eine Rolle. Da somit als Basis einer individualisierten Vorauswahl sowohl Rahmendaten als auch Präferenzen des Benutzers abgefragt werden, greift die konzipierte Toolkomponente auf Elemente der Tooltypen *Frame Mapping* und *Preference Mapping* zurück.

Die Konzeption passender Fragestellungen und jeweils zugehöriger wählbarer Antwortalternativen zur Erfassung der relevanten Benutzerdaten sowie deren Umsetzung in einer geeigneten Erfassungsmaske ergibt im Falle der exemplarisch konzipierten Toolkomponente die in Abbildung 50 dargestellte Seite.

Abbildung 50: Evaluationstool – Vorauswahl – *Immobilieneigentum herstellen*

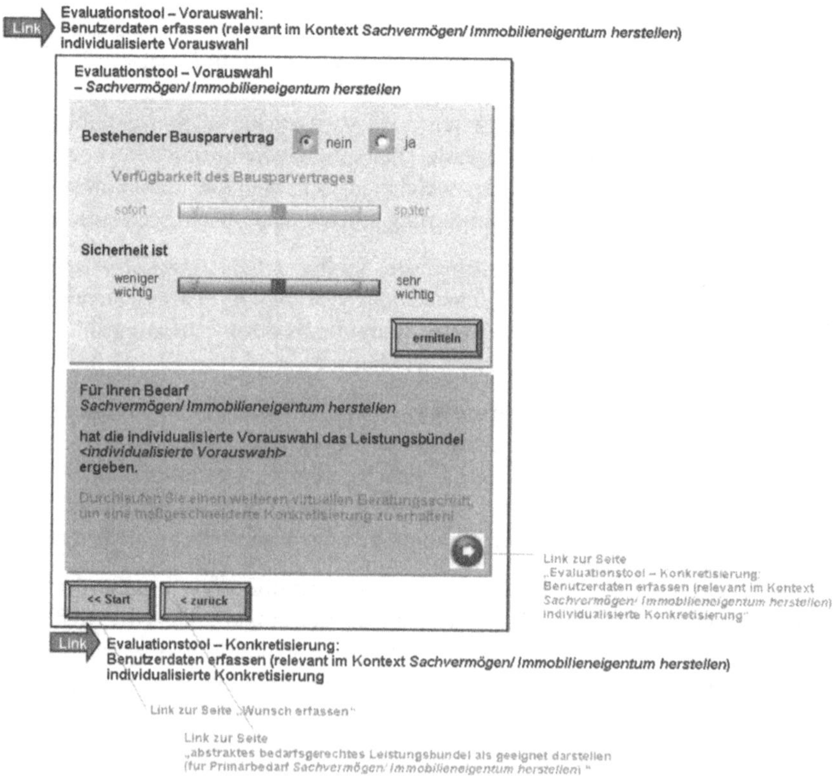

Quelle: Eigene Darstellung

Der Benutzer wählt im konzipierten Tool mittels geeigneter Steuerelemente (hier: Radiobuttons und elektronifizierter Schieberegler) die für ihn zutreffenden Ausprägungen der abgefragten Rahmenbedingungen und Präferenzen aus.

Die Zuordnung individualisierter Leistungsbündel zu Ausprägungen der abgefragten Rahmenbedingungen bzw. Präferenzen erfordert die Konzeption und Implementierung einer geeigneten Zuordnungslogik, beispielsweise auf Basis von Regeln. So erfordert das Vorhandensein eines Bausparvertrages dessen Berücksichtigung im Rahmen eines zu ermittelnden Finanzierungskonzeptes. Bei bestehender Zuteilungsreife vermindert sich der erforderliche Finanzierungsbedarf entsprechend um die Bausparsumme bzw. den Betrag des Bauspardarlehens. Bei noch nicht erreichter Zuteilungsreife muss der vorhandene Bausparvertrag ggf. zwischen- oder vorfinanziert werden. Eine steigende Präferenz für Sicherheit erhöht die Notwendigkeit, eine Kapitallebensversicherung in das Finanzierungskonzept zu integrieren, um die Finanzierung gegen Risiken abzusichern. Die aus der Anwendung der beschriebenen Regeln resultierende Zuordnungslogik von individualisierten Leistungsbündeln zu Merkmalsausprägungen lässt sich im vorliegenden Fall in einer Matrix abbilden, welche bei der Implementierung der Toolkomponente zu hinterlegen ist.

Abbildung 51: Zuordnungslogik – Vorauswahl – *Immobilieneigentum herstellen*

Primärbedarf: *Sachvermögen/ Immobilieneigentum herstellen*
abstraktes bedarfsgerechtes Leistungsbündel: *Finanzierungskonzept*

individualisierte Vorauswahl		Bausparvertrag		
		nicht vorhanden	vorhanden	
			zuteilungsreif	später verfügbar
Präferenz für Absicherung	weniger wichtig	Annuitätendarlehen	Annuitätendarlehen (verminderter Finanzierungsbedarf)	Annuitätendarlehen Zwischen-/ Vorfinanzierung des Bausparvertrages
	neutral	Annuitätendarlehen (Kapitallebensversicherung)	Annuitätendarlehen (verminderter Finanzierungsbedarf) (Kapitallebensversicherung)	Annuitätendarlehen Zwischen-/ Vorfinanzierung des Bausparvertrages (Kapitallebensversicherung)
	sehr wichtig	Annuitätendarlehen Kapitallebensversicherung	Annuitätendarlehen (verminderter Finanzierungsbedarf) Kapitallebensversicherung	Annuitätendarlehen Zwischen-/ Vorfinanzierung des Bausparvertrages Kapitallebensversicherung

Quelle: Eigene Darstellung

Im Falle des Primärbedarfs *Sachvermögen/ Immobilieneigentum aufbauen* ist es Gegenstand der modularen Komponente zur individualisierten Vorauswahl, eine benutzeradäquate Anpassung des abstrakten Leistungsbündels *Ansparplan, Finanzierungskonzept* und *Bausparen* an die individuellen Anforderungen bzw. Bedingungen des Benutzers zu adaptieren.

Zunächst gilt es wiederum, einzelne Leistungselemente zu identifizieren, welche der Anbieter zur Formierung des abstrakten Leistungsbündels bereitstellt. Im betrachteten Fall setze sich das abstrakte Leistungsbündel *Finanzierungskonzept* des Finanzdienstleisters aus den Elementen *Annuitätendarlehen* und *Kapitallebensversicherung* zusammen. Die abstrakte Leistung *Ansparplan* werde durch die Elemente *mittel- und langfristige Spar- und Anlageprodukte* formiert. Für die abstrakte Leistung *Bausparen* stelle der Anbieter *kurz-, mittel- und langfristige Bausparverträge, bestehend aus Ansparphase und Bauspardarlehen* bereit.

In einem weiteren Schritt ist eine Auswahl an zu erfassenden Benutzerdaten zu treffen, auf deren Basis eine individuelle Zusammenstellung der Leistungselemente erfolgen soll. Im Fall des Primärbedarfes *Sachvermögen/ Immobilieneigentum aufbauen* lässt sich beispielsweise die Bereitschaft des Interessenten, auf seine Zielerreichung hinzuarbeiten sowie seine Präferenz für Sicherheit als relevant für eine Formierung eines individualisierten Leistungsbündels identifizieren. Da somit Einstellungen bzw. Präferenzen des Benutzers als Basis einer individualisierten Vorauswahl abgefragt werden, findet der Tooltyp *Preference Mapping* bei der Konzeption der betrachteten Toolkomponente Anwendung.

Die Konzeption passender Fragestellungen und jeweils zugehöriger wählbarer Antwortalternativen zur Erfassung der relevanten Benutzerdaten sowie deren Umsetzung in einer geeigneten Erfassungsmaske ergibt für die konzipierte Toolkomponente die in Abbildung 52 dargestellte Seite.

Abbildung 52: Evaluationstool – Vorauswahl – *Immobilieneigentum aufbauen*

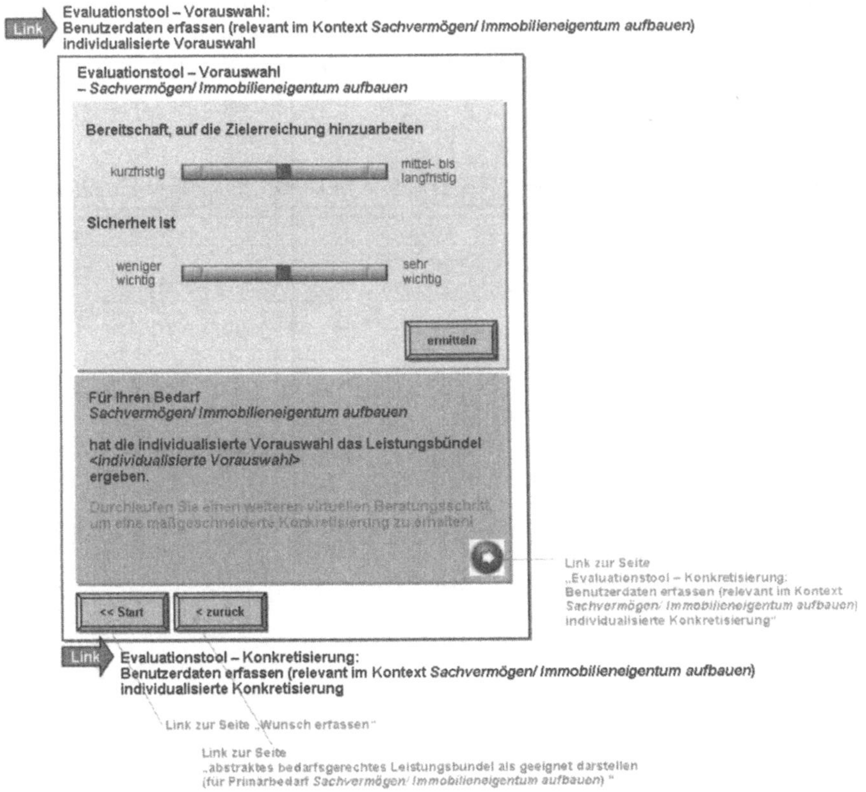

Quelle: Eigene Darstellung

Der Benutzer wählt mittels geeigneter Steuerelemente (hier z.B. mit Hilfe elektronifizierter Schieberegler) die für ihn zutreffenden Ausprägungen der abgefragten Einstellungen bzw. Präferenzen aus.

Die Zuordnung individualisierter Leistungsbündel zu Ausprägungen der abgefragten Benutzereigenschaften erfordert die Anwendung entsprechender Regeln. So erhöht beispielsweise eine steigende Präferenz für Sicherheit die Notwendigkeit, eine Kapitallebensversicherung in das Finanzierungskonzept zu integrieren, um die Finanzierung gegen Risiken abzusichern. Auch die Tendenz zum Einbezug eines Bausparvertrages steigt bei zunehmender Sicherheitsaffinität, da sich der Interessent mit Abschluss eines Bausparvertrages bestimmte Konditionen für ein zukünftig wahrzunehmendes Bauspardarlehen sichert. Eine zunehmende Bereitschaft des Benutzers über einen mittel- bis langfristigen Zeitraum auf die Zielerreichung, d.h. den Immobilienerwerb, hinzuarbeiten, ermöglicht sowohl den Einbezug mittel- bis langfristiger Spar- bzw. Anlageprodukte sowie eines Bausparvertrages in das individualisierte bedarfsgerechte Leistungsbündel. Die aus der Anwendung der beschriebenen Regeln resultierende Zuordnungslogik von individualisierten Leistungsbündeln zu Merkmalsausprägungen lässt sich im vorliegenden Fall in der folgenden, der Toolkomponente zu hinterlegenden Matrix abbilden.

Abbildung 53: Zuordnungslogik – Vorauswahl – *Immobilieneigentum aufbauen*

Primärbedarf: *Sachvermögen/ Immobilieneigentum aufbauen*
abstraktes bedarfsgerechtes Leistungsbündel: *Ansparplan, Finanzierungskonzept, Bausparen*

individualisierte Vorauswahl		Bereitschaft, auf Zielerreichung hinzuarbeiten: kurzfristig	neutral	mittel- bis langfristig
Präferenz für Absicherung	weniger wichtig	(kurzfristiger Bausparvertrag) Annuitätendarlehen	mittelfristige Spar-/ Anlageprodukte Annuitätendarlehen	mittel- bis langfristige Spar-/ Anlageprodukte Annuitätendarlehen
	neutral	kurzfristiger Bausparvertrag (Bauspardarlehen) Annuitätendarlehen (Kapitallebensversicherung)	mittelfristiger Bausparvertrag mittelfristige Spar-/ Anlageprodukte Bauspardarlehen Annuitätendarlehen (Kapitallebensversicherung)	mittel- bis langfristiger Bausparvertrag mittel- bis langfristige Spar-/ Anlageprodukte Bauspardarlehen Annuitätendarlehen (Kapitallebensversicherung)
	sehr wichtig	kurzfristiger Bausparvertrag (Bauspardarlehen) Annuitätendarlehen Kapitallebensversicherung	mittelfristiger Bausparvertrag mittelfristige Spar-/ Anlageprodukte Bauspardarlehen Annuitätendarlehen Kapitallebensversicherung	mittel- bis langfristiger Bausparvertrag mittel- bis langfristige Spar-/ Anlageprodukte Bauspardarlehen Annuitätendarlehen Kapitallebensversicherung

Quelle: Eigene Darstellung

7.2.3.2 Individualisierte Konkretisierung bedarfsgerechter Leistungsbündel

Im weiteren Beratungsverlauf wird der Benutzer auf Seiten geleitet, bei denen es um die individualisierte *Konkretisierung* des ermittelten abstrakten Leistungsbündels auf Basis der Erfassung und Verarbeitung weiterer, den Benutzer in seinen Anforderungen und Bedingungen charakterisierender Daten geht. Entsprechende weitere Toolkomponenten bzw. -schritte der Evaluationsphase sind hierfür zu konzipieren und zu realisieren.

Die Toolkomponenten der Evaluationsphase, welche der individualisierten Vorauswahl und Konkretisierung eines bedarfsgerechten Leistungsbündels dienen, sollten eine im betrachteten Leistungskontext ideale Mischung an Tooltypen (vgl. Kapitel 6.2) aufweisen. Die Toolkomponenten der Leistungsvorauswahl und der Leistungskonkretisierung sind dabei als Einheit bzw. als Stufen eines gesamten Beratungsmoduls zu betrachten, welches den Weg vom abstrakten bedarfsgerechten Leistungsbündel zur maßgeschneiderten Empfehlung über mehrere Schritte vollzieht. Ein Evaluationsmodul für den Leistungskontext *Immobilienfinanzierung*, welcher im betrachteten Fall aus den Leistungselementen *mittel- und langfristige Spar- und Anlageprodukte, Annuitätendarlehen, Kapitallebensversicherung* sowie *Bausparverträge* besteht, erfordert auf Grund des hohen leistungsspezifischen Komplexitätsgrades und Kommunikationsbedarfes den Einbezug verschiedener Tooltypen (vgl. Kapitel 6.2.3). So eignet sich der Tooltyp *Preference Mapping* dazu, eine Vorauswahl passender Leistungskategorien auf Grundlage der Einstellungen bzw. Präferenzen des Benutzers zu treffen. Entsprechend wurde der Tooltyp *Preference Mapping* bei der Konzeption des obigen Evaluationstools zur Ermittlung einer individualisierten bedarfsgerechten Leistungsvorauswahl für den Primärbedarf *Sachvermögen/ Immobilieneigentum aufbauen* angewandt (vgl. Abbildung 50 und Abbildung 52). Die individualisierte Konkretisierung eines bedarfsgerechten Leistungsbündels im Kontext der *Immobilienfinanzierung* erfordert den Einbezug des Tooltyps *Frame Mapping*, um den hohen Umfang der im Leistungskontext relevanten Rahmendaten des Benutzers zu erfassen und bei der Generierung einer Empfehlung zu berücksichtigen. Auch können ggf. Elemente des *Produkt Konfigurators* einbezogen werden, um einzelne Leistungsparameter gemäß den Anforderungen des Benutzers zu konkretisieren.

Die fachliche Detailkonzeption eines Evaluationstools zur individualisierten Konkretisierung einer Immobilienfinanzierung wird in Kapitel 8 gesondert dargestellt.

7.2.4 Modulare Komponente der Phase Kauf

Der Benutzer, der im Rahmen der modularen Komponenten der Evaluationsphase eine individualisierte und abschlussfähige Leistungskonkretisierung, beispielsweise ein individuell passendes und realisierbares Annuitätendarlehen, ermittelt hat und dieses abschließen möchte, wird in der logischen Abfolge der Gesamtberatungsanwendung zum Modul „Kaufinitiierung“ geleitet. Hier wird ihm die Möglichkeit geboten, dem Anbieter die im Zuge des virtuellen Beratungsverlaufes eingegebenen sowie generierten Daten verfügbar zu machen und einen Antrag bzw. eine Anfrage bezüglich der gewünschten Leistung zu stellen.

Dem Benutzer wird zu diesem Zweck ein integriertes Antragsformular zur Freigabe bzw. elektronischen Übermittlung an den Anbieter bereitgestellt. Neben einer zusammenfassenden Visualisierung der Daten des virtuellen Beratungsverlaufes, insbesondere der konkretisierten Parameter der generierten Leistungsempfehlung, enthält das Antragsformular Eingabefelder für Angaben zur Person des Benutzers. Der Benutzer, der die ermittelte Leistung erwerben möchte, tätigt Angaben zu seiner Person und initiiert den Vorgang durch Klick auf einen entsprechenden Button.

Eine medienbruchfreie Vollendung (vgl. Kapitel 4.2.2.3) eines elektronisch initiierten Produktabschlusses im Sinne der Rechtsverbindlichkeit kann nur realisiert werden, sofern dem Anbieter die Identifikation der Person des Antragstellers möglich ist und sofern eine Autorisierung des Antrages durch den Antragsteller erfolgt.

Die Möglichkeiten der Identifikation des Benutzers und der Autorisierung eines Antrages differieren in Abhängigkeit davon, ob es sich bei dem Benutzer um einen bereits bestehenden oder einen potenziellen Kunden handelt. Möchte ein bereits bestehender Kunde eine elektronisch vermittelte Leistung erwerben, so kann sich dieser beispielsweise über Eingabe von Passwort und PIN dem Anbieter gegenüber identifizieren und den Abschluss einer virtuell vermittelten Leistung ggf. durch Eingabe einer TAN autorisieren. Möchte dagegen ein Nicht-Kunde eine Leistung auf elektronischen Vertriebswegen abschließen, muss sich der Interessent zunächst dem Anbieter gegenüber authentifizieren und zu diesem Zweck eines der hierfür vorgesehenen Verfahren, beispielsweise das Post Ident - Verfahren oder die Identifikation in einer Filiale des Anbieters durchlaufen. Eine medienbruchfreie Abwicklung der Kauftransaktion ist für diesen Fall nicht mehr gegeben.

Auch der jeweilige Leistungskontext kann bestimmte Notwendigkeiten für die Gewährleistung der Rechtsverbindlichkeit eines Vertrages bedingen, welche die Möglichkeit des medienbruchfreien elektronischen Abschlusses einschränken. So sieht der Gesetzgeber für den Abschluss von Kreditprodukten die Schriftform vor[3], was einem rein elektronischen Vertragsabschluss grundsätzlich zuwider läuft. Nach den Neuerungen des Signaturgesetzes ist für die Zukunft die Substituierbarkeit der handschriftlichen durch die digitale Signatur zu erwarten[4]. Sofern sich die digitale Unterschrift in der praktischen Anwendung durchsetzt, eröffnen sich neue Potenziale für den rechtsverbindlichen elektronischen Kauf.

Abgesehen von der Thematik der Benutzeridentifikation und Antragsautorisierung bedingt die Vermittlung bestimmter Leistungen die Berücksichtigung von Rahmenbedingungen, welche dem Anbieter nicht in elektronischer Form bereitgestellt werden können. Ist dies der Fall, gestaltet sich ein rein elektronischer Produktabschluss problematisch. So erfordert der Abschluss der meisten Kreditprodukte eine Verifikation der Bonität des Antragstellers. Die Vergabe eines Hypothekendarlehens erfordert darüber hinaus eine Feststellung des Beleihungswertes des zu finanzierenden Objektes, welcher den Grenzbetrag für die Gewährung von Realkrediten darstellt[5]. Kreditwürdigkeit und Objektwert können nur auf Basis bestimmter schriftlicher Dokumente bzw. Urkunden (beispielsweise Gehaltsabrechnungen, Wertgutachten etc.) festgestellt werden, welche durch den Antragsteller beizubringen und der Evaluation eines realen Beraters zu unterziehen sind.

Je nach den Erfordernissen und Möglichkeiten der Identifikation und Autorisierung und in Abhängigkeit von den Notwendigkeiten, die mit dem jeweils betrachteten Leistungskontext einhergehen, können die im Rahmen der Kaufinitiierung verfügbaren Benutzer- und Produktdaten somit in unterschiedlicher Weise vom Anbieter im Hinblick auf einen Produktabschluss genutzt werden.

Sofern auf Basis der elektronischen Antragstellung des Benutzers kein unmittelbarer rechtsverbindlicher Abschluss möglich ist, kann der Anbieter auf Basis der

---

[3] §4 Abs.1, S.1 *Verbraucherkreditgesetz*. Schriftform. „Der Kreditvertrag bedarf der schriftlichen Form."

[4] Art.1, Nr.2.a) *Gesetz zur Anpassung der Formvorschriften des Privatrechts und anderer Vorschriften an den modernen Rechtsgeschäftsverkehr*. „Die schriftliche Form kann durch die elektronische Form ersetzt werden, wenn sich nicht aus dem Gesetz etwas anderes ergibt."

[5] §11 Abs.2 *Hypothekenbankgesetz*. Beleihungsgrenze. „Die Beleihung darf die ersten 3 Fünftel des Wertes des Grundstückes nicht übersteigen."

§12 Abs.1 *Hypothekenbankgesetz*. Beleihungswert. „Der bei der Beleihung angenommene Wert des Grundstücks darf den durch sorgfältige Ermittlung festgestellten Verkaufswert nicht übersteigen. Bei der Feststellung dieses Wertes sind nur die dauernden Eigenschaften des Grundstücks und der Ertrag zu berücksichtigen, welchen das Grundstück bei ordnungsgemäßer Wirtschaft jedem Besitzer nachhaltig gewähren kann."

verfügbaren Daten beispielsweise ein der ermittelten Leistungskonkretisierung entsprechendes Antragsformular generieren, welches dem Benutzer entweder in postalischer Form oder in elektronischer Form zum Ausdruck bereitgestellt wird. Der Interessent, der den Produktantrag unterschreibt und ihn, ggf. ergänzt um erforderliche Unterlagen, per Post an den Anbieter sendet, stellt damit einen rechtsverbindlichen Antrag auf Abschluss der Leistung.

Auch können die im virtuellen Beratungsverlauf generierten Daten als Grundlage eines weiterführenden realen Beratungsgespräches genutzt werden, welches in Form eines semipersönlichen, telefonischen oder auch in Form eines persönlichen Kontaktes zwischen Interessent und Berater stattfindet. Das auf Basis der Daten des virtuellen Beratungsdialoges stattfindende Gespräch kann dazu dienen, den in der elektronischen Kommunikation ermittelten Leistungsvorschlag zu verifizieren sowie ggf. weiter zu individualisieren und das Procedere für einen gewünschten Abschluss zu besprechen.

7.2.5 Modulare Komponenten der Phase After Sales

Das konzipierte Beratungssystem sieht verschiedene modulare Elemente vor, welche dazu dienen, die Zufriedenheit des Kunden mit der erworbenen Leistung zu verifizieren und die mit dem Kauf erzielte Bedürfnisbefriedigung sicherzustellen (vgl. Kapitel 4.2.2.4).

7.2.5.1 Service

Die Komponente „Service“ stellt ein Kontaktaufnahmemodul dar, welches dem Kunden die Möglichkeit bietet, via eMail einen Kontakt zum Servicebereich des Anbieters zu initiieren und dabei verschiedene Formen der elektronischen bzw. semipersönlichen Kommunikation zu wählen. Die anbieterseitige Bereitstellung eines mit realer Beratungskompetenz besetzten Servicebereiches, dessen Mitarbeiter für Probleme und Fragen in der Nachkaufphase zuständig sind, stellt dabei die Voraussetzung dar.

Idealerweise bietet das Kontaktaufnahmemodul dem Kunden die Möglichkeit, konkrete Fragestellungen schriftlich, beispielsweise durch Eingabe in ein dafür vorgesehenes Freitextfeld, zu formulieren und diese per Klick auf einen entsprechenden Button elektronisch an den Servicebereich zu übermitteln. Die Beantwortung schriftlich formulierter Fragestellungen durch Mitarbeiter des Servicebereiches kann per eMail erfolgen. Ferner sollte das Modul es dem Benutzer ermöglichen, durch das Absenden einer entsprechenden Anfrage einen telefonischen Beratungstermin unter Angabe eines gewünschten Wochentages und einer Tageszeit zu vereinbaren. Zum angegebenen Termin sollte Rückruf durch einen Mitarbeiter des Servicebereichs erfolgen.

Neben der Initiierung der Kontaktaufnahme via eMail kann der Benutzer eine direkte telefonische Kontaktaufnahmemöglichkeit zum Servicebereich (Service-Hotline) einrichten und dem Benutzer die entsprechende Telefonnummer im Rahmen des Kontaktmoduls präsentieren.

Abbildung 54: Service

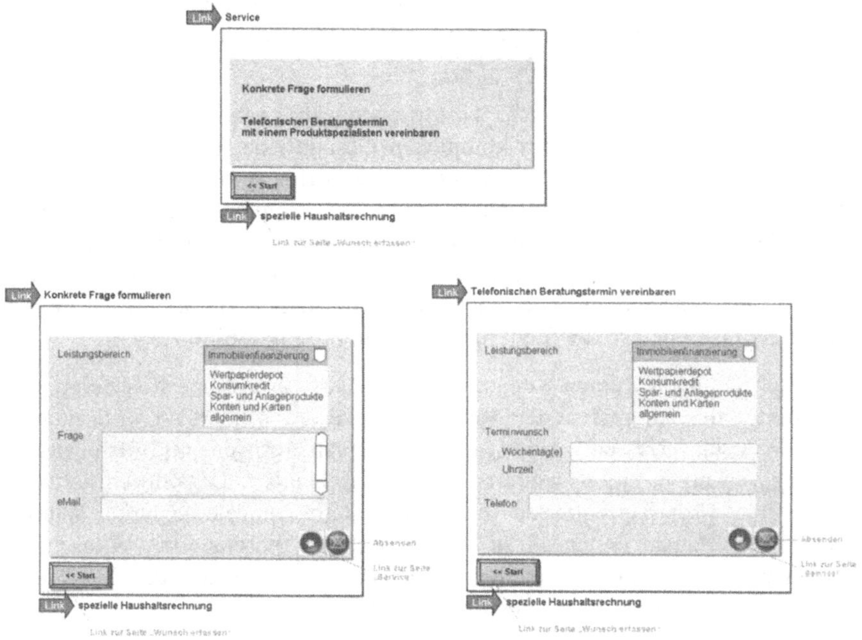

Quelle: Eigene Darstellung

7.2.5.2 Tools zur Beobachtung der Produktentwicklung

Das konzipierte Beratungssystem sieht „After Sales Tools" vor, welche je nach betrachtetem Leistungskontext eine entsprechende inhaltliche Ausgestaltung aufweisen. Gegenstand der After Sales Tools ist es, dem Benutzer eine Beobachtung der Entwicklung eines erworbenen Produktes zu ermöglichen und ihm so einen Mehrwert zu verschaffen. So kann ein Modul zur Erstellung eines Zins- und Tilgungsstatus nach Eingabe bestimmter Eckdaten eines bestehenden Kreditvertrages für den Benutzer nach erfolgtem Kreditabschluss von Interesse sein. Für den Depotkunden bietet das After Sales Tool relevante Informationen, beispielsweise aktuelle Kurse und Schlagzeilen sowie eine individuell adaptierbare Darstellung der Depotentwicklung. Auch technische Analysemethoden können zur individuellen Nutzung angeboten werden.

7.2.5.3 Elementare Wünsche - Ausgangspunkt weiterer Kundenprozesse

Neben der Bereitstellung der leistungsbezogenen modularen Komponenten „Service“ und „After Sales Tool“, welche das erworbene Produkt in den Fokus der Nachkaufbetreuung stellen, ist es in der After Sales Phase von entscheidender Bedeutung zur Erzeugung von Kundenbindung, den Kunden zum Durchlaufen eines weiteren Teilprozesses und somit zum Erwerb einer weiteren Leistung zu motivieren.

Mit dem Kauf einer Leistung bzw. eines Leistungsbündels hat der Kunde oftmals nur eine Teilbefriedigung eines komplexen Gesamtbedarfes erzielt (vgl. Kapitel 4.2.2.4). Nach dem Kauf wird der Kunde wieder offen sein, die noch bestehenden Defizite in der Gesamtbedürfnisbefriedigung zu erkennen und neue Teilbedarfe bzw. Wünsche zu verfolgen. Auch entstehen dem Kunden möglicherweise neuer Bedarfsfelder, die in Zusammenhang mit der erworbenen Leistung Relevanz erlangen. So wird der Kunde nach Abschluss einer Immobilienfinanzierung möglicherweise Interesse an Sicherung rund um die Immobilie zeigen.

Findet der Kunde, der einen weiteren Primärbedarf bzw. Wunsch verfolgt, sich in der Struktur des automatisierten Beratungsprozesses wieder, so wird er auf der Seite „Wunsch erfassen“ eine weitere Auswahl treffen und den virtuellen Beratungsverlauf in einem weiteren Zweig durchlaufen. Die Strukturierung des konzipierten bedarfsorientierten Beratungssystems an elementaren Wünschen gewährleistet einen hohen Grad an Abdeckung potenzieller Wünsche und Bedarfssituationen und bietet dem Anbieter somit die Chance, den Kunden nach dem Kauf wiederholt bedarfsgerecht zu bedienen.

7.3 Motivationskonzept

Der Kunde durchläuft einen Gesamtprozess, welcher als bedarfsmotiviertes, hierarchisch strukturiertes System von zyklischen Teilprozessen verstanden werden kann (vgl. Kapitel 4.2.1.2). Um den Kunden nicht nur kurzfristig zu gewinnen, also einen isolierten Teilprozess zu begleiten, sondern ihn langfristig zu binden, also eine Begleitung des Gesamtprozesses zu erzielen, muss der Anbieter den Kunden wiederholt zum Durchlaufen jeweils weiterer zyklischer Teilprozesse motivieren (vgl. Kapitel 4.2.3). Da primäre Bedarfe den Ausgangspunkt jedes Kundenprozesses darstellen, gilt es somit ein Konzept wirkungsvoller Anregungsmechanismen zu generieren und auf elektronischen Vertriebswegen umzusetzen.

Der Anbieter erzielt eine hohe Anregungswirkung, indem er dem (potenziellen) Kunden einen bestimmten Primärbedarf aufzeigt und diesen durch geeignete Maßnahmen intensiviert. Idealerweise sollten die Anregungsmaßnahmen zu diesem Zweck an den Ursachen der Bedarfsentstehung ansetzen, welche in einem bislang unerfüllten Wunsch sowie in einer zu lösenden Problemlage liegen können. Je nach thematischem Kontext ist es demnach Aufgabe des Anbieters, dem (potenziellen) Kunden zu Anregungszwecken unerfüllte Wünsche bzw. zu lösende Problemlagen darzulegen und so eine Intensivierung eines Primärbedarfes zu erzielen (vgl. Kapitel 4.2.2).

Entscheidend, um auf elektronischen Vertriebswegen eine permanente Motivation des Kunden zu erzielen, ist es dabei für den Anbieter, diverse und wirkungsvolle *passive* Anregungsmechanismen zu implementieren, welche auf die Intensivierung elementarer Bedarfsfelder bzw. Wünsche ausgerichtet sind. Ziel ist es, mit dem passiv bereitgestellten Angebot einen hohen Abdeckungsgrad potenzieller Primärbedarfe zu erzielen.

Zudem ist es wesentlich, den Kunden auf elektronischen Vertriebswegen *aktiv* im Hinblick auf potenzielle Primärbedarfe anzusprechen, welche durch Auswertung von Daten – sei es aus dem Nutzungsverhalten des elektronischen Leistungsangebotes gewonnener oder der Kundendatenbank entnommener Daten – identifiziert wurden. Zur aktiven Platzierung bedarfsgerechter Anregungsmechanismen kann der Anbieter die Gelegenheit kundenseitig initiierter Kontakte nutzen, sollte jedoch zudem von sich aus den Kunden durch aktive bedarfsgerechte Ansprache zur Kontaktaufnahme und weiterführenden Interaktion bewegen.

Fühlt sich der Kunde bei jedem Anbieterkontakt in seinen individuellen Bedarfen verstanden sowie bedarfsgerecht angesprochen und bedient, wird er den Finanzdienstleister zunehmend als „lebensbegleitenden" Serviceanbieter wahrnehmen, der ihn auf dem Weg zur Gesamtbedürfnisbefriedigung voranbringt.

7.3.1 Passive Motivation

Passive Motivation
Die passive Motivation ist dadurch charakterisiert, dass der Kunde selbst durch Nutzung anbieterseitig bereitgestellter elektronifizierter Anregungsmechanismen zur Erkennung und verstärkten Wahrnehmung von Primärbedarfen bzw. Wünschen gelangt.

7.3.1.1 Bedarfsorientierte Strukturierung als Rahmen

Den idealen *Rahmen* für die passive Bereitstellung bedarfsorientierter Anregungsmechanismen schafft der Anbieter, indem er sein Leistungsangebot auf elektronischen Vertriebswegen konsequent an elementaren Primärbedarfen bzw. Wünschen der (potenziellen) Kunden ausrichtet und entsprechend strukturiert. Sämtliche Mechanismen der bedarfsorientierten Anregung sollten konsequent innerhalb dieser, an elementaren Bedarfsfeldern ausgerichteten Struktur verortet werden. Der Interessent, der sich mit einem aktuellen Primärbedarf an den Anbieter wendet, kann sich in der bedarfsorientierten Struktur wieder finden und erfährt so sämtliche, für seinen aktuellen Prozess und die damit verbundenen Teilbedarfe relevanten Anregungen.

Stellt der Anbieter auf elektronischen Vertriebswegen zahlreiche passive Anregungsmechanismen zur Intensivierung diverser denkbarer elementarer Wünsche bzw. Wunschursachen zur Verfügung, erhöht er die Chance, ein ansprechendes Angebot für möglichst zahlreiche Benutzer mit vielfältigen potenziellen Bedarfssituationen bereitzustellen und diese somit zum Einstieg in entsprechende virtuelle Beratungsprozesse zu motivieren.

7.3.1.2 Anregungsmechanismen

Verschiedene *Mechanismen* der passiven bedarfsorientierten Anregung können dem Interessenten auf elektronischen Vertriebswegen geboten werden. Die Anregungsmechanismen lassen sich dabei danach differenzieren, ob sie einer *generellen* oder einer *individuellen* Anregung dienen (vgl. Kapitel 4.2.2.1).

Bei der *generellen* bedarfsorientierten Anregung geht es darum, dem Interessenten die grundsätzliche Relevanz eines Primärbedarfes bzw. eines Wunsches oder einer Wunschursache durch die Bereitstellung entsprechender Informationen zu verdeutlichen. So können die negativen Konsequenzen einer generellen Problemlage oder die positiven Aspekte eines konkreten Wunsches erläutert werden. Die Wahrnehmung der Wunschursache beim Benutzer kann neben einer geeigneten verbalen Beschreibung vor allem durch grafische bzw. multimediale Aufbereitung der Inhalte intensiviert werden.

Wirkungsvoller als die generelle ist jedoch die *individuelle* bedarfsorientierte Anregung. Ziel hierbei ist es, dem Benutzer die individuelle Relevanz einer Wunschursache zu verdeutlichen. Mittel hierfür sind interaktive Module, welche beispielsweise in Form von Kalkulatoren Situationsdarstellungen und Vorschaurechnungen auf Basis von Daten des Interessenten generieren und deren numerische Ergebnisse die Demonstration individueller Problemlagen und damit die Verdeutlichung von Primärbedarfen erlauben.

Eine weitere Möglichkeit der passiven Anregung auf elektronischen Vertriebswegen besteht darin, bestimmte Primärbedarfe herauszugreifen, welche verursacht durch politisch oder ökonomisch bedingte, generelle Problemlagen aktuell hohe Relevanz erlangen, und diese in Form von *Kampagnen* exponiert aufzubereiten. Hierbei kommt neben der Bereitstellung von Informationen zu einer grundsätzlichen Problemlage ebenfalls der Einsatz interaktiver Module zum Tragen, mit deren Hilfe der Interessent auch die individuelle Relevanz eines grundsätzlich bestehenden Problems erkennen kann. Auf diese Weise kann ein grundsätzlicher Primärbedarf in das individuelle Interesse des (potenziellen) Kunden gelangen. Beispiel für eine generelle Problemlage ist die Rentenproblematik, welche durch politische Beschlüsse bezüglich der gesetzlichen Rentenversorgung in den Fokus des allgemeinen Interesses rückt. Mittels der Bereitstellung von Informationen zur allgemeinen Rentenproblematik sowie der Bereitstellung eines Anregungsmoduls zur automatisierten Ermittlung der individuell zu erwartenden Versorgungslücke kann beim Interessenten eine verstärkte Wahrnehmung des Primärbedarfs „Finanzielle Sicherheit im Alter“ entstehen.

7.3.2 Aktive Motivation

Aktive Motivation
Bei der aktiven Motivation geht es darum, den Interessenten auf elektronischen Vertriebswegen zielgerichtet auf individuelle Primärbedarfe bzw. Wünsche hin anzusprechen, die aus vorhandenen Daten abgeleitet wurden.

7.3.2.1 Aufbereitung von Benutzerdaten als Voraussetzung

Das „Benutzermodell" bezeichnet die Gesamtheit der Annahmen bzw. des Wissens über den (potenziellen) Kunden, der das (elektronische) Angebot des Finanzdienstleisters nutzt. Es umfasst beispielsweise seine Rahmensituation, seine persönlichen Bedürfnisse und Präferenzen sowie seine konkrete Nutzungssituation [vgl. Bodendorf 1999, S.45].

Voraussetzung, um auf elektronischen Vertriebswegen eine aktive Motivation von Teilprozessen bzw. eine aktive Anregung von Primärbedarfen bei einem (potenziellen) Kunden zu erzielen ist es, vorhandene, den jeweiligen Interessenten charakterisierende Datenbestände einer analytischem Auswertung zu unterziehen, um aktuelle, für den jeweiligen Interessenten relevante Primärbedarfe abzuleiten.

Die Möglichkeiten der Datengewinnung und Datenverwendung auf elektronischen Vertriebswegen unterscheiden sich danach, ob es sich bei dem Interessenten um einen anonymen oder einen per Pseudonym registrierten Benutzer des elektronischen Angebotes oder um einen durch Login identifizierten Kunden handelt.

Auf elektronischen Vertriebswegen hat der Anbieter grundsätzlich, d.h. sowohl beim anonymen als auch beim registrierten Benutzer, die Möglichkeit, Daten *aus dem Nutzungsverhalten* des Interessenten beim Zugriff auf das automatisierte Leistungsangebot zu gewinnen. Dies gilt insbesondere für den Online-Vertriebsweg. So kann das Auswahl- und Eingabeverhalten des Benutzers Rückschlüsse auf Interessengebiete bzw. potenzielle Primärbedarfe zulassen. Während sich die geschilderte Möglichkeit der Datengewinnung beim anonymen Benutzer nur auf den jeweils bestehenden Anbieterbesuch, beispielsweise auf die aktive Web-Session, bezieht, können die für den registrierten Benutzer erhobenen Daten unter seiner Kennung abgespeichert und bei weiteren Kontakten angereichert und konsolidiert werden.

Zur Auswertung der aktuell erzeugten bzw. gespeicherten Auswahl- und Eingabedaten sind geeignete Regeln zu implementieren, welche es erlauben, Rückschlüsse auf aktuell bestehende Primärbedarfe eines Benutzers zu ziehen. Im einfachsten Fall kann bereits der Aufenthalt des Benutzers in bestimmten thematischen Bereichen des elektronifizierten Angebotes Hinweise auf mögliche Bedarfe in diesem Themenkontext geben. So wird der Benutzer, der sich im Bereich des Vermögensaufbaus über mittel- bis langfristige Geldanlagen informiert, möglicherweise einen Primärbedarf nach finanzieller Sicherheit im Alter besitzen und für Anregungen in diesem Bereich empfänglich sein. Ein Benutzer, der dagegen Informationen im Kontext „Rund um die Immobilie“ betrachtet, könnte einen Bedarf nach Eigenheim bzw. nach einer geeigneten Immobilienfinanzierung aufweisen.

Die gesammelten Daten eines registrierten Benutzers, welche beispielsweise aus der Benutzung interaktiver Module hervorgegangen sind, erlauben möglicherweise zudem komplexere Auswertungen. So ist es vorstellbar, aus den Eingaben, die ein Benutzer bei der Verwendung automatisierter Beratungsanwendungen tätigt, Informationen zu dessen persönlichen Eigenschaften oder seiner individuellen Rahmensituation zu gewinnen, auf deren Basis mittels geeigneter Methoden, beispielsweise Regeln, mögliche Bedarfssituationen abgeleitet werden können.

Handelt es sich beim Benutzer des elektronischen Angebotes um einen bestehenden Kunden, der sich durch Login gegenüber dem Anbieter identifiziert hat, so können Primärbedarfe nicht nur aus den im Zuge der Interaktion gewonnenen Daten, sondern zudem aus einer Auswertung vorhandener Kundeninformationen abgeleitet werden. So lassen sich durch Anwendung geeigneter Methoden, beispielsweise Regeln, aus den vorhandenen Informationen zu persönlichen Eigenschaften, der individuellen Rahmensituation sowie der momentanen Lebensphase des Kunden Rückschlüsse auf möglicherweise aktuell relevante Bedarfssituationen ziehen. Die automatisierte Ableitung möglicher Bedarfssituationen aus Kundendaten bedingt die Konzeption und softwaretechnische Implementierung geeigneter Analysewerkzeuge sowie eine regelmäßige und zielgerichtete Durchführung von Auswertungen. Die Einrichtung und die permanente Pflege strukturierter Kundendatenbestände bilden die wesentliche Grundlage dieser Methodik.

7.3.2.2 Aktive Platzierung von Anregungsmechanismen

Wurde ein Primärbedarf durch die Auswertung aktueller bzw. gesammelter Benutzerdaten oder durch Auswertung von Kundendaten identifiziert, muss dieser Bedarf vom Anbieter aufgegriffen und durch geeignete Mechanismen in die Aufmerksamkeit des Benutzers gebracht werden.

So kann der Anbieter, der für einen (potenziellen) Kunden einen möglicherweise aktuell relevanten Primärbedarf identifiziert hat, einen benutzerseitig hergestellten Kontakt nutzen, um dem Interessenten aktiv mit dem ermittelten Primärbedarf zu konfrontieren und gezielt entsprechende Anregungselemente zu platzieren. So sollte er den Interessenten bei Gelegenheit der Angebotsnutzung individuell mit relevanten Informationen bzw. interaktiven Modulen versorgen, welche das Darstellen und Intensivieren des identifizierten Primärbedarfes zum Gegenstand haben. Bei einer Realisierung der aktiven bedarfsorientierten Anregung im Online-Vertriebsweg kann dem Benutzer auf der Website beispielsweise in Form eines Links ein exponierter Hinweis auf einen persönlichen Vorschlag geboten werden. Über diesen Link gelangt der Benutzer auf spezielle Seiten des Anbieters, welche entsprechende Anregungselemente (z.B. Informationen und interaktive Module) im Hinblick auf den ermittelten Primärbedarf enthalten.

Zudem sollte der Anbieter registrierte Benutzer bzw. bestehende Kunden von sich aus kontaktieren und dabei aktiv im Hinblick auf identifizierte Primärbedarfe ansprechen. So kann anbieterseitig eine elektronische Kontaktaufnahme via eMail erfolgen, in der Hinweise auf ermittelte Bedarfe mit dem Verweis auf Lösungsmöglichkeiten durch den Anbieter gegeben werden. Ziel des Anbieters ist es dabei, den anzuregenden Benutzer bzw. den Kunden zu einer anschließenden Kontaktaufnahme bzw. Interaktion, beispielsweise zu einem Webbesuch zu bewegen, in deren Verlauf es darum geht, den identifizierten Primärbedarf zu verifizieren und mittels geeigneter Anregungsmaßnahmen zu intensivieren.

8 Detailkonzept eines Evaluationstools zur individualisierten Konkretisierung einer Immobilienfinanzierung

Eine modulare Komponente der Evaluationsphase zur *individualisierten Konkretisierung* eines *Immobilienfinanzierungskonzeptes* zur Befriedigung des Primärbedarfes *Sachvermögen/ Immobilieneigentum herstellen* wird im Folgenden exemplarisch konzipiert.

Dabei erfolgt eine Fokussierung auf einen ausgewählten Leistungskontext als Resultat der individualisierten Leistungsvorauswahl: Im Rahmen der vorangegangenen Toolkomponente zur Leistungsvorauswahl habe der Benutzer eine geringe Präferenz für Sicherheit sowie das Vorhandensein eines zuteilungsreifen Bausparvertrages angegeben. Als Ergebnis der individualisierten Vorauswahl habe sich folglich das Leistungselement *Annuitätendarlehen unter Berücksichtigung eines durch Bausparsumme und Bauspardarlehen verminderten Finanzierungsbedarfes* ergeben. Die Konkretisierung dieses Leistungselementes im Hinblick auf die Anforderungen bzw. Bedingungen des Benutzers ist Gegenstand des im Folgenden fachlich entwickelten Evaluationstools.

8.1 Die Gesamtstruktur

Ziel des Evaluationstools zur Ableitung eines maßgeschneiderten Finanzierungskonzeptes ist die Generierung einer am Finanzierungsbedarf des Benutzers orientierten abschlussfähigen Konkretisierung eines Annuitätendarlehens. Der Kreditwunsch des Benutzers bzw. der Finanzierungsbedarf, welcher sich aus den einmalig anfallenden Kosten des Vorhabens abzüglich des Einsatzes von Eigen- und (sonstigen) Fremdmitteln ergibt, stellt die Höhe des angestrebten bzw. erforderlichen Kreditbetrages dar. Da es jedoch Ziel der idealtypischen virtuellen Beratung ist, eine Empfehlung vor dem Hintergrund der Rahmensituation des Benutzers zu generieren, erfolgt eine Überprüfung der Realisierbarkeit des angestrebten Kredites in Anbetracht der finanziellen Leistungsfähigkeit des Benutzers. Sofern der Benutzer sich die mit dem angestrebten Darlehensbetrag verbundenen monatlichen Ratenbelastungen angesichts seines monatlichen Haushaltsüberschusses leisten kann, wird eine konkrete Empfehlung generiert.

Das Evaluationstool zur Konkretisierung eines *Annuitätendarlehens* beinhaltet zwei umfassende logische Stufen, welche jeweils diverse Teilschritte integrieren.

Gegenstand der ersten Stufe ist die *Datenerfassung bzw. -ermittlung*. Hierbei geht es zum einen darum, entweder den Kreditwunsch des Benutzers direkt zu erfassen oder den erforderlichen Finanzierungsbedarf als Differenz der einmalig anfallenden Kosten und des vorgesehenen Mitteleinsatzes zu ermitteln. Der erfasste Kreditwunsch bzw. der ermittelte Finanzierungsbedarf repräsentiert den *angestrebten Kreditbetrag*. Zum anderen erfolgt die Ermittlung des monatlichen Saldos im Zuge einer Haushaltsrechnung. Die Berücksichtigung der durch den angestrebten Immobilienerwerb zu erwartenden zusätzlichen monatlichen Mittelzu- und -abflüsse erlaubt die Ermittlung des *monatlichen Saldos*, welcher zukünftig auf die Bedienung eines Kredites verwendet werden kann. Nach dem Durchlaufen der Schritte der ersten logischen Stufe stehen der *angestrebte Kreditbetrag* sowie der *monatliche Saldo* des Benutzers als Inputdaten für die weitere Datenverarbeitung zur Verfügung.

Gegenstand der zweiten Stufe des konzipierten Evaluationstools ist es, zunächst eine *Realisierbarkeitsprüfung* des gewünschten bzw. erforderlichen Darlehens durchzuführen. Hierbei wird die mindeste monatliche Ratenbelastung, welche bei Anwendung von Standardkonditionen, d.h. bei geringstmöglichem Tilgungssatz (beispielsweise in Höhe von 1%) sowie bei zinsgünstigster Zinsbindungsfrist aus dem angestrebten Kreditbetrag resultiert, mit dem monatlichen Saldo des Benutzers abgeglichen. Kann sich der Benutzer das angestrebte Darlehen nicht leisten, erhält er ggf. die Möglichkeit, den Weg zurück zur Haushaltsrechnung vorzunehmen, um nach eventuellen Einsparungsmöglichkeiten zu suchen. Gelingt die Herbeiführung der Realisierbarkeit auf diese Weise nicht, endet die virtuelle Beratung mit dem Beraterkontakt. Ist der angestrebte Darlehensbetrag zu Standardkonditionen dagegen für den Benutzer realisierbar, wird ihm die entsprechende *Konkretisierung* des Annuitätendarlehens als Produktvorschlag präsentiert. Kann der Benutzer sich das angestrebte Darlehen angesichts seines monatlichen Saldos mit höheren Tilgungsraten als der geringstmöglichen Anfangstilgung leisten, so werden ihm zudem alternative Leistungskonkretisierungen zur Auswahl angeboten.

Eine schematische Darstellung der Toolstruktur zu den logischen Stufen *Datenerfassung und -ermittlung* sowie *Realisierbarkeitsprüfung und Leistungskonkretisierung* erfolgt in Abbildung 55 und Abbildung 56.

Abbildung 55: Detailkonzept – Konkretisierung Annuitätendarlehen – Datenerfassung und -ermittlung

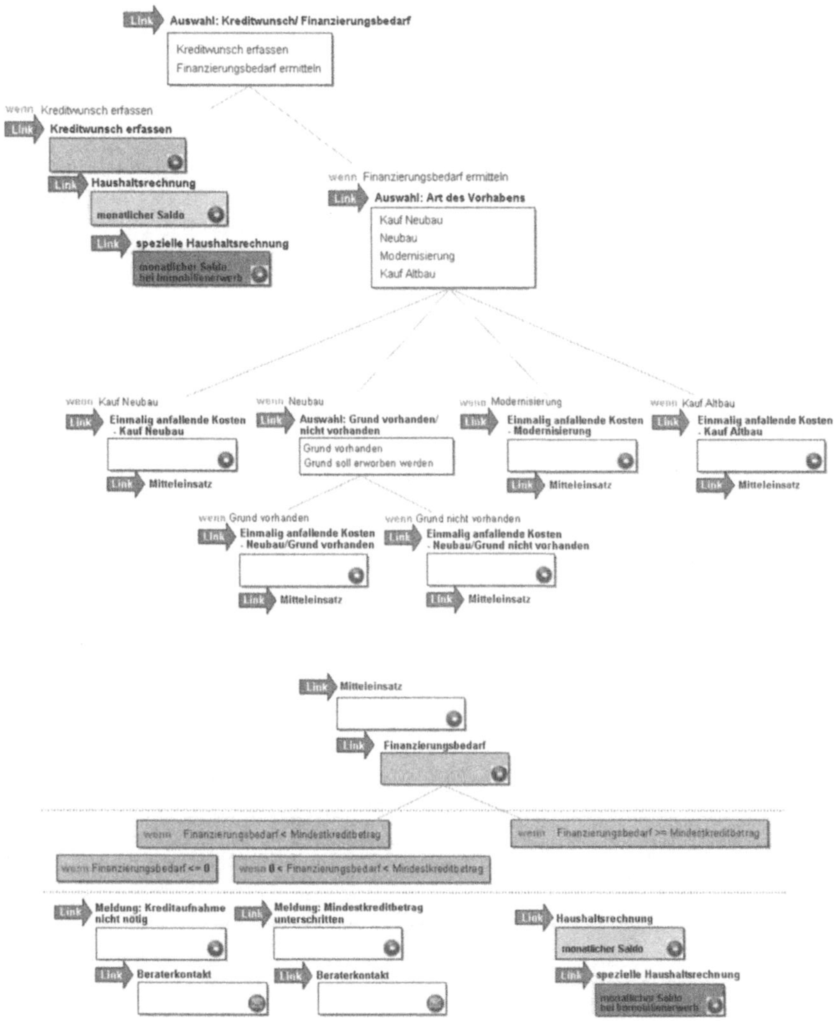

Quelle: Eigene Darstellung

Abbildung 56: Detailkonzept – Konkretisierung Annuitätendarlehen – Realisierbarkeitsprüfung und Leistungskonkretisierung

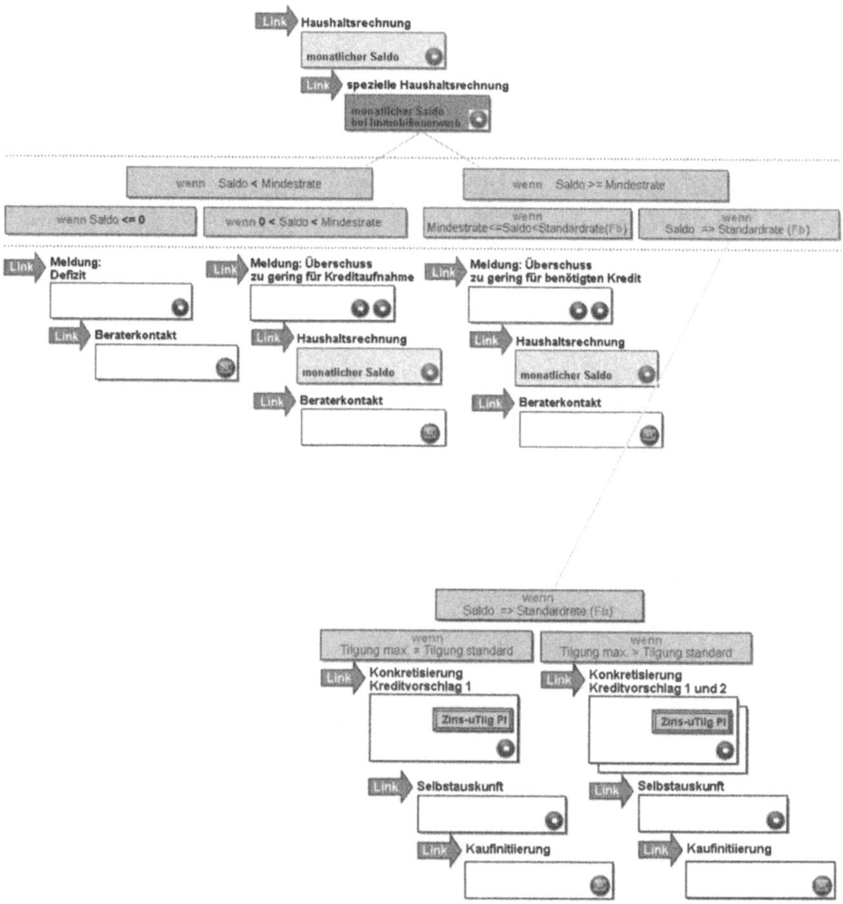

Quelle: Eigene Darstellung

8.2 Der Beratungsverlauf

8.2.1 Datenerfassung und -ermittlung

8.2.1.1 Kreditwunsch und Finanzierungsbedarf

Ausgangspunkt des virtuellen Beratungsprozesses zur Vermittlung eines maßgeschneiderten Annuitätendarlehens ist die Erfassung der angestrebten Darlehenshöhe. Hierbei besteht die Möglichkeit, den Benutzer in Form des *Produktkonfigurators* die Eingabe des gewünschten Kreditbetrages tätigen zu lassen oder im Zuge eines *Frame Mapping* den erforderlichen Finanzierungsbedarf zu ermitteln. Auf der Einstiegsseite „Auswahl: Kreditbetrag/ Finanzierungsbedarf" erhält der Benutzer somit eine entsprechende Auswahlmöglichkeit zwischen *Kreditwunsch erfassen* oder *Finanzierungsbedarf ermitteln*.

Wird die Option *Finanzierungsbedarf ermitteln* gewählt, wird der Benutzer in eine Seitenabfolge geleitet, in deren Zuge der Finanzierungsbedarf aus den einmalig anfallenden Kosten des Vorhabens abzüglich des Mitteleinsatzes errechnet wird. Da die einmalig anfallenden Kosten eines Immobilienvorhabens sich je nach Art des Vorhabens aus unterschiedlichen Positionen zusammensetzen, gibt der Benutzer auf der Seite „Auswahl: Art des Vorhabens" zunächst an, ob es sich bei seinem Vorhaben um den *Kauf eines Neubaus*, einen *Neubau*, eine *Modernisierung* oder den *Kauf eines Altbaus* handelt. Je nach getroffener Auswahl wird der Benutzer auf eine entsprechende Erfassungsmaske „Einmalig anfallende Kosten - Auswahl" geleitet, welche die Eingabe der im Zusammenhang mit dem angestrebten Vorhaben verbundenen Kostenpositionen erlaubt. In Abbildung 57 und Abbildung 58 werden exemplarisch die Erfassungsmasken für die einmalig anfallenden Kosten bei den Vorhaben *Neubau* und *Kauf Neubau/ Grund nicht vorhanden* dargestellt.

Abbildung 57: Einmalig anfallende Kosten – Kauf Neubau

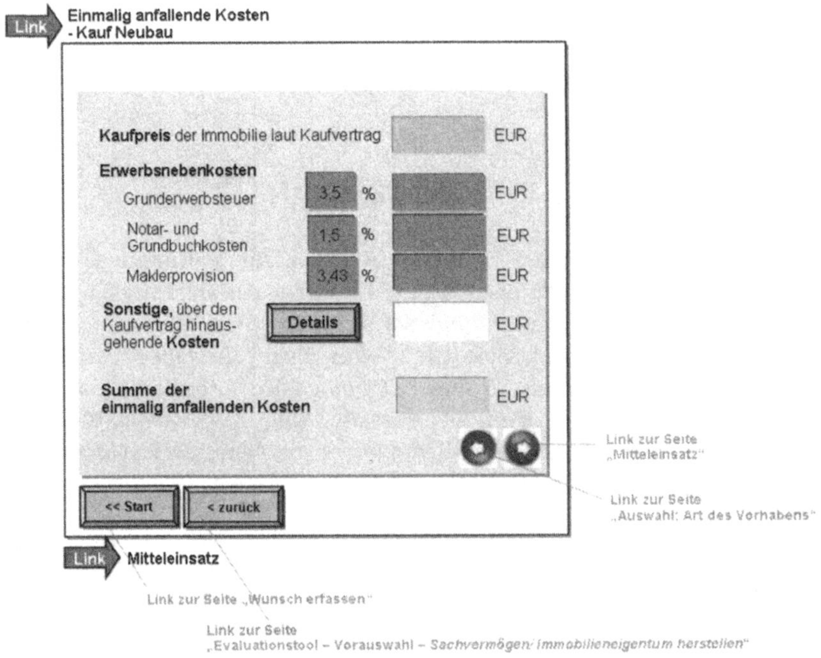

Quelle: Eigene Darstellung

Beim Kauf eines Neubaus entstehen einmalig anfallende Kosten aus dem Kaufpreis der Immobilie laut Kaufvertrag, welcher sowohl das Grundstück als auch die Bebauung betrifft. Ferner fallen Erwerbsnebenkosten, d.h. Grunderbwerbsteuer, Notar- und Grundbuchkosten sowie ggf. eine Maklerprovision an, welche in Form prozentualer Sätze auf den Kaufpreis der Immobilie veranschlagt werden. Daneben können sonstige Kosten, beispielsweise für Garage/Stellplatz, Außenanlagen oder ggf. Bauüberwachung entstehen, welche nicht Gegenstand des Kaufpreises sind.

Abbildung 58: Einmalig anfallende Kosten – Neubau

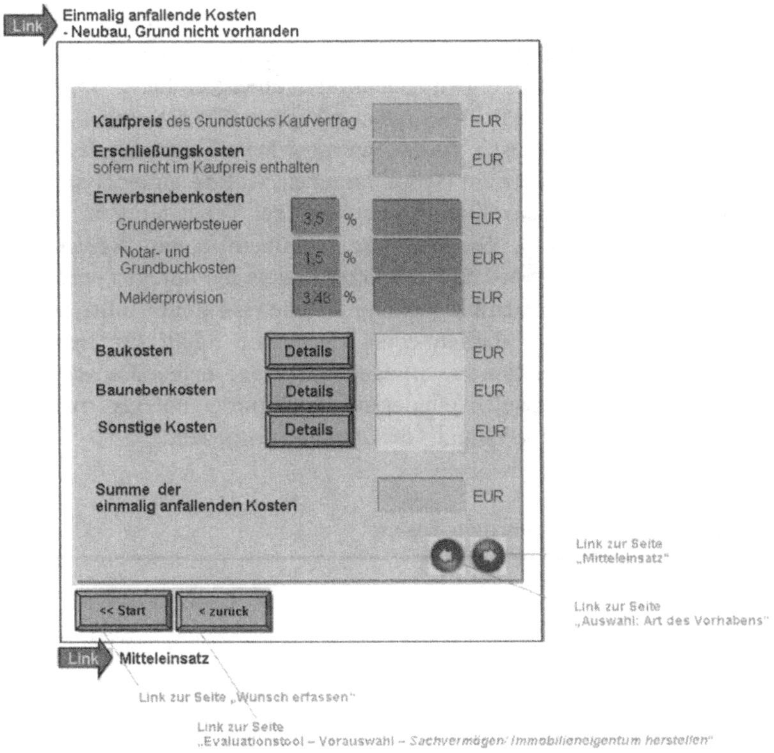

Quelle: Eigene Darstellung

Soll ein Neubau auf einem zu erwerbenden Grundstück errichtet werden, so fällt zunächst der Kaufpreis des Grundstücks an; ggf. entstehen zudem Erschließungskosten für das Grundstück. Die entstehenden Erwerbsnebenkosten werden in diesem Falle ausschließlich in Form prozentualer Sätze auf den Kaufpreis des Grundstücks berechnet. Des Weiteren fallen im Rahmen des Bauvorhabens Baukosten sowie Baunebenkosten an. Ferner sind sonstige, in den bisherigen Positionen nicht berücksichtigte einmalig anfallende Kosten zu berücksichtigen.

Die konzipierten Eingabemasken zur Erfassung der einmalig anfallenden Kosten beinhalten verschiedene funktionale Elemente, welche den Benutzer in der Ermittlung der geforderten Eingabewerte unterstützen. Zum einen werden dem Benutzer *Schätzfunktionen* in Form unterstützender Kalkulatoren zur Berechnung von Näherungswerten geboten. So werden die mit dem Vorhaben verbundenen Erwerbsnebenkosten, d.h. Grunderwerbsteuer, Notar- und Grundbuchkosten sowie

Maklercourtage näherungsweise auf Basis des eingegebenen Kaufpreises unter Anwendung voreingestellter durchschnittlicher Prozentsätze ermittelt. Der Benutzer kann die Näherungswerte wahlweise übernehmen oder sie durch ihm bekannte exakte Werte überschreiben. Zum anderen erhält der Benutzer funktionale Unterstützung zur *Ermittlung aggregierter Daten.* So werden verschiedene Datenfelder, beispielsweise die Felder „Sonstige Kosten“ sowie „Baukosten“ und „Baunebenkosten“ jeweils mit einem zugehörigen untergeordneten Detailformular mit Summenfunktion verknüpft. Der Benutzer kann wahlweise einen aggregierten Wert eingeben oder auf Wunsch in das untergeordnete Formular navigieren und dort einzelne Kostenpositionen im Detail eingeben, welche automatisch summiert werden. Der jeweils gebildete Summenwert wird bei Verlassen des Detailformulars in das jeweils zugehörige übergeordnete Feld übernommen. Neben der Unterstützung in der Kalkulation wird dem Benutzer mittels der untergeordneten Detailformulare eine Strukturierungshilfe geboten, welche eine hohe Vollständigkeit der Datenerfassung unterstützt. Ähnlich einer Checkliste erhält der Benutzer eine Reihe möglicher Kostenpositionen vorgegeben, welche er bei Bedarf um eigene Einträge ergänzen kann. Zwei exemplarisch konzipierte untergeordnete Detailmasken werden in Abbildung 59 und Abbildung 60 dargestellt.

Abbildung 59: Detailmaske: Sonstige Kosten

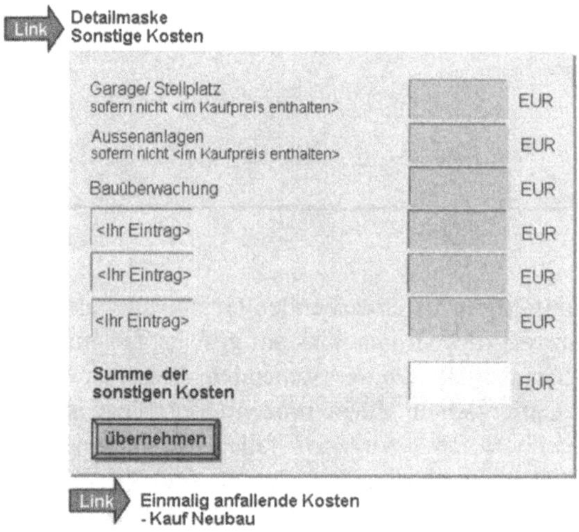

Quelle: Eigene Darstellung

Abbildung 60: Detailmaske: Baunebenkosten

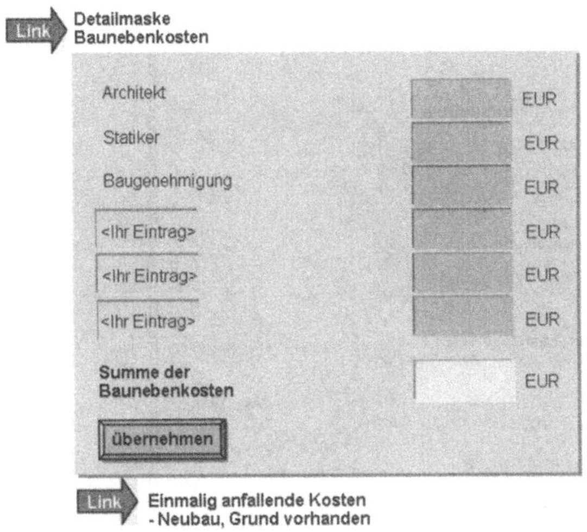

Quelle: Eigene Darstellung

Nach Erfassung bzw. Ermittlung der einmalig anfallenden Kosten des ausgewählten Vorhabens gelangt der Benutzer, der den Beratungsverlauf weiter verfolgt, auf die Seite „Mitteleinsatz“. Hier werden die für das Vorhaben einzusetzenden, über den zu konkretisierenden Kredit hinausgehenden Mittel erfasst, welche sich schmälernd auf den benötigten Finanzierungsbedarf auswirken. Neben vorhandenen Eigenmitteln werden Bauspardarlehen sowie sonstige Darlehen erfasst, welche auf das Vorhaben verwendet werden sollen. Auch die mit ihrem marktlichen Gegenwert zu veranschlagende Eigenleistung, die der Benutzer im Rahmen des Vorhabens erbringen möchte, ist in den Mitteleinsatz einzubeziehen. Schließlich wird die Summe der einzusetzenden Mittel gebildet, welche in den folgenden Rechenschritt eingeht.

Abbildung 61: Mitteleinsatz

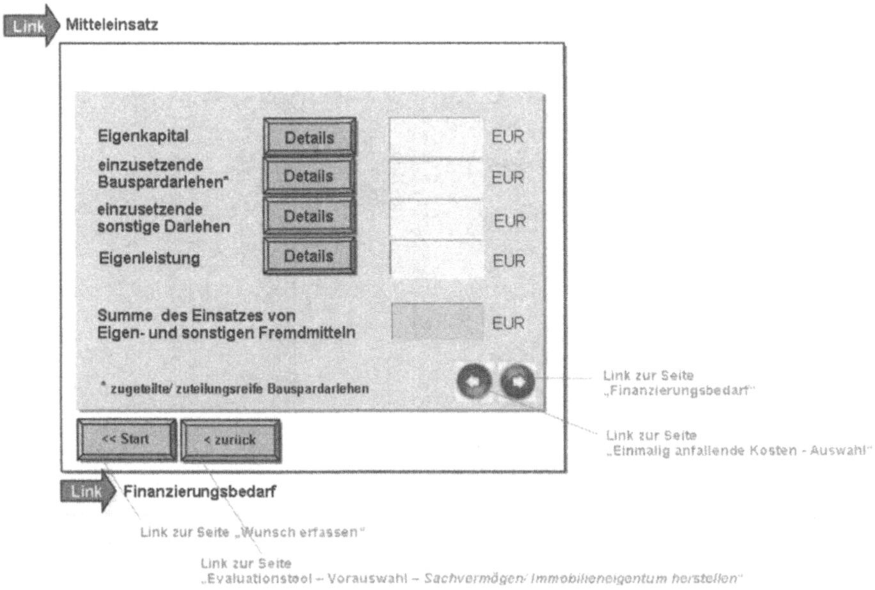

Quelle: Eigene Darstellung

Auch auf der Maske „Mitteleinsatz“ findet der Benutzer Unterstützung durch zahlreiche untergeordnete Detailformulare mit Kalkulationsfunktion, die er wahlweise an Stelle des Eintrages aggregierter Werte benutzen kann. Die Detailmaske „Eigenkapital“ wird exemplarisch in Abbildung 62 dargestellt.

Abbildung 62: Detailmaske: Eigenkapital

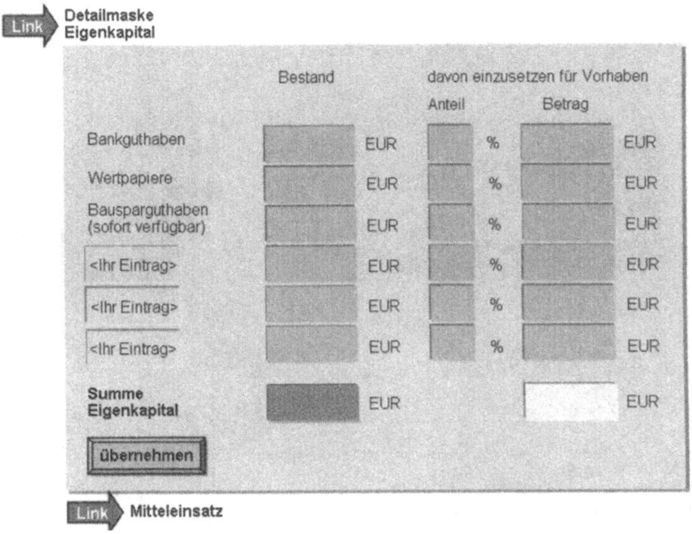

Quelle: Eigene Darstellung

In der Detailmaske „Eigenkapital" erhält der Benutzer die Möglichkeit, verschiedene Eigenkapitalpositionen einzugeben. Die Positionen „Bankguthaben", „Wertpapiere" sowie „verfügbare Bausparguthaben" werden ihm exemplarisch vorgegeben und können durch eigene Einträge ergänzt werden. Zu den einzelnen Positionen kann der Benutzer wahlweise den Bestand sowie den auf das Vorhaben zu verwendenden prozentualen Anteil eingeben, woraufhin eine automatische Berechnung des jeweils einzusetzenden Betrages angestoßen wird. Ebenso kann er die auf das Vorhaben zu verwendenden Eigenkapitalbeträge direkt in die entsprechenden Felder eintragen. Bei Eingabe bzw. Berechnung erfolgt automatisch die Bildung einer Summe der zu verwendenden Eigenkapitalbeträge, welche bei Verlassen des Detailformulars in das zugehörige Feld „Eigenkapital" der übergeordneten Seite „Mitteleinsatz" übernommen wird.

Nach Verlassen der Seite „Mitteleinsatz" gelangt der Benutzer auf die Seite „Finanzierungsbedarf". Diese Ergebnisseite dient der Ausgabe des Finanzierungsbedarfes, welcher sich als Differenz der einmalig anfallenden Kosten des gewählten Vorhabens und der Summe der einzusetzenden Mittel errechnet (vgl. Abbildung 63).

Abbildung 63: Finanzierungsbedarf

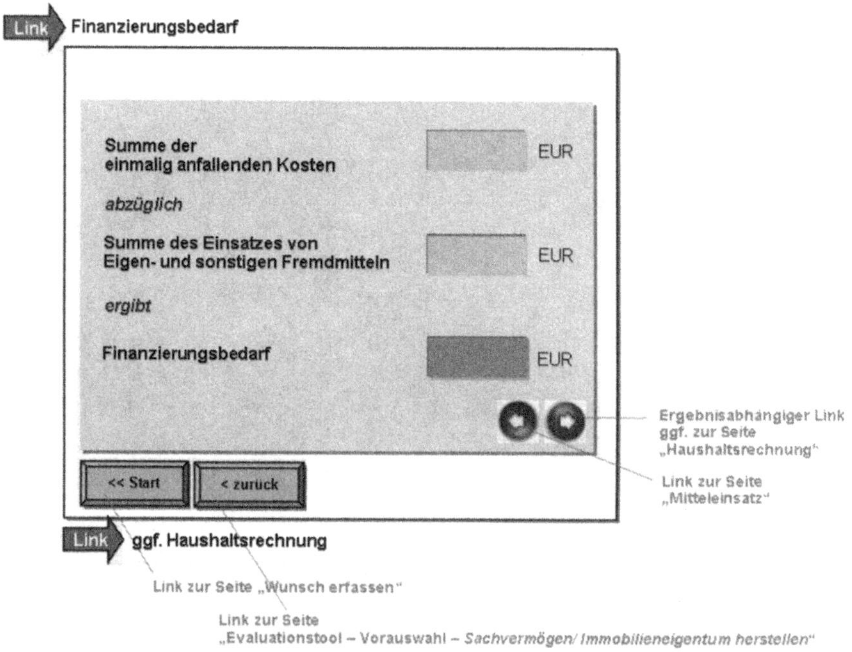

Quelle: Eigene Darstellung

Bei Verlassen der Seite „Finanzierungsbedarf" durch Vorwärtsnavigation im virtuellen Beratungsverlauf erfolgt eine ergebnisabhängige Weiterleitung des Benutzers.

Für die Fälle, in denen für den Finanzierungsbedarf ein Wert unterhalb des anbieterseitig definierten Mindestkreditbetrages oder gar ein negativer Wert resultiert, wird dem Benutzer dies bei Weiternavigation in einer entsprechenden Meldung mitgeteilt. Der virtuelle Beratungsverlauf endet hier mit einer Weiterleitung auf die Seite „Beraterkontakt".

Sofern der ermittelte Finanzierungsbedarf einen positiven Betrag darstellt, welcher den anbieterseitig definierten Mindestkreditbetrag erreicht oder überschreitet, wird der Benutzer bei Vorwärtsnavigation auf die Seiten der allgemeinen sowie der speziellen Haushaltsrechnung geleitet, in deren Zuge der monatlich verfügbare Saldo zur Bedienung der angestrebten Finanzierung ermittelt wird.

8.2.1.2 Monatlicher Saldo

Die „Haushaltsrechnung" stellt einen modularen Baustein im Beratungsverlauf dar, welcher den monatlichen Saldo des Benutzers auf Basis seiner Eingaben zu den monatlichen Nettoeinkünften und den monatlichen Ausgaben seines Haushaltes ermittelt. Hierbei erhält der Benutzer wiederum die Möglichkeit, wahlweise aggregierte Werte auf der Tooloberfläche einzugeben oder zu jeweils untergeordneten Detailformularen mit Summenfunktion zu navigieren, welche der Erfassung und automatischen Aggregation detaillierter Werte dienen. Abbildung 65 demonstriert exemplarisch ein Detailformular für das Feld „Monatliche Nettoeinkünfte".

Abbildung 64: Haushaltsrechnung

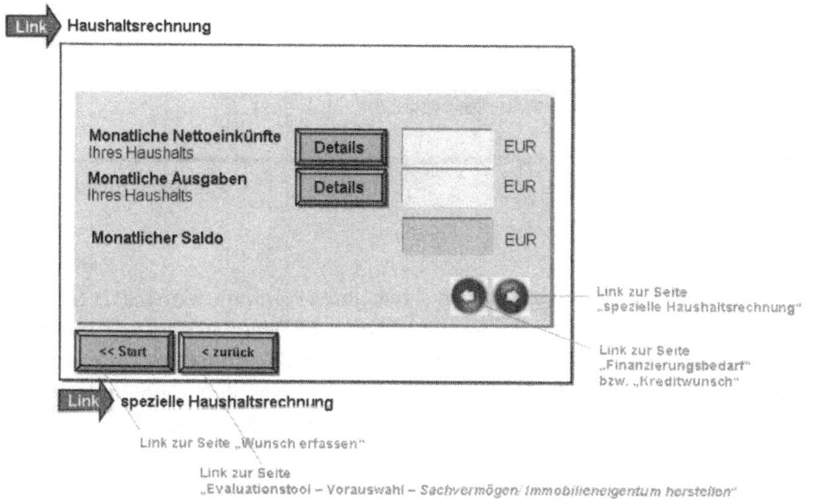

Quelle: Eigene Darstellung

Abbildung 65: Detailmaske: Monatliche Nettoeinkünfte

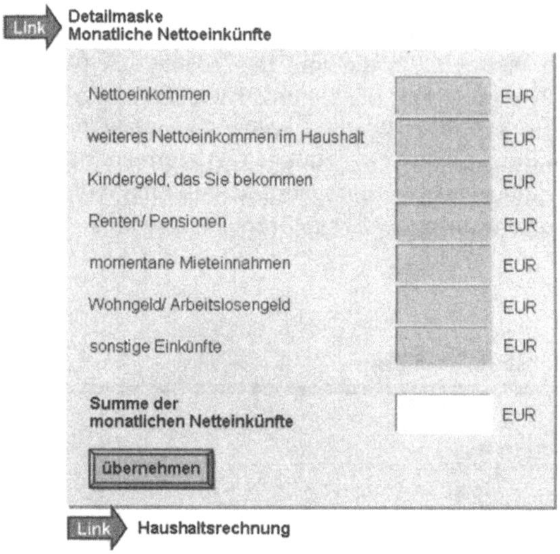

Quelle: Eigene Darstellung

Nach Durchlaufen der allgemeinen Haushaltsrechnung wird der Benutzer bei Vorwärtsnavigation auf die Seite „Spezielle Haushaltsrechnung“ geleitet (vgl. Abbildung 66). Hierbei geht es darum, die durch das geplante Vorhaben, d.h. das angestrebte Immobilieneigentum, zusätzlich verursachten monatlichen Mittelzu- und -abflüsse zu berücksichtigen. Die Korrektur des monatlichen Saldos der Haushaltsrechnung um zu erwartende monatliche Einkünfte und Ausgaben in Folge des Immobilienerwerbs ermöglicht schließlich die Ableitung des monatlichen Saldos, welcher dem Benutzer tatsächlich zur Bedienung des zu konkretisierenden Annuitätendarlehens zur Verfügung stehen wird.

Abbildung 66: Spezielle Haushaltsrechnung

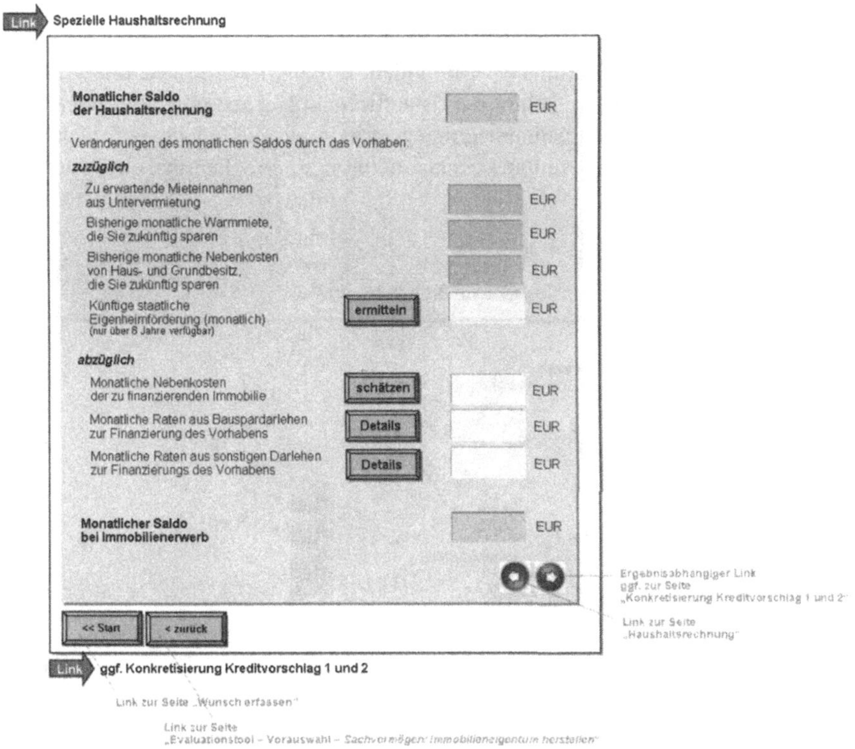

Quelle: Eigene Darstellung

Auch auf der konzipierten Seite „Spezielle Haushaltsrechnung“ sind diverse Funktionen vorgesehen, die den Benutzer in der Ermittlung von Eingabedaten unterstützen. So kann der Benutzer anstelle einer Dateneingabe in die Felder „Monatliche Raten aus Bauspardarlehen zur Finanzierung des Vorhabens“ sowie „Monatliche Raten aus sonstigen Darlehen zur Finanzierung des Vorhabens“ auf untergeordnete Detailformulare mit Summenfunktion navigieren, welche ihm die Option einer detaillierten Eingabe und automatischen Aggregation von Einzelpositionen bieten. Der auf einem untergeordneten Detailformular generierte Summenwert wird bei Rückkehr auf die übergeordnete Ebene in das jeweils zugehörige Feld der „Speziellen Haushaltsrechnung“ übernommen. Für das Feld „Monatliche Nebenkosten der zu finanzierenden Immobilie“ kann der Benutzer wahlweise auf eine untergeordnete Detailmaske mit Schätzfunktion zurückgreifen und eine automatisierte Ermittlung des geforderten Eingabewertes herbeiführen. Hierbei werden die zu erwartenden monatlichen Nebenkosten der zu realisierenden Immobilie auf Basis der Wohnfläche und unter Anwendung einer durchschnittlichen prozentualen Nebenkostenpauschale näherungsweise ermittelt (vgl. Abbildung 67).

Das Feld „Künftige staatliche Eigenheimförderung (monatlich)" ist schließlich mit einer untergeordneten Detailmaske verbunden, welche nach Erfassung der für die Gewährleistung und die Höhe der staatlichen Eigenheimzulage relevanten benutzerspezifischen Rahmenbedingungen, den über die nächsten 8 Jahre zu erwartenden Förderbetrag, umgerechnet auf monatliche Beträge, ermittelt (vgl. Abbildung 68).

Abbildung 67: Detailmaske: Monatliche Nebenkosten

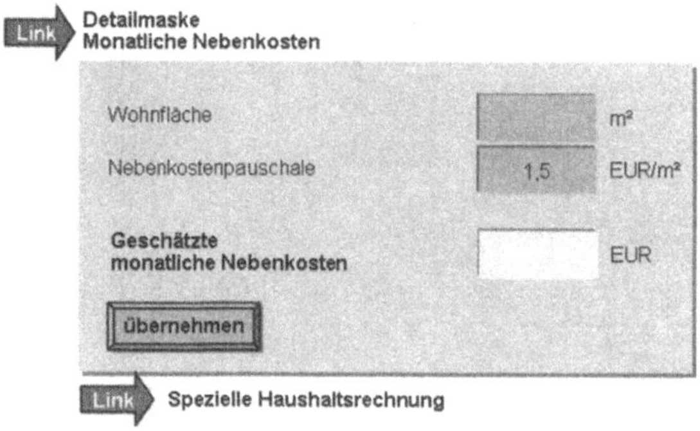

Quelle: Eigene Darstellung

Abbildung 68: Detailmaske: Staatliche Eigenheimförderung

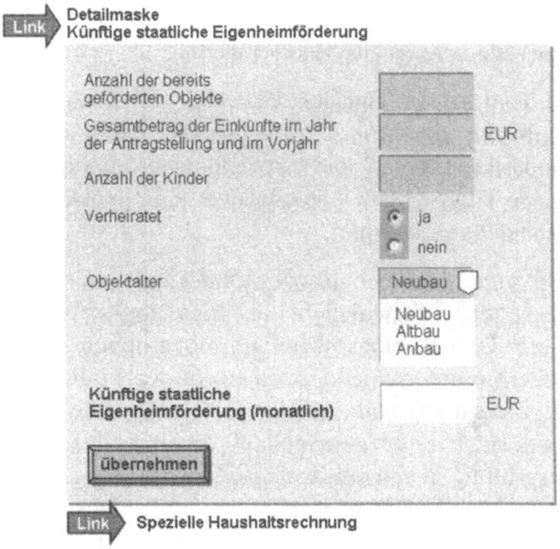

Quelle: Eigene Darstellung

Die im Zuge des ersten logischen Toolabschnittes gewonnenen bzw. generierten Daten, d.h. der Kreditwunsch bzw. der Finanzierungsbedarf des Benutzers sowie der monatliche Saldo bei Immobilienerwerb werden in der zweiten Stufe des Evaluationstools weiterverarbeitet und bestimmen die Verzweigung des weiteren virtuellen Beratungsverlaufes.

8.2.2 Realisierbarkeitsprüfung und Leistungskonkretisierung

8.2.2.1 Realisierbarkeitsprüfung

Der Benutzer, der die Seite „Spezielle Haushaltsrechnung" durch Vorwärtsnavigation verlässt, soll in der zweiten Stufe des konzipierten Evaluationstools in einen Zweig des virtuellen Beratungsverlaufes geleitet werden, welcher mit seinen bisherigen Eingaben bzw. den daraus generierten Ergebnissen korrespondiert. Ziel ist es dabei festzustellen, ob der Benutzer sich den gewünschten bzw. den zur Abdeckung des Finanzierungsbedarfes erforderlichen Kreditbetrag angesichts seiner finanziellen Situation leisten kann und ihn je nach Ergebnis der Überprüfung zu passenden Seiten zu führen.

Ausgangspunkt der ergebnisabhängigen Weiterleitung ist das Durchlaufen eines Datenverarbeitungsschrittes, welcher den ermittelten monatlichen Saldo bei Immobilienerwerb ins Verhältnis zu der aus der angestrebten Finanzierung resultierenden monatlichen Rate setzt und dabei verschiedene mögliche Fälle unterscheidet. Die zu treffende Fallunterscheidung kann dabei in unterschiedlichen Differenzierungsgraden ausgestaltet werden.

Im konzipierten Tool erfolgt zunächst ein Abgleich des monatlichen Saldos bei Immobilienerwerb mit der *Mindestrate*, welche sich aus dem anbieterseitig bestimmten Mindestkreditbetrag bei Anwendung von Standardkonditionen, d.h. geringstmöglichem Tilgungssatz (beispielsweise in Höhe von 1%) sowie zinsgünstigster Zinsbindungsfrist ergibt.

Ist der ermittelte *Saldo geringer als die Mindestrate*, so ist dem Benutzer angesichts seiner monatlichen finanziellen Leistungsfähigkeit keinerlei Kreditaufnahme möglich. Auch der Fall eines negativen monatlichen Saldos bei Immobilienerwerb kann weiterhin unterschieden werden. In den Fällen der Nichtrealisierbarkeit wird der Benutzer ausgehend von der Seite „Spezielle Haushaltsrechnung“ zu einer jeweils passenden Seite geleitet, auf der ihm das negative Ergebnis der Realisierbarkeitsprüfung in einer entsprechenden Meldung mitgeteilt wird. Hierbei kann der Benutzer ggf. einen Link zurück zur Seite „Haushaltsrechnung“ erhalten, deren erneuter Durchlauf ihm die Möglichkeit bietet, nach Einsparungsmöglichkeiten zu suchen. Gelingt keine Herstellung der Realisierbarkeit, endet der virtuelle Beratungsverlauf für den Benutzer auf eine Seite „Beraterkontakt“, welche ihm die Möglichkeit bietet, ein reales Beratungsgespräch zu initiieren bzw. terminlich zu vereinbaren.

Ist der *monatliche Saldo größer oder gleich der Mindestrate*, d.h. kann der Benutzer den geringstmöglichen Kredit des Anbieters bedienen, so ist weiterhin zu überprüfen, ob der Saldo auch zur Bedienung des gewünschten bzw. des zur Abdeckung des Finanzierungsbedarfes erforderlichen Darlehens ausreicht.

Zur Überprüfung der Realisierbarkeit des gewünschten bzw. erforderlichen Darlehens wird zunächst der *angestrebte Kreditbetrag* aus der Höhe des eingegebenen Kreditwunsches bzw. des ermittelten Finanzierungsbedarfes gebildet.

Die mit dem angestrebten Kreditbetrag verbundene *Standardrate* wird durch Anwendung von Standardkonditionen ermittelt. Bei der Standardrate handelt es sich um die geringstmögliche monatliche Rate, welche bei dem mindesten anbieterseitig festgelegten Tilgungssatz (beispielsweise in Höhe von 1%) und bei zinsgünstigster Zinsbindungsfrist zur Bedienung des angestrebten Kreditbetrag erforderlich ist.

Abbildung 69: Berechnung Standardrate aus Kreditbetrag

$$Rate_{standard} = \frac{Kreditbetrag_{angestrebt} \cdot \left(\frac{Zinssatz_{nominal}}{100} + \frac{Tilgungssatz_{standard}}{100} \right)}{12}$$

Quelle: Eigene Darstellung

Auch wenn der ermittelte monatliche Saldo die Mindestrate übersteigt, ist er möglicherweise nicht ausreichend hoch, um den gewünschten bzw. benötigten Kredit bei Anwendung von Standardkonditionen zu bedienen. In diesem Fall wird dem Benutzer die Nichtrealisierbarkeit in Form einer entsprechenden Meldung ausgegeben. Kann die Realisierbarkeit des angestrebten Kreditbetrages auch bei wiederholtem Durchlaufen der Haushaltsrechnung nicht hergestellt werden, so endet der virtuelle Beratungsverlauf auf der Seite „Beraterkontakt".

Ist der monatlich zur Kreditbedienung verfügbare Saldo ausreichend hoch, um die aus dem angestrebten Kreditbetrag errechnete Standardrate abzudecken, so kann sich der Benutzer die Finanzierung in gewünschter bzw. erforderlicher Höhe leisten. In diesem Fall kann die Konkretisierung einer Darlehensempfehlung erfolgen.

8.2.2.2 Leistungskonkretisierung

Ist der angestrebte Darlehensbetrag zu Standardkonditionen für den Benutzer realisierbar, wird ihm die entsprechende *Konkretisierung* des Annuitätendarlehens als Produktvorschlag präsentiert.

Abbildung 70: Konkretisierung Kreditvorschlag 1

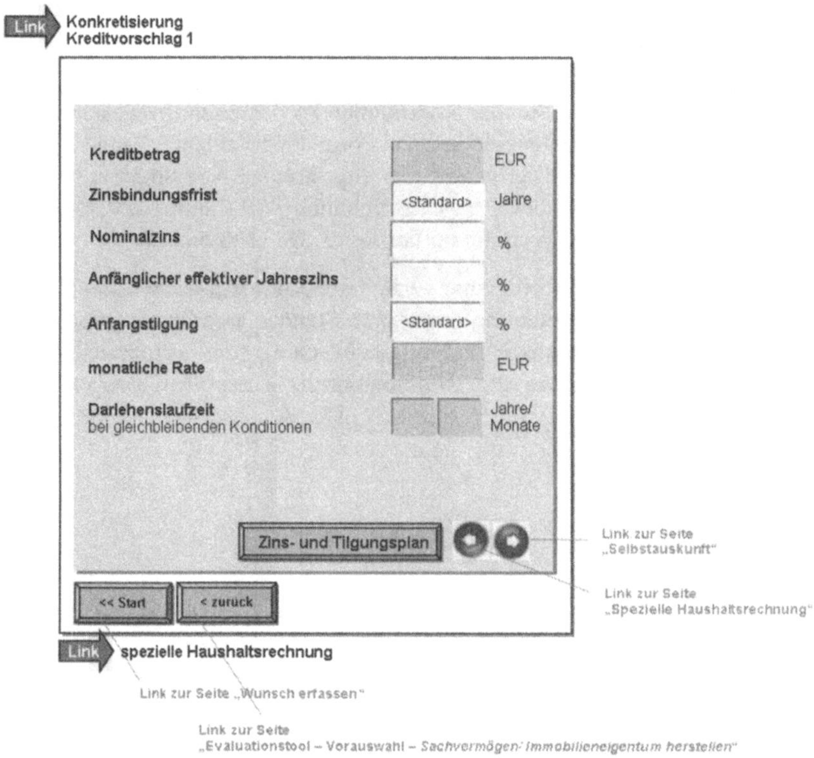

Quelle: Eigene Darstellung

Der vorgeschlagene Kreditbetrag wird durch die Höhe des angegebenen Kreditwunsches bzw. des ermittelten Finanzierungsbedarfes bestimmt. Anfangstilgung, Zinsbindungsfrist sowie der zugehörige Nominalzins der Darlehenskonkretisierung werden durch die definierten Standardkonditionen repräsentiert. Die für die Kreditbedienung erforderliche monatliche Rate ergibt sich durch Anwendung einer entsprechenden Formel (vgl. Abbildung 69) als einer entsprechenden Formel (vgl. Abbildung 69) als abhängige Variable aus Kreditbetrag, Nominalzins und Tilgungssatz. Ferner wird die bei gleich bleibenden Konditionen zu erwartende Darlehenslaufzeit errechnet und dem Benutzer ausgegeben.

Ziel des konzipierten Evaluationstools ist es, dem Benutzer neben dem gewünschten bzw. erforderlichen Annuitätendarlehen zu Standardkonditionen nach Möglichkeit zudem alternative Leistungskonkretisierungen zur Auswahl anzubieten. So wird durch Anwendung einer geeigneten Funktion die maximale (innerhalb der institutsspezifisch definierten Grenzen liegende) Tilgungsrate ermittelt, bei der sich der Benutzer den angestrebten Darlehensbetrag angesichts seines monatlichen Saldos gerade noch leisten kann. Neben der Konkretisierung des Annuitätendarlehens zu Standardkonditionen wird dem Benutzer dann ggf. ein weiterer Kreditvorschlag in gewünschter bzw. benötigter Höhe mit einer höheren Anfangstilgung präsentiert.

Die Ermittlung der maximalen Tilgungsrate, bei der sich der Benutzer die aus dem angestrebten Darlehensbetrag resultierende Rate gerade noch leisten kann, erfordert die Konzeption einer entsprechenden Funktion sowie deren Integration in die Datenverarbeitungslogik des Evaluationstools: In Form einer Schleife wird der Tilgungssatz, ausgehend von der Standardtilgung iterativ um jeweils eine Einheit, beispielsweise um jeweils einen Prozentpunkt, inkrementiert. Nach erfolgter Erhöhung wird die für den angestrebten Darlehensbetrag resultierende monatliche Rate errechnet und mit dem monatlich verfügbaren Saldo abgeglichen. Sofern die erhöhte Rate noch durch den monatlichen Saldo abgedeckt wird, wird die Schleife erneut durchlaufen. Anderenfalls endet der Funktionsdurchlauf. Durch Dekrementierung der zuletzt ermittelten Rate um eine Einheit, beispielsweise um einen Prozentpunkt, ergibt sich die *maximale Tilgung*, die der Benutzer sich für sein angestrebtes Darlehen angesichts seines monatlich verfügbaren Saldos gerade noch leisten kann. Sofern die ermittelte maximale Tilgungsrate von der ursprünglichen Standardtilgung abweicht, wird sie herangezogen, um den zweiten Kreditvorschlag zu generieren.

Im Sinne der Unterstützung des Evaluationsprozesses bietet das konzipierte Tool eine tabellarisch aufbereitete Ergebnisdarstellung, die dem Benutzer einen direkten Vergleich der alternativen Darlehenskonkretisierungen bezüglich der unterschiedlichen Leistungsparameter ermöglicht und ihm so das Abwägen zwischen den realisierbaren Alternativen erleichtert.

Die mit finanzmathematischer Rechenfunktionalität zu hinterlegende Ergebnismaske erlaubt es dem Benutzer schließlich selbsttätig Tilgungssätze zu konfigurieren, welche sich innerhalb des Wertebereiches der geringstmöglichen und der für ihn maximalen realisierbaren Tilgungsrate befinden und so selbst zur individuellen Konkretisierung eines bedarfsgerechten realisierbaren Annuitätendarlehens beizutragen.

Abbildung 71: Konkretisierung Kreditvorschlag 1 und 2

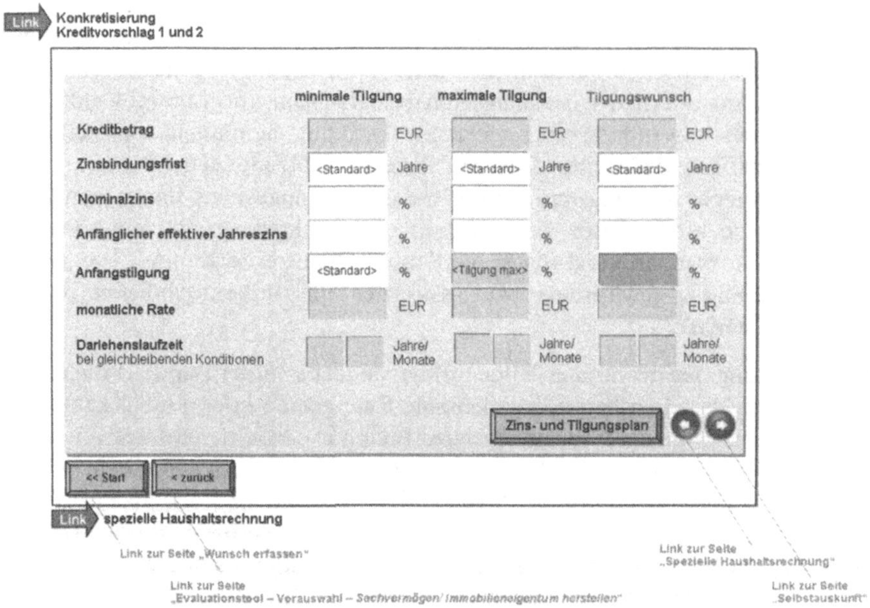

Quelle: Eigene Darstellung

Nach Betrachtung bzw. Konfiguration eines konkreten Darlehensvorschlages erhält der Benutzer, der nun einen Sekundärbedarf nach Leistungserwerb besitzt, die Möglichkeit zu den modularen Komponenten in der Gesamtberatungsanwendung überzugehen, welche ihn in der Initiierung des Kaufes unterstützen.

Handelt es sich bei der konkretisierten Leistung um einen Darlehensvorschlag, wird der Benutzer ggf. zuvor auf die Seite „Selbstauskunft“ geleitet. Ziel dieser Seite ist die Erhebung von weiteren Benutzerdaten, welche zur Beurteilung seiner Kreditwürdigkeit und damit bei der Entscheidung über die Annahme eines Kreditantrages Relevanz besitzen. Neben diversen Angaben zur Person des Benutzers sind Angaben zu seinen Vermögenswerten und Verbindlichkeiten Gegenstand der Datenerfassung.

Mit Verlassen der Seite „Selbstauskunft“ wird der Benutzer schließlich auf die Seite „Kaufinitiierung“ geleitet, welche ihn in der CBC-Phase Kauf begleitet.

9 Virtuelle Beratung – Grenzen und Potenziale

Durch konzeptionelle Ausrichtung an den Prinzipien der *bedarfsorientierten Begleitung des Kundenprozesses* lassen sich umfangreiche Beratungssysteme und Motivationskonzepte generieren, welche die Erzeugung einer idealtypischen virtuellen Beratungsleistung im elektronischen Vertrieb der Finanzdienstleister ermöglichen.

Die jeweils verfügbaren Technologien stellen den Enabler für eine funktionale und darstellerische Umsetzung der Beratungskonzepte dar. Im Fokus des heutigen Interesses steht die Internet-Technologie, welche vor allem durch ihre systemimmanenten Eigenschaften der Interaktivität und Multimedialität die geeignete Basis für eine individualisierte Vermittlung und wirkungsvolle Präsentation komplexer Finanzdienstleistungen bietet. Die beobachtbare Dynamik der technologischen Fortentwicklung wird die Möglichkeiten zur Implementierung virtueller Beratungsleistungen auf neue Vertriebskanäle und Endgeräte erweitern und dabei die Automation immer komplexerer Prozesse erlauben.

Wenngleich die technische Basis als limitierender Faktor für die Automation von Beratungsprozessen zunehmend an Einfluss verliert, stößt die Umsetzung von Beratungsintelligenz auf elektronischen Vertriebswegen dennoch an Grenzen. Diese werden vor allem durch die Frage nach der Sinnhaftigkeit einer Abbildung komplexer Prozesse sowie durch die Alleinstellungsmerkmale der Mensch-Mensch-Kommunikation determiniert.

Grenzen der virtuellen Beratung
Die Grenzen der virtuellen Beratung werden durch die Frage nach der Sinnhaftigkeit einer Abbildung komplexer Prozesse sowie durch die Alleinstellungsmerkmale der Mensch-Mensch-Kommunikation determiniert.

Vor allem lässt sich die *Sinnhaftigkeit* bzw. Praktikabilität einer rein elektronischen Abwicklung hochspezieller und hochkomplexer sowie kommunikationsintensiver Beratungsfälle in Zweifel ziehen. Ein *Spezialfall* wird durch eine besondere Situation auf Seiten des Interessenten bedingt. So besitzt der (potenzielle) Kunde möglicherweise einen sehr speziellen Bedarf, einen besonders außergewöhnlichen Produktwunsch oder eine besonders komplexe Entscheidungssituation – Anforderungen und Bedingungen also, die er nicht über eine zwar differenzierte aber dennoch standardisierte Eingabemaske eines Beratungstools mitteilen kann. Die Schaffung eines Beratungssystems, welches eine hohe Anzahl denkbarer Sonderfälle abdeckt, ist mit höherem Konzeptions- und Implementierungsaufwand verbunden, als die Entwicklung eines Moduls zur Lösung von Standardfällen. Abgesehen von der Betrachtung diverser Sonderfälle bergen einige Finanzdienstleistungen per se einen erheblichen *Komplexitätsgrad* und *Kommunikationsbedarf*. So weisen einzelne Leistungsbündel eine hohe Anzahl an Varianten und Parametern auf. Auch die in einem bestimmten Leistungskontext zu kommunizierenden Rahmenbedingungen können einen erheblichen Umfang aufweisen. Die rein elektronische Vermittlung hochkomplexer und hochgradig kommunikationsintensiver Finanzprodukte erfordert die Generierung eines entsprechend aufwendigen Beratungssystems, welches eine detaillierte Datenerfassung sowie komplexe Datenverarbeitungsprozesse beinhaltet. Der Aufwand der Toolentwicklung muss vom Finanzdienstleister ins Verhältnis zum erzielbaren Nutzen gesetzt werden, welcher unter anderem durch die eingeschätzte Bereitschaft der potenziellen Kunden determiniert wird, sich zur Lösung eines speziellen bzw. komplexen Problems auf einen ggf. aufwendigen virtuellen Beratungsprozess einzulassen. Wie die in diversen Projekten gesammelte Erfahrung[6] bei der Toolkonzeption im Finanzdienstleistungsbereich zeigt, ist es ein aus Kosten-Nutzen-Erwägungen resultierendes, erklärtes Ziel der Finanzdienstleister, mit der virtuellen Beratung eher Standardfälle abzuhandeln und Spezialfälle in der persönlichen Beratung in der Filiale zu bedienen.

Des Weiteren ist die *Mensch-Mensch-Kommunikation* durch *Alleinstellungsmerkmale* gekennzeichnet, welche sich einer Umsetzbarkeit in die elektronische Welt entziehen. Zu denken ist hierbei vor allem an die *intuitive Anpassungsfähigkeit* des realen Beraters, welcher je nach Kontext und kommunikativer Disposition des (potenziellen) Kunden einen passenden Einstiegspunkt in den Beratungsdialog wählt sowie situativ geeignete Modi der Dialogführung anwendet und den Beratenen zudem nach Notwendigkeit mit unterstützenden Informationen versorgt. Wenngleich die kommunikativen Leistungen des realen Beraters durch Berücksichtigung geeigneter Gestaltungsrichtlinien bei der Konzeption inter-

---

[6] Im Vorfeld und während der Entstehung dieser Dissertation wurden im Auftrag von Kreditinstituten und Softwarehäusern diverse Fachkonzepte für interaktive Module erstellt, welche der Generierung virtueller Beratungsabläufe für verschiedene Leistungsbereiche des Finanzbereiches dienten. Beispielhaft zu nennen sei der Vorsorgerechner auf dem Finanzportal der Deutschen Sparkassenorganisation (Sparkasse.de) als Modul zur Anregung des Bedarfs der privaten Altersvorsorge.

aktiver Beratungstools in Ansätzen nachempfunden werden können, erreicht ein elektronisches Beratungssystem schwerlich die Flexibilität und Adaptabilität realer Beratungsintelligenz.

Der kundenseitig wahrgenommene Wert einer *persönlichen Beziehung* schließlich, bleibt Alleinstellungsmerkmal der realen Beratung, welcher nicht durch eine elektronische Kommunikation erzeugt werden kann, so idealtypisch sie auch abläuft.

Die virtuelle Beratung wird demnach selbst bei idealer Ausgestaltung und unter Erwägung zukünftig erweiterter technischer Möglichkeiten an Grenzen geraten, was die Nachahmung realer Beratungsdialoge betrifft. Angesichts dieser Tatsache stellt sich die Frage, welchen über die reine Nachahmung realer Beratungsprozesse hinausgehenden Mehrwert der Anbieter dem Kunden durch die Bereitstellung virtueller Beratungsleistungen erbringen kann.

Der neue Kunde stellt hohe Anforderungen an die Leistungsqualität des Finanzdienstleisters; er erwartet, dass sein Anliegen individuell, kompetent und unverzüglich beantwortet und behandelt wird. Wenngleich die persönliche Kundenbeziehung durch Alleinstellungsmerkmale gekennzeichnet ist, kann sie nur einen Teil dieser Anforderungen abdecken. [Vgl. Probst, Wenger 1998, S.83]. Insbesondere hinsichtlich der Unverzüglichkeit der Leistungserbringung bestehen in der realen Beratung Restriktionen, welche durch den Ort und den Zeitpunkt der Leistungserbringung bedingt sind.

Durch die Bereitstellung von Leistungen über elektronische Vertriebswege erhält der Anbieter die Chance, dem Kunden eine permanente und ortsungebundene Zugangsmöglichkeit zu seinem Angebot zu eröffnen. Umgekehrt eröffnen die elektronischen Vertriebswege dem Anbieter neue Möglichkeiten der aktiven Kundenansprache. Über verschiedene Medien und Endgeräte lässt sich der Kunde zeit- und zunehmend ortsunabhängig adressieren.

Werden die Möglichkeiten der permanenten Leistungsverfügbarkeit und aktiven Kundenansprache über elektronische Vertriebswege im Sinne einer idealtypischen virtuellen Beratungsleistung zur bedarfsorientierten Begleitung von Kundenprozessen genutzt, so kann sich der Anbieter wirkungsvoll im Kundenprozess verankern und diesen bedarfsgerecht und ganzheitlich begleiten. So erreicht der Anbieter mit der Bereitstellung von bedarfsorientierten Beratungssystemen, dass der (potenzielle) Kunden, wann immer er von sich aus auf das elektronifizierte Angebot zugreift, sich verstanden fühlt und bedarfsgerechte Problemlösungen erhält. Mit einer Ergänzung des passiven Angebotes um eine aktive bedarfsgerechte Ansprache über elektronische Vertriebswege rundet der Anbieter seine Leistungen im Sinne einer dauerhaften Begleitung und Motivation des Kunden ab. Der Kunde, der sich stets verstanden und dauerhaft begleitet fühlt, wird geneigt sein, die Beziehung zum Anbieter aufrecht zu erhalten.

Potenziale der virtuellen Beratung

Die virtuelle Beratung besitzt Potenziale, die weit über die Nachahmung einer realen Beratungsleistung hinausgehen.
Nutzt der Anbieter die Möglichkeiten der passiven wie aktiven Bank-Kunde-Interaktion über elektronische Vertriebswege im Sinne einer bedarfsorientierten Begleitung von Kundenprozessen, so realisiert er eine ganzheitliche Begleitung des Kunden.

Werden die Besonderheiten des elektronischen Vertriebes genutzt und die Grenzen der virtuellen Beratung berücksichtigt, so geraten Konzepte zur Integration des elektronischen Vertriebes mit semipersönlicher Beratung in den Fokus der Betrachtung. An Punkten im virtuellen Beratungsverlauf, an denen die weitere automatisierte Abwicklung nicht weiter praktikabel erscheint oder aus Benutzersicht nicht erwünscht ist, kann das „Dazuschalten" eines realen Beraters eine effektive Zielführung bewirken. Verschiedene technische Konzepte, beispielsweise Webtelefonie oder Escorted Browsing erlauben dem Benutzer und dem realen Berater eine gemeinsame „Sicht" auf den virtuellen Beratungsverlauf. Die jeweils vorhandenen Funktionalitäten der automatisierten Beratung können als Unterstützung, die bereits im virtuellen Beratungsverlauf generierten Ergebnisse können als Basis des gemeinsamen Beratungsdialoges dienen. Auf diese Weise kann durch die Kombination der elektronischen Kommunikation mit der Mensch-Mensch-Kommunikation ein kollaborativer Dialog zwischen persönlichem Kundenbetreuer und Benutzer des elektronifizierten Angebotes erzeugt, bei dem individuelle Problemlösungen gemeinsam erarbeitet werden.

Die jeweils verfügbaren Technologien sind als Enabler für eine Umsetzung virtueller sowie kollaborativer Beratungsabläufe auf elektronischen Vertriebswegen zu verstehen. Mit dem fortschreitenden Wandel der Technologien werden sich die Möglichkeiten für die Abbildung von Beratungsprozessen sowie die Integration von realen und virtuellen Beratungsleistungen *wandeln*. In einem Betrachtungszeitpunkt bestehende technische Restriktionen können zukünftig an Bedeutung verlieren. Unabhängig davon *bleiben* jedoch die grundlegenden Anforderungen an die *inhaltliche* Ausgestaltung des Finanzdienstleistungsangebotes im Sinne einer Ausrichtung am Kunden bestehen: Der Benutzer eines elektronischen Finanzdienstleistungsangebotes, der nach Befriedigung eines Bedarfes strebt, soll individualisierte Lösungen finden. Von den Finanzdienstleistern erfordert dies ein Umdenkprozess, welcher mit dem Verlassen der eigenen, produktzentrierten Sicht beginnt und in dessen Ergebnis die Strukturierung und Ausgestaltung der Leistungserbringung im Sinne einer bedarfsorientierten Begleitung des Kundenprozesses steht.

Fazit

Die Technologien als Enabler für die Implementierung virtueller Beratungsintelligenz auf elektronischen Vertriebswegen sind im ständigen Wandel begriffen und eröffnen immer weitergehende Möglichkeiten. Die Herausforderung für die Finanzdienstleister besteht mehr noch als in der Adoption immer neuer Technologien in der *inhaltlichen* Gestaltung ihrer Leistungsprozesse. Von bleibender Bedeutung ist hierbei die Anforderung der Kundenorientierung im Sinne einer *bedarfsorientierten Begleitung des Kundenprozesses*.

Abbildungsverzeichnis

Abbildung 1: Determinanten der inhaltlichen Beratungsqualität 21
Abbildung 2: Phasen des Kundenprozesses 27
Abbildung 3: Zielhierarchie des (potenziellen) Kunden 28
Abbildung 4: Kunden-CBC und Anbieter-CBC 29
Abbildung 5: Am Kunden-CBC orientierte Leistungserbringung 42
Abbildung 6: Motivation von Teilprozessen 44
Abbildung 7: Bedarfsmatrix und Servicematrix – vereinfachte Darstellung 50
Abbildung 8: Generische Bedarfsmatrix 53
Abbildung 9: Generische Servicematrix 54
Abbildung 10: Der Kundenprozess Immobilienerwerb 58
Abbildung 11: Defizitäre Abdeckung des gesamten Kundenprozesses durch Leistungen eines Anbieters 60
Abbildung 12: Abdeckung des gesamten Kundenprozesses durch Leistungsintegration 61
Abbildung 13: Abdeckung des Kundenprozesses „Immobilienerwerb“ durch Leistungsintegration 62
Abbildung 14: Bedarfsbefriedigung durch kundenindividuell unterschiedliche Leistungsbündel 64
Abbildung 15: Individualisierte bedarfsgerechte Leistungsbündelung 65
Abbildung 16: Individualisierte Leistungsbündelung – Ein Beispiel 66
Abbildung 17: Modi der realen Beratung 68
Abbildung 18: Relevante Rahmenbedingungen im Leistungskontext Immobilienfinanzierung – Übersicht 76
Abbildung 19: Relevante Rahmenbedingungen im Leistungskontext Immobilienfinanzierung – Details 77
Abbildung 20: Nutzbarkeit der Rahmendaten im Beratungsverlauf 79
Abbildung 21: Systematik der Tooltypen – Beratungstools 82
Abbildung 22: Systematik der Tooltypen – Support-Tools 83
Abbildung 23: Produktkonfigurator 86
Abbildung 24: Produktkonfigurator: Beschränkung der Dateneingabe 87
Abbildung 25: Produktkonfigurator: Einfache Plausibilitätsprüfung 88
Abbildung 26: Produkt Matching: Anpassung eines Wertes 91
Abbildung 27: Produkt Matching: Anpassung mehrerer Werte 93

Abbildung 28: Preference Mapping ... 98
Abbildung 29: Fachkonzept einer Haushaltsrechnung ... 103
Abbildung 30: Separater Kalkulator: Vorschaurechnung auf die zukünftige Mietsumme ... 104
Abbildung 31: Gestaltungsrichtlinien für ein Beratungssystem ... 110
Abbildung 32: Produktzentrierte Leistungsvorauswahl ... 112
Abbildung 33: Bestimmung idealer Ansatzpunkte der Beratungsunterstützung ... 115
Abbildung 34: Finanzdienstleistungen nach Komplexitätsgrad und Kommunikationsbedarf ... 119
Abbildung 35: Beratungstooleinsatz nach Komplexitätsgrad und Kommunikationsbedarf ... 121
Abbildung 36: Bestimmung idealer Tooltypenmischungen ... 123
Abbildung 37: Dialogtypenmatrix ... 126
Abbildung 38: Maßnahmen der benutzerorientierten Toolausgestaltung ... 127
Abbildung 39: Generisches Fachkonzept eines bedarfsorientierten Beratungssystems ... 140
Abbildung 40: Einstiegsseite: Wunsch erfassen ... 146
Abbildung 41: Ursache des Wunsches *Immobilieneigentum* erfassen ... 148
Abbildung 42: Mietrechner ... 150
Abbildung 43: Mietrechner: Feldbeschreibungen ... 151
Abbildung 44: Mietrechner: Formeln ... 152
Abbildung 45: Inflationsrechner ... 153
Abbildung 46: Zielhorizont für Wunsch *Immobilieneigentum* erfassen ... 154
Abbildung 47: Abstraktes bedarfsgerechtes Leistungsbündel – *Immobilieneigentum herstellen* ... 156
Abbildung 48: Abstraktes bedarfsgerechtes Leistungsbündel – *Immobilieneigentum aufbauen* ... 157
Abbildung 49: Abstraktes bedarfsgerechtes Leistungsbündel – *Immobilieneigentum erhalten/ vermehren* ... 158
Abbildung 50: Evaluationstool – Vorauswahl – *Immobilieneigentum herstellen* ... 160
Abbildung 51: Zuordnungslogik – Vorauswahl – *Immobilieneigentum herstellen* ... 161
Abbildung 52: Evaluationstool – Vorauswahl – *Immobilieneigentum aufbauen* ... 163

Abbildung 53: Zuordnungslogik – Vorauswahl – *Immobilieneigentum aufbauen* 164
Abbildung 54: Service 169
Abbildung 55: Detailkonzept – Konkretisierung Annuitätendarlehen – Datenerfassung und -ermittlung 179
Abbildung 56: Detailkonzept – Konkretisierung Annuitätendarlehen – Realisierbarkeitsprüfung und Leistungskonkretisierung 180
Abbildung 57: Einmalig anfallende Kosten – Kauf Neubau 182
Abbildung 58: Einmalig anfallende Kosten – Neubau 183
Abbildung 59: Detailmaske: Sonstige Kosten 184
Abbildung 60: Detailmaske: Baunebenkosten 185
Abbildung 61: Mitteleinsatz 186
Abbildung 62: Detailmaske: Eigenkapital 187
Abbildung 63: Finanzierungsbedarf 188
Abbildung 64: Haushaltsrechnung 189
Abbildung 65: Detailmaske: Monatliche Nettoeinkünfte 190
Abbildung 66: Spezielle Haushaltsrechnung 191
Abbildung 67: Detailmaske: Monatliche Nebenkosten 192
Abbildung 68: Detailmaske: Staatliche Eigenheimförderung 193
Abbildung 69: Berechnung Standardrate aus Kreditbetrag 195
Abbildung 70: Konkretisierung Kreditvorschlag 1 196
Abbildung 71: Konkretisierung Kreditvorschlag 1 und 2 198

Literaturverzeichnis

[Bartmann 1999]

Bartmann, D. Welches Personal braucht die virtuelle Bank? In: Siebertz, P., von Stein, J.H. (Hrsg.). Handbuch Banken und Personal. Frankfurt am Main. 1999. S. 781-796.

[Bodendorf 1999]

Bodendorf, F. Wirtschaftsinformatik im Dienstleistungsbereich. Berlin Heidelberg. 1999.

[Böcker 1991]

Böcker, F. Marketing. Stuttgart. 1991.

[Bundesverband deutscher Banken 2000]

Bundesverband deutscher Banken. Internet/ Online-Banking/ E-Commerce. Demoskopie Nr. 10. Oktober 2000. http://www.bdb.de, 1.1.2002.

[debs 1999]

debis Systemhaus GmbH, Ein Unternehmen der DaimlerChrysler Services. Intelligente Komponenten für den elektronischen Vertriebskanal. 1999.

[Erlingheuser 1998]

Erlingheuser, B. Virtuelle Schalterhalle – Die Bank von morgen. In: Lange, T.A. (Hrsg.). Internet Banking – Der Bankvertrieb im Umbruch. Wiesbaden. 1998. S.35-58.

[Evers, Krüger, Reifner 2000]

Evers, J., Krüger, U., Reifner, U. Beratungsqualität in Finanzdienstleistungen, Baden-Baden. 2000.

[Fittkau&Maaß 2001]

Fittkau&Maaß. W3B-Themenband, WWW-Benutzer-Analyse, Finanzdienstleistungen im Internet. Hamburg. April/Mai 2001.

[Forrester 2001]

Forrester Deutschland. Banking und Brokerage der Zukunft – Trends und Entwicklungen, Kunden- und Marktanalyse – Ausblick – Umsetzung. Frankfurt/M. Februar 2001.

[Fugmann, Heinrich, Leist, Winter 1999]

Fugmann, T., Heinrich, B., Leist, S, Winter, R. Banking im Informationszeitalter - Formen und Gestaltungsfragen von Wertschöpfungsnetzwerken im Bankbereich. In: Steiner, M. et al. (Hrsg.). Elektronische Dienstleistungswirtschaft und Financial Engineering, Münster. 1999. S.237-261.

[Hammer 2002]

Hammer, M. Business back to Basics. München. 2002.

[Hein 1993]

Hein, M. Einführung in die Bankbetriebslehre. München. 1993.

[Heinrich, Leist]

Heinrich, B., Leist, S. Bankenarchitekturen im Informationszeitalter – Zur Rolle des Geschäftsmodells. In: Österle, H., Winter, R. (Hrsg.). Business Engineering, Berlin. 2000. http://bai.iwi.unisg.ch/papers/oesterle%20buch3.pdf, 29.01.2001.

[Jaeger, Auer, Luef 2000]

Jaeger,. G., Auer, E., Luef, W. Customer Relationship Management bei der Credit Suisse – am Beispiel des Projektes Customer Management – Processes and Systems (CM-PS), Fallstudie. In: Bach, V., Oesterle, H. (Hrsg.). Customer Relationship Management in der Praxis. Heidelberg. 2000. S.87-106.

[Kentie 1998]

Kentie, P. Web Graphics - Tools und Techniken für die Web-Gestaltung. Bonn. 1998.

[Kröner 1998]

Kröner, M. Bankdienstleistungen im Internet - Mehr als ein Vertriebsweg. In: Lange, T.A. (Hrsg.). Internet Banking - Der Bankvertrieb im Umbruch. Wiesbaden. 1998. S.59-80.

[Lange 1998]

Lange, T.A. Internet Banking - Eine Potenzialanalyse. In: Lange, T.A. (Hrsg.). Internet Banking - Der Bankvertrieb im Umbruch. Wiesbaden. 1998. S.15-34.

[Lange, Wäschle 1998]

Lange, A., Wäschle, A. Strategisches Marketing des Internet Banking. In: Lange, T.A. (Hrsg.). Internet Banking - Der Bankvertrieb im Umbruch. Wiesbaden. 1998. S.81-100.

[Locarek-Junge 1998]

Locarek-Junge, H. Marketingaspekte neuer Technologien: Chancen für neue Marktformen oder Bedrohung aus dem Netz? In: Burkhardt, T., Lohmann, K. (Hrsg.). Banking und Electronic Commerce im Internet. Berlin. 1998. S.305-328.

[Muther 2000]

Muther, A. Electronic Customer Care - Die Anbieter- Kunden-Beziehung im Informationszeitalter. Berlin Heidelberg. 2000.

[Niemeyer, Thymian 2000]

Niemeyer, V., Thymian, M. Lebensportale - Die Zukunft des Online-Vertriebs. In: Lucius, O. (Hrsg.). Internet Banking - Von der Euphorie zur Normalität. Wien. 2002. S. 151-171.

[Niemeyer, Thymian, Wimmer, 2002]

Niemeyer, V., Thymian, M, Wimmer, A. Richtlinien für eine bedarfsgerechte Zustellung von Leistungsbündeln. Internes Arbeitspapier, Institut für Bankinformatik und Bankstrategie an der Universität Regensburg. Regensburg. 12/2001.

[Probst, Wenger 1998]

Probst, A.R., Wenger, D. Elektronische Kundenintegration - Marketing, Beratung & Verkauf, Support und Kommunikation. Braunschweig/Wiesbaden. 1998.

[Reichardt, 2000]

Reichardt, C. One-to-One-Marketing im Internet - Erfolgreiches E-Business für Finanzdienstleister. Wiesbaden. 2000.

[Scheer 1998]

Scheer, A.-W. ARIS - Modellierungsmethoden Metamodelle Anwendungen. Berlin Heidelberg. 1991.

[Schmid, Bach, Österle 2000]

Schmidt, R.,E., Bach, V., Österle, H. Mit Customer Relationship Management zum Prozessportal. In: Bach, V., Oesterle, H. (Hrsg.). Customer Relationship Management in der Praxis. Heidelberg. 2000. S.3-56.

[Schulte, 1999]

Schulte, O.A. Wie interaktiv ist die Nutzung des Internets? - Eine Fallstudie zu rezeptiven und kommunikativen Motiven der Internetnutzung. Berlin. 1999.

[Sydow, 1992]

Sydow, J. Strategische Netzwerk-Evolution und Organisation. Wiesbaden. 1992.

[Vögtle, 1997]

Vögtle, M. Intelligente Informationssysteme für das Bankgeschäft - Eine theoretische und empirische Analyse ihrer strategischen Bedeutung. Freiburg i. Br. 1997.

[Wagner, 1999]

Wagner, P.O. Finanzdienstleister im E-Commerce - Erfolgsfaktoren und Marktstrategien. Wiesbaden.1999.

[Wilke 1999]

Wilke, W. Knowledge Management for Intelligent Sales Support in Electronic Commerce - Dissertation zur künstlichen Intelligenz. Sankt Augustin. 1999.

[Wölfing, Mehlmann, 1999]

Wölfing, D., Mehlmann, O.F., Multi-Channel-Konzepte für den multimedialen Marktplatz. In: Moormann, J., Fischer, T. (Hrsg.). Handbuch Informationstechnologie in Banken. 1999. S.106-126.

GPSR Compliance

The European Union's (EU) General Product Safety Regulation (GPSR) is a set of rules that requires consumer products to be safe and our obligations to ensure this.

If you have any concerns about our products, you can contact us on ProductSafety@springernature.com

In case Publisher is established outside the EU, the EU authorized representative is:

Springer Nature Customer Service Center GmbH
Europaplatz 3
69115 Heidelberg, Germany

Batch number: 10815974

Printed by Printforce, the Netherlands